Couverture inférieure manquante

ORIGINAL EN COULEUR
N° Z 43-120-8

LE PHÉNOMÈNE

ESQUISSE DE PHILOSOPHIE GÉNÉRALE

PAR

J.-J. GOURD

PROFESSEUR A L'UNIVERSITÉ DE GENÈVE

PARIS
ANCIENNE LIBRAIRIE GERMER BAILLIÈRE & Cie
FÉLIX ALCAN, ÉDITEUR
108, BOULEVARD SAINT-GERMAIN, 108

1888

LE PHÉNOMÈNE

ESQUISSE DE PHILOSOPHIE GÉNÉRALE

GENÈVE. — IMPRIMERIE SCHUCHARDT.

LE PHÉNOMÈNE

ESQUISSE DE PHILOSOPHIE GÉNÉRALE

PAR

J.-J. GOURD

PROFESSEUR A L'UNIVERSITÉ DE GENÈVE

PARIS
ANCIENNE LIBRAIRIE GERMER BAILLIÈRE ET Cie
FÉLIX ALCAN, ÉDITEUR
108, BOULEVARD SAINT-GERMAIN, 108
1888

Tous droits réservés.

INTRODUCTION

Qu'est-ce que la philosophie générale?

Il importe de le fixer dès le début et avec soin. La condition la plus élémentaire du succès, dans une œuvre quelconque, est de savoir ce qu'on veut entreprendre, et ici il nous serait permis d'avoir de l'hésitation. D'abord, le mot de philosophie suffit ordinairement à en donner. Le champ d'études qu'il indique a beaucoup varié; aujourd'hui encore, il n'est pas nettement délimité aux yeux de tous ceux qui essayent de le parcourir. S'étant formé négativement, par élimination progressive des parties qui ont réclamé leur indépendance, il n'a pas l'homogénéité qui simplifie les débats et facilite l'entente. Ensuite, parmi les différentes études philosophiques, il n'en est point qui ait été moins déterminée par l'usage que ce que nous appelons la philosophie générale. A aucun moment de l'histoire, nous ne la trouvons suffisamment dégagée, soit des spéculations d'ordre métaphysique, dont l'apparente similitude pourrait induire en erreur, soit des sciences particulières, psychiques ou physiques, au-dessus desquelles une place doit lui être réservée.

Il est vrai qu'une difficulté se dresse aussitôt devant nous. Pour préciser l'objet de la philosophie générale, ne faut-il pas attendre des solutions qui dépendent justement de la définition de cet objet? Mais si nous nous laissions arrêter par cette difficulté, nous devrions renoncer à toute définition philosophique, et même à toute philosophie. « La philosophie, a dit Hegel, est comme un cercle qui tourne sur lui-même, qui n'a pas de commencement dans le sens où les autres sciences en ont un; de telle sorte qu'ici le commencement n'existe que par rapport au sujet qui se livre aux recherches philosophiques, et non par rapport à la science elle-même. » On pourrait même prétendre qu'il n'y a pas de commencement pour le sujet qui se livre aux recherches philosophiques, car il ne comprend rien s'il ne comprend tout. — D'ailleurs, ce n'est pas une remarque décourageante. Les cercles s'opposent à une marche géométrique, mais cette marche n'est pas la seule qu'une bonne logique puisse justifier. Vicieux, s'il s'agit de prouver, ils sont acceptables quand il est question d'organiser, de construire. Ils sont le lot des études complètes, et surtout des études supérieures, comme les corrélations organiques sont celui de la vie, et surtout des êtres développés. En philosophie, en particulier, ils ne doivent pas effrayer, mais seulement inviter à la prudence, retarder les conclusions, tenir l'esprit en éveil pour des rectifications progressives : nous aurons bientôt l'occasion de nous le rappeler. — Qu'est-ce donc que la philosophie générale ?

§ 1. Une étude de réduction et de définition.

Deux grands mouvements sollicitent la pensée. — L'un la conduit d'un nombre de termes plus grand à un nombre de termes moins grand, disons plus simplement : de la multiplicité à l'unité. C'est le mouvement réductif, mouvement essentiellement abstractionnel, car le passage qu'il fait accomplir est dû à l'abstraction et n'est autre que celui du concret à l'abstrait, ou bien de l'abstrait moins large à l'abstrait plus large. L'esprit part des choses individuelles, concrètes, données dans la perception, et le plus souvent groupées en plusieurs blocs; après avoir examiné en gros ces blocs, il distingue approximativement en eux des blocs moins étendus, puis des parties de blocs pouvant former des touts relativement indépendants, et il les met à part. Mais il ne s'en tient pas à cette opération; elle lui permettrait à peine de préciser sa connaissance, et cela même ne serait pas assez. Après la désagrégation, l'abstraction. Chacun de ces concrets est alors examiné plus attentivement, en lui-même et dans ses rapports avec les autres; un rapprochement et une distinction d'un nouvel ordre s'établissent; l'élément commun est séparé avec soin de l'élément propre; pour un moment l'élément propre est négligé, et de l'élément commun l'esprit forme un objet nouveau auquel il ramène les concrets et que nous appelons abstrait général.

Cet abstrait général est bien, comme nous venons de l'indiquer, un objet de pensée, dans toute l'étendue du terme. Il importe de le distinguer du mot qui aide à le fixer et en facilite l'usage, ainsi que de la tendance à nommer à laquelle il donne naissance : tendance à nommer et mot n'ont leur valeur que par la pensée à laquelle ils correspondent, et s'ils sont généraux, c'est qu'ils correspondent à une pensée dont l'objet est général. On ne doit pas davantage le confondre avec la propriété communiquée par l'habitude aux choses concrètes qui ont été réunies dans un rapport de ressemblance, de s'appeler les unes les autres : une fois formé, l'abstrait général a ce remarquable caractère de n'être pas plus lié aux choses concrètes qui lui ont donné naissance qu'à une série illimitée d'autres, réelles ou simplement possibles. Il n'est pas juste non plus de le limiter au jugement par lequel on déclarerait une chose concrète identique dans tous les cas observés : des raisons analogues aux précédentes pourraient être invoquées, et d'ailleurs une chose concrète ne se présente jamais identiquement deux fois, ou, pour mieux dire, deux concrets ne sont jamais identiques. A notre avis, l'abstrait général s'offre directement à la pensée, il ne réclame l'intermédiaire d'aucun autre objet, il est saisi en lui-même. Et pour admettre cela, nous n'avons pas besoin de nous placer au point de vue platonicien et de méconnaître la dépendance du général ; il n'est pas non plus nécessaire de détruire la généralité de l'abstrait en l'assimilant à une moyenne, à un portrait composite : il nous suffit de savoir qu'il y a dans les choses concrètes un élément, non pas indéterminé, mais commun, en même temps qu'un élément propre. L'abstrait général n'existe comme tel que par le sujet qui le pense, il suppose un travail intellectuel qui le dégage et le pose, il n'apparaît qu'en seconde ligne dans la pensée, mais il est fondé sur un élément essentiel de la réalité, il est cet élément de réalité en rapport de pensée.

Ainsi passe l'esprit de la multiplicité à l'unité. Mais la première unité obtenue n'est pas la seule à laquelle on puisse prétendre. Comme il se trouve d'autres concrets pour donner lieu à la formation d'autres unités, et que ces différentes unités entrent en rapport, l'esprit renouvelle à un degré supérieur l'opération précédente, sépare encore l'élément différent de l'élément ressemblant, et de ce nouveau ressemblant forme un abstrait, non pas plus général que les autres, car le général est ou n'est pas, mais plus large que les autres. Ceux-ci peuvent de la sorte être ramenés à une unité plus haute, laquelle rentre à son tour dans un abstrait plus large encore, jusqu'à ce qu'on arrive, de réduction en réduction, à l'abstrait suprême.

Ce mouvement de réduction est complété par un mouvement de définition : qu'on nous permette de donner à ce dernier mot, à l'exemple de Socrate, une signification scientifique et non pas seulement littéraire. Alors, on part d'un abstrait plus large pour passer à un abstrait moins large. Comment? Par l'intermédiaire d'un autre abstrait ou de plusieurs autres abstraits.

Chaque abstrait, en se combinant avec l'abstrait plus large, coupe le domaine de celui-ci en deux parties opposées — interprétons ainsi pour notre usage la théorie hégélienne des oppositions — et il en résulte une limitation correspondant à un terme précédemment fourni par la réduction. Par exemple, l'abstrait Animal, combiné avec des abstraits comme Mammifère, Bimane, Raisonnable, etc..., rétréci par chacun d'eux de moitié et en différents sens, équivaut, ou plutôt correspond à l'abstrait Homme, au-dessus duquel le mouvement réductif l'a élevé. Et comme rien ne s'oppose à de nouvelles limitations, que la série des combinaisons d'abstraits s'ouvre à l'infini, l'opération peut se prolonger au delà de toute correspondance avec les données de l'observation, dans le monde des purs possibles. Ce mouvement se produit donc en sens inverse du précédent : tandis que, dans la réduction, on se place au point de vue du concret pour passer à l'abstrait, ou de l'abstrait moins large pour passer au plus large, dans la définition, au contraire, on se place au point de vue du plus large pour passer au moins large.

La symétrie n'est pourtant pas parfaite. — 1° La réduction, envisagée dans l'ensemble de son œuvre, part du concret : la définition n'y arrive pas, elle ne fait qu'y correspondre. Aussi loin que celle-ci s'avance, elle ne réussit pas à sortir de l'abstraction. Le terme Français, auquel elle aboutit en descendant du terme Homme, n'est pas plus rapproché que ce dernier du concret, il n'est pas plus que lui donné dans la perception. J. de

Maistre disait avec raison : « Je n'ai jamais vu l'homme; » mais avait-il vu plus souvent le Français, l'Anglais, le Russe? S'il était permis d'établir des degrés à cet égard, nous pourrions prétendre que Français est encore plus éloigné du concret que Homme, car il suppose les mêmes abstraits, et en outre ceux de nouvelles séries. C'est qu'un abstrait général a beau être limité par d'autres abstraits généraux, il ne perd jamais sa nature, il ne devient jamais un concret. Pour atteindre le concret en descendant de l'abstrait, il faudrait — nous nous en convaincrons plus tard — opérer la jonction de l'abstrait général avec un abstrait d'un autre ordre, l'abstrait de l'accident, du nouveau, de l'inexplicable, disons l'abstrait particulier, qui est fondé sur un autre élément de la réalité; or celui-ci, échappant à la science, est hors des prises de la définition. — 2° La définition, tout en étant abstractionnelle comme la réduction, ne forme pas comme elle de nouveaux abstraits, elle se borne à combiner ceux qui sont déjà formés, à les limiter les uns par les autres. L'unité de son terme final est, selon le point de vue auquel on la considère, celle d'une synthèse ou celle d'un résidu, jamais celle d'un point de rencontre. De la sorte, elle ne défait pas stérilement l'œuvre de la réduction, au contraire elle la complète. En retrouvant les termes dépassés, et en un sens abandonnés, de la réduction, elle les envisage autrement, elle leur prête une nouvelle physionomie, elle transporte en eux les résultats obtenus au-dessus d'eux. — 3° Au moment de la définition, les abstraits généraux doivent être considérés au double point de vue de l'extension et de la compréhension ; au moment de la réduction, ils ne peuvent être considérés qu'au point de vue de l'extension, les caractères qui contribueraient à leur compréhension n'étant pas encore dégagés. Il en résulte que la largeur des abstraits se marque tantôt sans réserve, et tantôt avec la réserve du point de vue auquel on doit se placer. (On sait que cette distinction n'est pas une vaine formalité, car ce qui est moins large en extension est justement plus large en compréhension.) Dans le cas de la réduction, Homme est absolument moins large qu'Animal, attendu qu'il s'étend à moins de séries d'individus, et que nous n'avons pas à nous occuper d'autre chose. Dans le cas de la définition, si Homme est moins large qu'Animal en extension, il l'est davantage en compréhension ; s'il embrasse moins de séries d'individus (nous disons : de séries, car en fait d'individus, l'abstrait général, quel qu'il soit, porte à l'infini), en revanche, il embrasse plus d'abstraits et correspond à un nombre supérieur de caractères.

Ces diverses affirmations, nécessaires pour préciser l'objet de nos recherches, demanderaient de nombreux éclaircissements. Bornons-nous, puisque nous ne voulons pas entreprendre ici une étude complète de psychologie ou de logique, à montrer que notre conception de la réduction et de la définition est, sur les points essentiels, conforme aux notions courantes. — N'est-il pas ordinairement sous-entendu, quand on parle de réduction dans le langage scientifique, qu'il s'agit de s'élever à un terme commun à deux ou à plusieurs termes, et que ce terme commun doit être abstrait des autres? On ne réduit point, tout le monde le reconnaît, le concret au concret; on ne réduit pas non plus un abstrait à un autre abstrait de même portée; ou encore un terme unique à un autre terme. Dans ces divers cas, la réduction équivaudrait, soit à une identification, soit à une suppression, elle ne serait ni profitable à la science, ni fondée sur la connaissance de la réalité. Sans doute, on procède souvent comme si on l'oubliait, par exemple, quand on essaye de réduire le monde psychique au monde physique, ou réciproquement, mais la logique le rappelle aussitôt. — De même, la limitation de l'abstrait plus large par d'autres abstraits diffère-t-elle beaucoup de la détermination par le genre prochain et la différence spécifique, dans laquelle les logiciens voient ordinairement la définition? Le genre prochain, n'est-ce pas l'abstrait plus large? La différence spécifique, n'est-elle pas apportée, telle que tout le monde la comprend, par un groupe d'autres abstraits qui limitent l'extension du premier? Enfin, quand on dit que la définition se fait par l'essence et non par l'accident, on entend à peu près comme nous que la définition ne touche par aucun point au concret : en effet, ce qu'on appelle accident ne peut être que l'élément rigoureusement propre d'un objet, ce qui ne se rencontre en aucun autre objet, donc ce qui donne lieu à cet abstrait particulier dont nous avons déjà parlé, lequel ne rejoint l'abstrait général que dans le concret et échappe en conséquence à la définition. Ainsi notre formule seule diffère — nous croyons, il est vrai, que ce n'est pas sans raison — de ce que l'usage a consacré sur ces points essentiels.

Il est pourtant une distinction à laquelle l'usage tend à donner de l'importance et qui ne saurait subsister avec notre conception de la définition : la distinction entre la définition empirique et la définition mathématique. Parlons-en rapidement. — La première définition, nous dit-on, est simplement descriptive, la seconde est constructive. « Définir les nombres et les figures, c'est dire le procédé par lequel on les obtient : $2=1+1$; $3=2+1$; etc... la sphère est le volume engendré par le mouvement d'un demi-cercle qui tourne autour de son diamètre, etc... » En se plaçant à notre point de vue, on doit trouver que toute définition est à la fois constructive et descriptive : descriptive, car en synthétisant des abstraits, elle indique par cela même les éléments de son objet, les caractères qu'il comprend ; constructive, car ces abstraits synthétisés sont coordonnés régulièrement autour d'un abstrait fondamental qu'ils limitent, et cette coordination indique la génération logique de l'objet, « le procédé par lequel on l'obtient. » Après cela, que cet objet logiquement obtenu corresponde ou non à une donnée concrète, peu importe pour la définition, puisque, dans l'un et l'autre cas, elle ne le pose et ne le reconnaît qu'à titre d'abstrait. — La définition empirique, ajoute-t-on, est progressive et provisoire, l'autre est définitive et immuable. C'est juste, bien que trop radicalement marqué. Mais d'où vient cette différence ? De la nature de l'objet à définir, et non de la nature de la définition. Il doit être plus difficile de trouver l'abstrait à limiter et les abstraits limitants, par conséquent d'arriver du premier coup à une définition parfaite, quand il s'agit d'objets correspondant à des données concrètes, que lorsqu'il est question d'objets mathématiques. En effet, les premiers, devant être pris dans toute l'étendue de leur correspondance, sont beaucoup plus complexes que les derniers, qui ont été volontairement simplifiés. Ils donnent lieu à des énumérations moins satisfaisantes, à un triage plus délicat, à des coordinations plus chanceuses. Mais en quoi la définition elle-même, dans sa nature essentielle, en est-elle changée ? — La définition empirique, dit-on encore, est un résumé de connaissances, l'autre est au contraire un principe de connaissance. Pour nous, toute limitation d'un abstrait par d'autres abstraits est un résumé de connaissances, en ce qu'elle suppose et synthétise un travail assez étendu de réduction. En même temps elle est un principe de connaissance, en ce qu'elle aboutit, soit à faire entrer plus avant les objets concrets dans des cadres généraux, soit à former, indépendamment du monde réel, des objets possibles, rationnels, et que, dans tous les cas, nous arrivons à du nouveau pour l'esprit.

Ainsi entendu, le double mouvement de réduction et de définition constitue à peu près tout le mouvement scientifique. — Et l'analyse, et la synthèse, qu'en faisons-nous ? Elles sont supposées par lui, absorbées en lui. — Au lieu de dire avec M. Bain que « l'analyse est le résultat et le complément de l'abstraction, » ou encore que « l'analyse dérive de la généralisation, » nous prétendons que l'abstraction vient à la suite de l'analyse et que celle-ci est comprise dans la réduction. Pour réduire à leur unité abstraite des objets concrets, il faut, avons-nous déjà établi, distinguer dans le bloc concret des touts relativement indépendants, puis, dans chacun de ces touts, distinguer l'élément commun de l'élément propre; de même, pour réduire à un abstrait supérieur des termes déjà abstraits et simplement juxtaposés, il faut procéder à une désintégration qui permette de séparer ensuite l'élément commun d'avec l'élément propre de chaque abstrait. Or, n'est-ce pas là un travail d'analyse à deux degrés? Au premier degré, on peut aboutir à une décomposition réelle dont la perception saisit encore les résultats; au second degré, on n'aboutit qu'à une décomposition idéale dont la perception ne saisit plus les résultats, dont l'attention fait les principaux frais, et qui, à rigoureusement parler, ne mérite pas le nom de décomposition; mais n'est-ce pas toujours de l'analyse? Disons plus : n'est-ce pas toute l'analyse, même l'analyse dite régressive, l'analyse des géomètres, si l'on consent à éliminer de celle-ci certains éléments qui peuvent bien s'ajouter à elle mais ne sauraient la constituer? — De son côté, la synthèse est comprise dans la définition, car, pour limiter les abstraits, il faut les unir. Contrairement à ce qui se passe dans le monde concret des perceptions, le champ des abstraits généraux se rétrécit par l'union de ses éléments.

A chaque jonction de l'abstrait plus large avec un nouvel abstrait, on exclut du premier une série illimitée de termes individuels qui y était auparavant contenue. La synthèse est donc une opération fondamentale du second mouvement scientifique, à tel point que nous avons pensé un moment le désigner par elle. Mais, si elle en est la condition, le moyen, elle n'en est pourtant pas la fin, et il est plus juste d'identifier ce mouvement avec l'opération plus compréhensive de la définition.

Et l'induction, et la déduction? Notre attitude à leur égard dépend du sens qu'on leur donne, et il est possible de leur en donner au moins deux. — Au premier sens, l'induction ne se distingue de la réduction par rien d'essentiel. C'est ainsi qu'il faut l'entendre quand on dit : « induire, c'est s'élever à des lois. » La loi, en effet, est-elle autre chose qu'un abstrait général? Qu'on la rapproche de la classe : n'est-elle pas de même nature? Ne s'obtient-elle pas par les mêmes procédés? La seule différence importante à signaler entre elles provient des objets qui fournissent leur point de départ. Ceux qu'on ramène à la classe sont pris comme des unités au delà desquelles on n'a pas besoin de s'avancer ; au contraire, ceux qu'on ramène à la loi enveloppent au moins une dualité, constituent nécessairement un groupe, sont censés se décomposer, soit en coexistants, soit en succédés, soit en cause et effet, d'après l'usage surtout en cause et effet. Mais, pour s'élever au-dessus des uns et des autres, il n'y a qu'un moyen : négliger les particularités de chacun et prendre pour objet de pensée ce qui est commun à tous. Qu'il y ait ou non un rapport de causalité à l'origine, l'opération ne change pas, et le résultat est toujours un abstrait général. Si donc induire c'est s'élever à des lois, on peut dire aussi bien que c'est former des abstraits généraux. Or, en quoi cette opération nous ferait-elle sortir de la réduction? A quoi aboutit celle-ci, sinon à former des abstraits généraux, soit au-dessus du concret, soit au-dessus d'autres abstraits?

Au second sens, l'induction se distingue incontestablement de la réduction. Il s'agit alors, non plus de former de nouveaux abstraits, mais d'en faire concorder deux parmi ceux qui sont déjà formés. Par exemple, quand je dis : tous les hommes dont parle l'histoire sont morts, donc je crois que l'homme est mortel, — j'ai affaire à des abstraits déjà formés, Homme, Mortel, et je ne désire point en établir un autre au-dessus ou à côté d'eux; je prétends seulement faire concorder l'abstrait Mortel avec l'abstrait Homme, de telle sorte que, partout où s'étend le second, le premier s'étende aussi. Rien de semblable dans la réduction. Mais faut-il pour cela considérer l'induction comme un mouvement scientifique à part? Non, car nous ne quittons la réduction que pour nous rapprocher de la définition, dont l'induction devient une opération auxiliaire. Pourquoi, en effet, chercher à établir cette concordance entre l'abstrait Homme et l'abstrait Mortel? Elle n'a pas son but en elle-même, elle n'est qu'un moyen : celui d'élargir la compréhension de l'abstrait Homme. Or, qu'est-ce qu'élargir la compréhension d'un abstrait, sinon en préparer une définition complète? — Donc, ou bien l'induction n'est qu'un cas de la réduction : c'est la réduction aboutissant à des lois; ou bien elle n'est qu'un auxiliaire de la définition : c'est l'opération qui permet à celle-ci de s'élargir, de se compléter.

On remarquera à cette occasion que les célèbres difficultés du problème de l'induction doivent être transportées du premier mouvement scientifique, où d'après l'usage elles devraient se rencontrer, au second mouvement. — Envisagée comme un cas de la réduction, l'induction ne donne lieu à aucune de ces difficultés. Comment affirmer à propos de quelques faits, se demande-t-on, une loi qui n'est rien si elle n'est universelle et nécessaire? Comment s'assurer que ces faits ne sont pas accidentels, qu'ils ne sont contredits nulle part par d'autres faits, qu'ils ne l'ont jamais été et ne le seront jamais? Qu'on s'explique. De quoi s'agit-il? D'affirmer la reproduction universelle, nécessaire, d'un phénomène individuel? La tentative serait deux fois vaine. Non seulement les lumières voulues pour cette affirmation font défaut, mais encore l'affirmation elle-même est contraire à la réalité, laquelle ne se reproduit jamais. Il s'agit plutôt de dégager des phénomènes individuels une loi, c'est-à-dire un abstrait général s'appliquant à l'infini, s'étendant à une série illimitée d'objets. Or, cette extension ou application à l'infini, n'est-elle pas la conséquence de la nature même de l'abstrait général? L'élément commun sur lequel celui-ci se fonde ne doit-il pas se prêter à l'union avec tous les différentiels concevables? On l'accorde quand il est question de la classe : pourquoi se refuserait-on à l'admettre quand il s'agit de la loi? Si tels objets ne sont pas explicables par telle loi, c'est qu'il leur manque les éléments communs sur lesquels cette loi est fondée, et alors il n'y a pas à s'occuper d'eux; ils appartiennent à une autre série, ils se ramènent à une autre loi, et la première n'est pas en défaut à leur égard, puisqu'ils lui sont étrangers. S'ils ont les éléments communs sur lesquels la loi s'est fondée, peu importe qu'ils aient en même temps des différentiels inconnus; quels qu'ils soient, ces objets se ramènent à la loi, car, encore une fois, le commun peut se joindre sans mesure au différentiel. Ainsi l'inquiétude signalée disparaît, et une des grandes objections adressées à l'empirisme perd sa valeur. La seule tâche délicate qui reste, c'est de trouver l'élément commun sur lequel doit se fonder la loi. Encore faut-il ajouter que cet élément commun n'est autre que celui par lequel la cause et l'effet sont liés, que ce dernier s'unit comme l'abstrait général à tous les différentiels possibles, à titre d'élément de ressemblance, et que par conséquent il suffit d'une seule constatation de cause et effet pour former une loi universelle et nécessaire. — Mais, s'il s'agit de l'induction auxiliaire de la définition, on n'a certainement pas exagéré les difficultés. Alors on a raison de s'inquiéter de faits imprévus qui pourraient contredire la concordance cherchée entre deux abstraits; alors on est tenu de procéder à des dénombrements qui, théoriquement, ne sont jamais assez étendus; alors on doit se contenter des probabilités, suffisantes seulement pour la vie pratique, que donnent les grandes constantes de l'expérience.

De même que l'induction, la déduction peut être entendue de deux manières, et de deux manières qui correspondent aux deux sens donnés à l'induction. Elle aussi peut être considérée comme une simple opération auxiliaire de la définition. Prétendrait-on voir autre chose dans le syllogisme? Par lui-même il ne saurait réaliser aucun progrès, fournir aucun élément nouveau pour la pensée; les termes dont il part, ainsi que ceux auxquels il arrive, sont déjà rapportés à une unité supérieure, définis, connus; il se borne à passer de l'implicite à l'explicite. Quand je dis : l'homme est mortel, or Pierre est homme, donc Pierre est mortel, — je ne fais, dans la dernière proposition, que constater expressément ce qui est contenu implicitement dans la précédente, car en disant que Pierre est homme, j'affirme par cela même qu'il est mortel. Toutes les tentatives pour donner plus de portée au syllogisme nous ont paru vaines. On remarquera d'ailleurs comment se formule un syllogisme : les termes sont rapprochés de manière à s'emboîter les uns dans les autres, tandis que, dans la définition, ils sont rapprochés de manière à se combiner, à se limiter, à se couper en différents sens. C'est que, dans le premier cas, on ne doit pas sortir de ce qui a été posé dans les prémisses, tandis que dans le second cas il est question d'aller plus loin. Ce n'est pas à dire que le syllogisme soit une opération sans valeur : ce passage de l'implicite à l'explicite facilite le mouvement de la pensée et contribue ainsi à la formation de la connaissance scientifique. L'affirmation que Pierre est mortel est bien contenue dans celle qu'il est homme, mais tant qu'elle n'a pas été déduite, elle peut être objet de doute, elle est pour moi comme si elle n'était pas. Le syllogisme apporte l'affermissement des notions vacillantes, la précision dans ce qu'on n'aperçoit que vaguement, la preuve de ce qui est à l'état de question. Il en résulte de meilleures définitions, quelquefois même la possibilité d'établir la concordance entre deux abstraits par une autre voie que la voie inductive. Mais prouver, préciser, affermir, préparer des définitions, n'est pas avancer vers le nouveau. C'est pourtant cette marche en avant que suppose un mouvement vraiment scientifique. Il est donc évident que la déduction, bornée au syllogisme, ne saurait être son propre but, et qu'elle est, comme en un sens l'induction, bien que d'une autre manière, un simple auxiliaire de la définition.

Mais n'y a-t-il pas autre chose dans la déduction? Déduire, nous dit-on, c'est passer du principe à ses conséquences; or, ce passage ne conduit-il pas à une connaissance nouvelle? N'est-ce pas avancer que tirer un terme d'un autre terme, une idée d'une autre idée, alors même que le résultat ne correspondrait pas à des données concrètes? Dira-t-on sérieusement que la géométrie tout entière, qui ne procède que de cette façon, est « une vaine tautologie? » Il faut s'entendre, répondons-nous, sur le mot conséquence, car il y a deux espèces de conséquences. Elles proviennent toutes de l'application d'un principe général à un cas dit particulier, mais elles ne sont pas toutes dans le même rapport avec ce cas. Les unes ne le dépassent pas; en l'énonçant, on les énonce implicitement. Toutes celles qui se présentent au bout d'un syllogisme sont de cette espèce. L'affirmation que Pierre est mortel est renfermée dans celle-ci : Pierre est homme. S'il s'agit de semblables conséquences, nous n'avons rien à ajouter à ce que nous avons établi précédemment. En les tirant, on obtient plus qu'une vaine tautologie, nous le savons, mais enfin on n'obtient rien de strictement nouveau. Il y en a d'autres, au contraire, qui dépassent le cas particulier auquel le principe s'applique. En énonçant le cas particulier, on ne les possède pas encore, même implicitement; il faut attendre que la combinaison du principe et du cas particulier leur donne naissance. Ce sont celles-ci qui construisent la géométrie : les autres, bien que plus apparentes dans l'enseignement, ne servent qu'à les vérifier ou à les consolider. Par elles, un progrès incontestable s'accomplit, on avance, on a du nouveau. Mais elles ne sauraient se présenter au bout d'un syllogisme, et si elles sont l'œuvre de la déduction, il faut donner un nouveau sens à celle-ci. Les termes par lesquels on les obtient ne s'emboîtent pas comme précédemment, ils sont simplement rapprochés de manière à se limiter. Nous revenons en pleine définition. Le principe représente l'abstrait plus large, le cas particulier l'abstrait limitant, et la conclusion l'abstrait moins large ou le résultat de la limitation. Ce qui se trouve dans le principe, c'est-à-dire dans l'abstrait plus large, se retrouve dans l'abstrait moins large, c'est-à-dire dans la conclusion, mais avec un élément nouveau dû à l'intervention de l'abstrait intermédiaire, c'est-à-dire avec la modification apportée par le cas particulier. On peut dire par conséquent que la géométrie se construit par une sorte de déduction, et se prouve par une autre. Au premier sens, la déduction ne se distingue point de la définition; au second sens, elle se subordonne à elle, comme à son but et à sa raison d'être.

Donc, rien qui nous gêne pour notre affirmation générale, du côté de l'induction et de la déduction. Nous ne parlons pas de la déduction dite formelle, qui rentre dans les autres cadres, ni de la déduction dite immédiate qui ne donne même pas l'apparence d'une connaissance nouvelle. Nous ne croyons pas non plus avoir à nous occuper de l'hypothèse, simple anticipation dans la réduction et la définition, moyen puissant, indispensable, mais seulement moyen, pour rendre un mouvement scientifique plus rapide et plus étendu. Quant aux autres opérations qu'on pourrait indiquer, elles se produisent à un degré inférieur de la vie intellectuelle, elles constituent la pensée en général, et non un mouvement scientifique en particulier. Ainsi, par exemple, la réduction et la définition peuvent être ou ne pas être accompagnées d'une affirmation; il n'en résulte aucun changement dans la nature essentielle du mouvement scientifique. Que nous concevions simplement l'abstrait Homme, ou que nous le fassions entrer dans un jugement, l'important pour la science sera toujours le produit de la réduction ou de la définition. — En somme, ce qu'on peut distinguer de ces deux opérations n'est point à dédaigner, mais reste subordonné, directement ou indirectement, à l'une ou à l'autre.

Ajoutons qu'elles sont également nécessaires à la science. Les choses ne sont scientifiquement connues, il va sans dire, que si elles sont connues dans leurs éléments essentiels, et elles ne peuvent être ainsi connues que par l'union de la réduction et de la définition. — Ce n'est pas seulement parce qu'elle permet de saisir plus de choses à la fois, en quelque sorte de « resserrer la variété dans une poignée, *manipuli instar*, » que l'esprit procède à la réduction, c'est aussi et surtout parce qu'elle fait face à un élément essentiel des choses, l'élément commun dont nous avons déjà parlé et que nous devrons établir plus tard. En dégageant cet élément commun, en l'érigeant en classe ou en loi, la réduction contribue pour une large part à la connaissance des choses, elle les explique véritablement. — D'autre part, c'est un élément essentiel que le propre des choses, et la science ne doit pas le négliger. Tendre vers l'un en dédaignant le divers, comme on l'a fait constamment dans l'histoire, c'est renoncer d'emblée à une connaissance complète. Malgré l'autorité platonicienne, il faut bien se garder de prétendre que « la science consiste essentiellement à identifier les choses; » disons plutôt qu'elle consiste tour à tour à les identifier et à les distinguer. D'ailleurs, les souvenirs de la

Grèce, et particulièrement ceux de l'école d'Élée, en mettant en lumière les embarras et même les abîmes où conduit cette conception étroite de la science, quand elle est prise au sérieux, sont bien de nature à nous la faire redouter. — Mais comment tenir compte de l'élément propre des choses? En lui substituant, autant que cela est possible, un correspondant formé par une combinaison d'abstraits généraux. « Les idées de type et de loi, a écrit M. Rabier, s'étendent à tout dans la nature, même aux accidents les plus fugitifs et aux nuances les plus délicates, à tout ce qui semblait d'abord réfractaire à toute assimilation, à toute classification... et finalement il se trouvera, par exemple, que la présence d'un grain de sable en un certain lieu n'est qu'un cas de la gravitation universelle, ou que la poussière brillante qui couvre les ailes d'un papillon se compose de ces mêmes éléments simples qui se retrouvent partout dans la nature [1]. » N'est-ce pas trop s'avancer? N'y a-t-il point dans les choses un élément qui échappe aux types et aux lois, et finalement à toute explication? Ne trouve-t-on pas, en dernière analyse, une particularité inconvertible à celle qui résulte de la combinaison d'abstraits généraux? En un mot, n'y a-t-il pas un élément propre qui n'est qu'élément propre? C'est notre avis, et bientôt nous aurons à le légitimer, même à lui donner une grande importance. Mais, jusqu'à un certain point, la correspondance de l'élément propre avec une combinaison

---

[1] *Psychologie*, p. 345.

d'abstraits généraux peut s'établir, et il nous est bien permis de substituer le second terme au premier, puisque d'autre part c'est le seul moyen de faire rentrer celui-ci dans le domaine de la science. En se combinant, avons-nous déjà vu, les abstraits généraux se limitent, et il en résulte une sorte de particularisation qui, sans nous ramener exactement aux abstraits moins larges de la réduction, à plus forte raison au concret, représente ceux-ci pourtant dans une certaine mesure, et a l'avantage de soumettre partiellement à la science un de leurs éléments qui jusqu'ici lui échappait. Donc la définition, qui opère cette substitution des abstraits combinés à l'élément propre des choses, est, aussi bien que la réduction, nécessaire au mouvement scientifique et à la connaissance complète à laquelle celui-ci doit aboutir.

Il n'est point inutile de faire cette remarque en présence des théories modernes sur la science. Après les longs tâtonnements de la philosophie ancienne, Descartes avait indiqué avec justesse le rôle de la réduction et de la définition; sa méthode, en effet, avait ramené toute la science, d'une part à la recherche des natures simples, c'est-à-dire des abstraits de plus en plus larges, et d'autre part à la recomposition des objets au moyen des natures simples, c'est-à-dire à la combinaison des abstraits. Mais Descartes n'a pas été toujours écouté. Ainsi, par exemple, et pour ne regarder que d'un seul côté, Condillac n'a pas hésité à recommander exclusivement la réduction sous le nom d'analyse; et aujourd'hui on trouverait encore des savants pour donner raison à Condillac plutôt qu'à Descartes, du moins quand il s'agit d'étudier le monde réel. Chose curieuse, ceux qui prendraient volontiers cette attitude, ce sont des empiristes qui font profession de n'attacher de prix qu'au particulier, et qui par conséquent devraient vouer leur préférence à ce qui tend à rendre le particulier intelligible, à savoir la déduction que nous appelons définition. Le dédain pour celle-ci se comprendrait de la part de platoniciens attribuant peu de valeur au particulier; de la part des empiristes, il doit étonner. Évidemment il y a dans leur esprit une confusion entre les deux espèces de déduction; mais peut-être y a-t-il plus encore. Dans la réaction que l'on a jugé bon d'entreprendre contre les spéculations à priori, on est allé parfois jusqu'à restreindre les ressources et la mission de la science expérimentale elle-même. A force d'insister sur la nécessité de prendre pour point de départ les faits concrets, on a oublié que le retour vers eux est également nécessaire. Finalement, on n'a plus reconnu que la voie ascendante de l'induction ou de la réduction; la voie descendante a été fermée au nom des mauvais souvenirs qu'elle évoquait. Nous retrouverons plus tard dans l'école empiriste une contradiction analogue à celle-ci, et qui lui est peut-être très étroitement liée. Certes, ces partisans exclusifs de la réduction démentent constamment leur théorie dans la pratique. Ils déduisent, et au sens de preuve, et au sens de définition. Condillac faisait même rentrer la définition dans son analyse : « l'analyse, disait-il, ne décompose que pour faire voir l'originé et la génération des choses... L'analyse est donc la décomposition entière d'un objet et la distribution des parties dans l'ordre où la génération devient facile. » Cette distribution des parties ressemble singulièrement à la synthèse et à notre définition. Mais enfin, ni sous un nom, ni sous un autre, celle-ci n'est expressément admise à titre d'opération distincte.

D'autres théoriciens (c'est le plus grand nombre aujourd'hui, même dans l'école empiriste) ont renoncé à cet exclusivisme : ils ont reconnu la valeur des deux opérations qui nous occupent. A la suite de Stuart Mill, de Bain, de M. Taine, ils regardent la déduction-définition, aussi bien que la déduction-syllogisme, comme utile, souvent indispensable, dans les études du monde réel. Grâce à elle, pensent-ils, les lois sont vérifiées, expliquées, déterminées dans leur portée; de simplement empiriques, elles deviennent dérivées. Plus encore, de nouvelles lois qu'on ne soupçonnait pas sont découvertes. Évidemment, c'est faire une belle part à la définition. Cette part n'est pourtant pas suffisante, car la définition n'est encore admise qu'à titre d'auxiliaire de la réduction. Les deux opérations ne sont pas considérées comme deux moments successifs et également nécessaires de toute connaissance scientifique. M. Rabier le met fort clairement en saillie en parlant de l'analyse et de la synthèse, lesquelles se ramènent, nous l'avons établi, à la réduction et à la définition ; elles sont, nous dit-il, « chacune en soi une méthode complète, tellement que là où l'une d'elles réussit pleinement, elle ne laisse plus rien d'essentiel à faire à l'autre[1]. » Et cette déclaration est d'autant plus grave que M. Rabier, en exposant la méthode analytique, ne mentionne aucun retour vers les particularités ; elle « résout d'abord la question, dit-il, par ses principes les plus proches, puis dérive ces principes mêmes de leurs principes les plus proches, et s'élevant toujours, sans jamais perdre le contact de la question posée, laquelle s'élève en se transformant, elle parvient ainsi, en assurant tous ses pas, jusqu'aux principes suprêmes[2]. » Assurément, cela suffit quand on se borne à repasser, en vue d'une preuve, par des combinaisons d'abstraits déjà formées : on les voit aussi bien en remontant qu'en redescendant. Mais quand on marche vers du nouveau, ainsi que le réclame le mouvement scientifique, toute une partie de la connaissance serait supprimée, si l'on s'en tenait à cette méthode analytique.

Non seulement les deux fonctions sont nécessaires à toute connaissance complète, mais encore elles le sont également. Il est vrai que l'une — et ce n'est pas la réduction — s'approche plus que l'autre du but final de la science, puisqu'elle comprend et la détermination de l'élément commun et celle de l'élément propre, et que la science, disons-le encore, doit parvenir à cette double détermination ; toutefois cette distinction n'équi-

---

[1] *Logique*, p. 296.
[2] *Logique*, p. 299.

vaut pas à une différence d'importance entre les deux fonctions. Si la définition s'approche davantage du but, c'est que la réduction l'y a préparée; si l'une dispose, c'est que l'autre propose; si l'une finit, c'est que l'autre a commencé.

Mais il ne résulte pas de cette égale nécessité que la réduction et la définition doivent constituer dans la même proportion toutes les études. Distinguons, en effet, entre étude et connaissance. Sans doute, les différentes études ne peuvent se partager rigoureusement le travail indiqué; dans la plupart d'entre elles, il serait bien difficile de bannir absolument une des deux fonctions, et même d'attendre que tout fût terminé d'un côté avant de rien commencer de l'autre. Le plus souvent, on doit procéder à un entrecroisement constant de la réduction et de la définition. Toutefois il est légitime que certaines études se portent de préférence vers l'une, et se contentent, pour ce qui concerne l'autre, des résultats obtenus ailleurs. — Ainsi, les mathématiques sont avant tout une étude de définition. Elles partent des abstraits de la philosophie générale, ainsi que de certaines réductions supérieures des sciences physiques, comme de propositions qui leur sont faites et qu'elles doivent disposer; leur tâche consiste à combiner et à limiter des abstraits qu'elles ne se fournissent pas elles-mêmes; le monde de vérités auquel elles arrivent est à peu près exclusivement composé de conséquences. Quand elles ont recours à l'analyse de la réduction, c'est pour repasser par les chemins déjà parcourus, c'est pour prouver ce qui est avancé, et non pour avancer encore. Il en est de même, bien qu'à un moindre degré, de la logique, de la morale, de l'esthétique, bref, de toutes les études appliquées ou pratiques : elles reçoivent de la psychologie, des sciences physiques, de la philosophie générale, ou de la métaphysique, la partie la plus considérable de leurs propositions réductives. — Il est plus difficile de nommer les études qui procèdent en sens inverse. Les sciences physiques, qu'on a l'habitude d'indiquer à ce propos, devraient être occupées également de définition et de réduction. Elles sont à cet égard dans la même situation que les études psychologiques. Non seulement elles ont à expliquer les particularités de leurs objets au moyen des abstraits supérieurs qu'elles ont formés, mais encore elles ont à expliquer les particularités de ces abstraits eux-mêmes, et elles ne sauraient y parvenir sans accepter, comme point de départ, des abstraits obtenus au-dessus d'elles, dans le domaine de la philosophie générale. Si donc elles sont préoccupées avant tout de la formation des lois et des classes, il faut l'attribuer à des influences d'époque, ou bien à la difficulté de tout mener de front. Cette dernière raison nous fait comprendre encore pourquoi certaines études s'élèvent à peine jusqu'à la réduction. Elles trouvent une tâche suffisante dans l'analyse par laquelle celle-ci débute; les objets individuels dont elles partent se présentent avec une telle complexité, que tout l'effort de l'esprit doit se concentrer sur cette opération préparatoire.

Quant à la philosophie générale — il est temps d'y revenir — elle doit être au même degré une étude de réduction et de définition. Elle le doit, parce qu'elle le peut. Si le partage dont il vient d'être question est légitime, c'est qu'on ne saurait l'éviter. Il serait bon, en effet, si c'était possible, que toute étude constituât une connaissance complète, qu'elle fît face dans la même mesure à tous les caractères essentiels de son objet. Quelquefois on doit y renoncer, le domaine des recherches étant trop étendu; mais, pour la philosophie générale, on n'est pas dans ce cas. Son domaine n'est certainement pas assez vaste pour qu'elle ne puisse l'embrasser sous tous ses aspects. Ceci nous conduit à de nouvelles déterminations de notre entreprise. — Quel est l'objet sur lequel la philosophie générale est appelée à faire une double étude de réduction et de définition ? Et auparavant, où faut-il le chercher ?

§ 2. Dans le phénomène, c'est-à-dire dans le monde de la conscience.

L'ensemble des études philosophiques, avons-nous eu l'occasion de dire, ne forme pas un tout homogène, ni même réductible à une unité bien définie. Ceux qui prétendent marquer d'un mot, ou d'une seule phrase, le champ de la philosophie, en méconnaissent la nature et l'origine. C'est que, d'une part, il ne s'est pas formé d'une manière positive et directe, mais par des éliminations successives, et que, d'autre part, ce travail n'est pas rigoureusement achevé. — Actuellement, la philosophie comprend encore trois catégories d'études : des études scientifiques, des études métaphysiques, et des études d'application. A la première catégorie se rapporte la psychologie, qu'il faut bien distinguer de cette métaphysique restreinte à l'homme dont on s'est souvent contenté ; à la seconde catégorie se rapportent des spéculations que nous caractériserons dans un moment en les opposant à la science, et qu'on pourrait appeler aussi bien « métapsychiques » que métaphysiques, ou plus exactement encore « métascientifiques; » à la troisième catégorie se rapportent les recherches logiques, morales (nous pourrions ajouter esthétiques, sociologiques, etc...) dont le but est l'application plus ou moins détaillée des idées acquises dans la science ou dans la métaphysique. — La philosophie générale aspire, comme la psychologie, à se rapporter à la première catégorie, et son aspiration est légitime. Elle n'aurait pas de raison d'être, si elle n'était une science : inévitablement, elle se confondrait avec la métaphysique. Et, d'autre part, il y a place pour elle dans le domaine scientifique, au-dessus des sciences particulières, car celles-ci n'épuisent point tous les objets d'étude sérieuse, comme nous le verrons dans un dernier paragraphe de cette Introduction. C'est ce que le positivisme du XIXme siècle a particulièrement bien compris, lui qui a rejeté violemment, injustement, la métaphysique, et qui pourtant a éprouvé le besoin de « recueillir les faits supérieurs de tout le savoir humain, ainsi que l'a dit A. Comte, de les coordonner suivant une méthode naturelle, d'en tirer une conception réelle du monde, de constituer une notion assez positive pour être en plein accord avec les éléments scientifiques et assez générale pour en assigner la place et la valeur dans l'ensemble. »

Mais quel est le domaine de la science? Comment le caractériser en face de la métaphysique, de telle sorte que la philosophie générale ne risque pas de se confondre avec celle-ci? Jusqu'à présent nous n'avons rien rencontré qui puisse nous aider à répondre. Les diverses opérations que nous avons entrevues, et au-dessus de toutes la réduction et la définition, ne fournissent aucune indication. Elles peuvent fort bien, en effet, se produire sur un tout autre domaine que celui de la science. Il suffit, pour leur donner lieu, de trouver un objet se présentant avec un élément commun et un élément propre : et pourquoi la métaphysique ne l'offrirait-elle pas? Nous savons cependant, puisque la philosophie générale a été posée comme distincte de la métaphysique, qu'il doit y avoir entre leurs domaines plus qu'une différence d'extension. Il ne serait pas juste de répéter, après un auteur contemporain, que ce qui distingue ces deux études, « ce n'est pas la nature du système qu'on embrasse, c'est la profondeur à laquelle on sonde les questions et l'ampleur des hypothèses qu'on construit. » S'il ne s'agissait que de s'avancer au delà des sciences particulières, la métaphysique serait forcément une philosophie générale, et la philosophie générale une métaphysique. Il doit y avoir une différence de nature entre les deux domaines : dans l'un se trouve quelque chose qui n'est pas dans l'autre.

Sans doute, pour l'affirmer, nous nous engageons dans un cercle : c'est au nom de la distinction entre la philosophie générale et la métaphysique que nous demandons une différence de nature, et c'est au nom de cette différence de nature que nous avons posé, et que nous poserons encore, une distinction essentielle entre la philosophie générale et la métaphysique. Il est également vrai que, pour fixer cette différence de nature, nous allons nous engager dans un nouveau cercle : il faudrait, avant de caractériser avec précision les thèses métaphysiques et les thèses scientifiques, savoir au juste où se trouvent les unes et les autres, et l'on ne peut savoir au juste où elles se trouvent avant de les avoir caractérisées avec une certaine précision. Mais nous avons déjà dit ce qu'il faut penser des cercles : vicieux, s'il est question de prouver, ils sont acceptables quand on doit organiser et construire. Il nous suffira de recourir au compromis suivant, qui est légitime dans les cas analogues à celui-ci.

Pour commencer, on s'en rapporte aux indications de l'histoire, des traditions, de l'usage en un mot. Puis on se demande, en jetant un coup d'œil rapide sur la question, si l'usage a en gros raison : c'est-à-dire s'il n'assemble pas dans ses indications des éléments de nature trop différente, ou qui pourraient être placés ailleurs; ou bien, s'il ne sépare pas trop nettement des éléments de même famille ; ou bien encore, s'il ne relègue pas à l'arrière-plan ce qui est le plus caractéristique, et inversement. Enfin, après avoir accompli, s'il y a lieu, les rectifications nécessaires, et en se réservant d'en accomplir encore, on procède au travail le plus important, on entreprend une étude approfondie des données dont on est parti. De la sorte, on fait marcher de front la connaissance de ce qu'il y a à déterminer et la détermination elle-même ; l'une éclaire, contrôle, corrige graduellement l'autre, et il est permis d'espérer des résultats d'une certaine valeur. Il n'y a là, nous le répétons, rien de géométrique, rien qui garantisse des conclusions absolument incontestables ; l'arbitraire peut s'y glisser rapidement, et il n'est pas étonnant que des oppositions persistantes y prennent naissance. On doit cependant ne pas déprécier trop vivement ce procédé, en tout cas il faut bien s'en contenter.

En le suivant pour nous éclairer sur la nature de la science et de la métaphysique, nous sommes conduits d'abord — plus tard les raisons en seront fournies — à rejeter quelques distinctions insuffisantes et inexactes de l'usage : par exemple, celle qui assigne à l'une des deux études la recherche exclusive du comment, et à l'autre la recherche du pourquoi des choses ; celle qui fait intervenir la notion d'essence et en réserve l'application à la métaphysique ; celle des causes secondes et des causes premières, celle du relatif et de l'absolu, etc..... Nous sommes conduits ensuite à accepter et à approfondir la distinction qui s'exprime par la formule suivante : le domaine de la science est borné au phénomène, tandis que celui de la métaphysique s'avance au delà. Le phénomène : c'est-à-dire ce qui se découvre à première vue, ce qui est directement à portée de l'esprit, ce qui se saisit immédiatement, en d'autres termes, l'expérience.

Voilà bien une indication de l'usage. Où sont les savants qui ne tiennent à répéter qu'ils s'occupent exclusivement de phénomènes, et les métaphysiciens qui ne se croient autorisés, et même obligés, à jeter un coup d'œil au delà? On a bien entendu parler dans l'école de Condillac d'une métaphysique qui aurait pour premier objet « l'étude de l'esprit humain, non pour en découvrir la nature, mais pour en connaître les opérations. » Plus près de nous, on a pu lire dans un article de M. Hogdson cette phrase : « Cette recherche préliminaire, mais qui, à sa manière, embrasse tout, l'analyse des états de conscience comme tels, est selon moi l'affaire de la métaphysique. » Mais ce sont là des déclarations isolées, qui ne s'accordent pas avec l'ensemble des témoignages de l'histoire. Les prétentions des savants et des métaphysiciens sont d'ailleurs confirmées par l'examen de leurs études respectives. Voyez si celles que depuis longtemps on s'accorde à appeler scientifiques ne tendent pas à se borner à l'expérience, et si la plupart des systèmes unanimement reconnus comme métaphysiques n'ont pas affecté un certain dédain pour les limites de cette même expérience.

On invoque, à titre d'objection du côté des sciences, les mathématiques : a-t-on jamais eu, ainsi que le demandait déjà Platon, la perception d'un des triangles dont s'occupe la géométrie? A-t-on jamais vu, entendu, ou touché un nombre? Est-il permis d'assimiler ces objets avec les données de l'expérience? — Assurément on ne saurait avoir la perception d'aucun des objets mathématiques, et, si l'expérience était identique à la perception du concret, les mathématiques devraient être placées hors d'elle. Mais le monde de l'expérience — cela ressortira suffisamment des nouvelles déterminations que nous lui ferons bientôt subir — s'étend bien au delà du concret. L'abstrait, lui aussi, est un objet direct de pensée; il est, lui aussi, du moins après l'élaboration de l'esprit qui le forme, de prise immédiate; il est, lui aussi, un phénomène. Or, les objets mathématiques ne sont pas autre chose que des abstraits. — Des abstraits! Mais l'abstraction donnerait-elle la perfection qui manque au concret et qui est requise pour la science? L'abstraction permettrait-elle la décomposition des nombres et des figures sans lesquelles il n'est point de démonstration possible? Sans doute. D'abord, il n'est pas nécessaire de s'en tenir aux abstraits simples de la réduction, on peut s'avancer dans la voie de la définition, et là, décomposer et recomposer à son gré. On peut, en particulier, combiner un abstrait quelconque avec celui de perfection, et obtenir ainsi la rectitude de toutes les figures géométriques. Mais ce résultat est obtenu même sans cette combinaison, car l'existence de l'abstrait général est inséparable de sa perfection. Un abstrait est parfait quand le dégagement des traits communs est achevé, c'est-à-dire aussitôt qu'il existe lui-même. Les traits communs entre les figures concrètes constituent l'essence de la figure géométrique : prenez-les comme objet de pensée, vous concevez un objet géométriquement parfait. Si une ligne droite est imparfaite, c'est qu'elle est irrégulière, c'est qu'elle offre un accident, une particularité, à la place d'un des éléments communs supposés, c'est qu'elle ne forme pas le véritable abstrait général de la ligne droite. — L'objet des mathématiques, étant composé d'abstraits qui font partie du domaine de l'expérience, peut donc être limité comme celui des autres sciences à l'expérience, au phénomène.

Du côté de la métaphysique, on invoque également des exemples qui sembleraient mettre en défaut la distinction proposée. N'aurait-on pas affaire à des affirmations purement expérimentales, quand on entend les successeurs de Kant, et avec eux M. Ravaisson et quelques autres, parler d'une intuition de l'absolu; ou quand on s'arrête devant la νόησις de Platon et la contemplation des Alexandrins; ou bien encore quand on rencontre l'hypothèse d'un sens religieux par lequel Dieu se laisserait percevoir? Là aussi, n'est-il pas question de communication directe, de connaissance immédiate, donc d'expérience et de phénomène? — En tout cas, répondons-nous, il faudrait établir, comme on l'a fait à propos de la théorie de Maine de Biran, deux espèces de phénomènes, et ainsi la distinction en cause serait transposée sans être contredite. Mais cela même n'est pas acceptable. — Certes, nous ne songeons point à bannir l'absolu de l'expérience, nous nous ferons au contraire une obligation pressante d'y revendiquer sa place longtemps méconnue; nous remarquons seulement que l'absolu de ces métaphysiciens, et des métaphysiciens en général, est compris de telle manière, est enveloppé à un tel point dans les notions de substance ultra-phénoménale, d'infini réel, etc..... qu'il ne saurait en aucune façon s'offrir à une connaissance immédiate. En réalité, l'intuition de l'absolu, de l'infini, du divin, et même d'un moi supérieur aux phénomènes, dont il a été question dans l'histoire de la métaphysique, n'est qu'une affirmation invérifiable sur le monde ultra-phénoménal. Une preuve qui s'offre d'elle-même — elle sera confirmée par l'ensemble de nos études — c'est que l'existence de l'objet de cette prétendue intuition ne s'impose pas à tout le monde, qu'elle est contestée par de bons esprits, et qu'il en serait tout autrement si cet objet était saisi directement comme un phénomène, même d'ordre supérieur. On peut se tromper dans la connaissance de l'objet immédiatement donné, ordinairement on ne se trompe pas sur son existence. Si certains phénomènes échappent à la pensée réfléchie, il n'en est pas qui échappent entièrement à la pensée; et ceux-là même qui échappent à la pensée réfléchie, le doivent à ce qu'ils sont minimes ou trop rapides, ce qui ne saurait être le cas d'un phénomène important, fondamental, comme celui dont on nous parle. Essayera-t-on, pour expliquer la prétendue expérience de quelques esprits et le défaut d'expérience des autres, d'établir entre les hommes des différences radicales de constitution et de circonstances ? Mais qui y songerait sérieusement ? D'ailleurs les raisons qui ont fait croire à une intuition immédiate pourraient tout aussi bien faire croire à une affirmation ultra-phénoménale. Quand celle-ci se produit, elle dépasse le raisonnement, le devance même ; elle s'impose avec décision, pour ne pas dire avec nécessité, à la foi de ses partisans : or, n'est-ce pas justement ce qui a frappé les métaphysiciens de l'intuition ?

Non seulement nous nous conformons à une indication constante de l'usage, en disant que la métaphysique dépasse le phénomène et que la science ne le dépasse pas, mais encore nous proposons une distinction dont on reconnaîtra la valeur intrinsèque. Elle répond certainement aux exigences d'une bonne classification des études. — Remarquons, entre autres choses, qu'elle porte sur un point décisif. Deux mondes s'ouvrent aussitôt, bien distincts, et en même temps bien homogènes chacun de son côté. La séparation ne s'établit pas par plus et moins, sur des quantités souvent insaisissables, mais d'après un élément original et fixe; elle ne marque pas des degrés différents, mais une essence différente, comme nous l'avons demandé en vue de la philosophie générale. Assurément elle ne met pas l'esprit à l'abri de toute hésitation dans le détail des recherches; mais elle a toute la clarté et toute la précision à laquelle on doit prétendre pour une formule générale. — Dans les cas embarrassants, le mieux est de la prendre dans toute sa rigueur. Par exemple, que dire des systèmes qui réduisent, non seulement toute étude, mais encore toute existence, à celle des phénomènes? Ce sont, malgré les apparences contraires, des systèmes métaphysiques. Tel est celui de M. Renouvier, tels ont été ceux de plusieurs grands philosophes de l'histoire. Il n'y a que des phénomènes, dites-vous, ou nous forcez-vous à dire à votre place. Mais comment le savez-vous, si vous n'avez pas regardé au delà? Sans doute vous n'y avez rien trouvé, et vous êtes rentrés aussitôt dans le domaine de la science; mais, si rien n'a été trouvé au delà, quelque chose y a été cherché; si vous n'y avez pas séjourné, au moins vous y êtes-vous avancés. C'est déjà trop pour la science, c'est franchir la ligne de démarcation qui sépare son domaine de celui de la métaphysique. Mais nous aurons l'occasion de revenir sur cette difficulté; essayons maintenant d'entrer plus avant dans la connaissance de la distinction proposée.

Et d'abord tirons les conséquences de ce que nous en savons.

Si la science, contrairement à la métaphysique, se borne au phénomène, par cela même elle doit réclamer pour sien tout ce qui est vérifiable. Nous ne croyons pas qu'il y ait lieu d'identifier les deux termes, car le phénomène s'étend au delà du vérifiable; mais on peut les rapprocher comme nous venons de le faire, car le vérifiable ne se trouve que dans le monde du phénomène. — Si ce rapprochement est juste, voyons-y une confirmation de la distinction établie précédemment. En effet, la distinction du vérifiable et de l'invérifiable a été liée par l'usage, elle aussi, bien qu'à un moindre degré, à celle de la science et de la métaphysique. On a été généralement d'accord dans l'histoire, à condition il est vrai de ne pas trop préciser, à admettre que les affirmations de la métaphysique ne sauraient être aussi rigoureusement vérifiées que celles de la science. M. Renouvier l'a dit avec justesse, « le caractère d'une vérité scientifique, à laquelle des classes de science qu'elle appartienne, consiste en ce que l'adhésion de chacun est obtenue pour elle, à la simple condition que l'étudiant suive et comprenne l'enseignant, en un certain enchaînement de raisonnements, ou d'expériences susceptibles d'être répétées à volonté, sans que la résistance de l'esprit se trouve éveillée, ni pour ce qu'on lui demande explicitement ou implicitement d'admettre, ni pour les conclusions qu'on en tire [1]. » Sans doute, du moment que la science s'élève à des coordinations d'une grande étendue, elle ne rencontre pas partout l'accord. Ainsi, l'hypothèse cosmogonique de Laplace, comme le fait observer M. Renouvier, était une de celles qu'une saine méthode autorise; ce n'est pas sans raison qu'elle a joui d'une grande faveur, et cependant l'épreuve ne lui a pas été favorable. De même pour celle de l'état de fusion des matières à l'intérieur du globe qui « a été couramment enseignée comme une chose indubitable; le point de vue tend si bien à se retourner qu'un savant des plus compétents est allé

---

[1] *Critique philosophique*, 1885, I, p. 3.

jusqu'à mettre en doute l'antériorité du soleil à la formation de notre planète¹. » Il n'en demeure pas moins que les propositions de la science, même celles qui sont de nature à obtenir le plus difficilement une durable et universelle adhésion, supposent toujours la possibilité logique d'une démonstration satisfaisante et par conséquent d'un accord universel. Elles ne sont pas scientifiques si, d'emblée, on peut les déclarer invérifiables. La métaphysique, au contraire, est censée admettre des croyances, sinon totalement, au moins partiellement invérifiables. Aussi comporte-t-elle plus de désaccord que la science. Dès qu'une de ses thèses « s'élève par elle-même ou par ses attaches, à une réelle importance, elle trouve toujours des contradicteurs, et cela, tout spécialement, parmi les hommes compétents qui ont le plus étudié la matière. Et si elle est de celles dont la partie théorique ou pratique est la plus grande, on constate que les philosophes se sont partagés en deux camps opposés sur chaque sujet, depuis le moment où chaque question a été posée clairement jusqu'au moment où nous sommes, et cela aux époques mêmes, quand on y regarde bien, où la liberté d'esprit était enchaînée par le danger de toucher à des propositions consacrées². »

Mais quelle est la raison de rapprocher ainsi le vérifiable du phénoménal et de la science, et l'invérifiable de l'ultra-phénoménal et de la métaphysique? Elle se découvre aisément quand

---

¹ *Critique philosophique*, 1885, I, p. 13. — ² *Id.*, p. 3.

on considère la nature de la vérification. — Vérifier, c'est s'informer de la vérité d'une opération intellectuelle; en d'autres termes, c'est chercher si, dans tel cas, le rapport qu'enveloppe toute opération intellectuelle est bien établi; en d'autres termes encore, c'est s'assurer que l'élément ressemblant et l'élément différent, sur lesquels porte toujours le rapport intellectuel, ont été saisis avec exactitude. — Si la réalité ultime était le fait intellectuel, le doute au sujet du vrai, et par conséquent la vérification, auraient une limite : le premier rapport serait forcément bien établi, puisque rien n'existerait avant lui, indépendamment de lui, et qu'on ne pourrait parler de termes dont il n'exprimerait pas exactement les ressemblances et les différences. Mais, comme il y a pour nous quelque chose au delà du fait intellectuel, le premier rapport lui-même risque d'être mal établi, et il n'y a pas de témérité à étendre le doute et la vérification à toute opération intellectuelle. Oui, la pensée la plus élémentaire, la perception la plus simple, incontestable dans son existence, est sujette à caution quant à la vérité de son rapport. La caution elle-même, en tant qu'elle est une opération intellectuelle (et pourrait-elle être autre chose?) est sujette à caution, et ainsi la vérification ne saurait prétendre à une rigueur absolue. Nous ne le lui demandons point, il suffit qu'elle se produise dans les limites d'une vraisemblance bien marquée. — Mais, même avec cette restriction, ne suppose-t-elle pas que les termes de l'opération intellectuelle peuvent être connus en eux-mêmes, donc que nous pouvons en avoir une connaissance immédiate, donc qu'ils sont des phénomènes? Admettez qu'ils n'entrent en rapport qu'indirectement, derrière un intermédiaire, grâce à un substitut, bref d'une autre manière que les phénomènes, qu'est-ce qui vous garantit la justesse du rapport? Comment s'assurer que les ressemblances et les différences ont été bien saisies? Est-il même permis de parler de différence et de ressemblance? Berkeley disait qu'on ouvre la porte au scepticisme aussitôt qu'on distingue entre les choses et leurs idées, et qu'on prétend ne connaître les premières que par les secondes ; au point de vue strictement théorique, Berkeley avait raison. On peut bien vérifier le rapport établi entre le sujet pensant et le phénomène intermédiaire; mais comment passer de celui-ci au terme ultra-phénoménal auquel il correspond, et qui, d'après l'hypothèse, ne doit jamais être connu en lui-même? Entre ces deux termes il ne saurait être question de rapport bien ou mal établi, car une condition essentielle manque pour s'en informer : la connaissance d'un des deux termes. Il faut donc admettre que le vérifiable se trouve seulement dans le phénomène, et que la science doit en réclamer le privilège. — Hâtons-nous d'ajouter que cela ne décide nullement de la valeur respective de la science et de la métaphysique. C'est, en général, une tâche bien délicate de déclarer une étude supérieure à une autre; ici ce serait une tâche impossible, car l'unité de mesure fait défaut.

Ce n'est pas seulement le vérifiable, c'est aussi l'intellectuel, dont la science doit réclamer la possession exclusive. Le vérifiable se trouve, à plusieurs points de vue, dans un étroit rapport avec l'intellectuel. Vérifier, avons-nous dit, c'est s'assurer de la vérité d'une opération intellectuelle. Mais comment s'y prendre? Avant tout, en recommençant l'opération. Certaines circonstances peuvent et doivent changer, parfois jusqu'à la contradiction, car leur changement sert à faire ressortir la ressemblance des résultats, mais les conditions fondamentales doivent, autant que la réalité le permet, rester les mêmes, car c'est dans cette répétition que l'on a chance de découvrir le vrai et le faux. Quand on prétend que « toute preuve est une confrontation d'un jugement mis en question avec d'autres jugements, » on a raison; il est regrettable toutefois qu'on s'attarde sur l'accessoire et qu'on néglige de mettre en saillie l'essentiel, à savoir la répétition d'une opération dans les mêmes conditions fondamentales. Or, cela demande de la fixité. Que la vérification se tente par le même individu qui a fait la première opération, ou par des individus différents, il s'agit toujours de repasser par le même chemin, et celui-ci est supposé, la seconde fois, pour l'important du moins, ce qu'il était la première fois. Et où trouver cette fixité, sinon dans la vie intellectuelle? Elle n'y est pas absolue assurément : d'abord parce que le rapport intellectuel dépend de ses termes et que ceux-ci ne se reproduisent jamais identiques, ne se reproduisent même pas du tout, à rigoureusement parler; ensuite, parce que l'élément passionnel, qui joue dans la vie intellectuelle un rôle plus important qu'on ne le croit souvent, y introduit sa propre variabilité. Toutefois il est permis d'attendre plus de fixité de la vie intellectuelle que des autres puissances d'affirmation, on l'a remarqué depuis longtemps. Les partisans de l'immuable ont été, à toute époque, conduits à des systèmes intellectualistes. Plus tard nous en aurons l'explication, quand nous apprendrons que la vie intellectuelle suppose un degré d'extinction des phénomènes, c'est-à-dire la disparition relative de l'élément différentiel et passager. Il s'ensuit que la vérification — nouvelle raison pour qu'elle reste toujours approximative — ne s'accomplit que dans la mesure où sont bannis les éléments étrangers à la vie intellectuelle.

Mais cette solidarité ressort aussi des rapports entre le phénoménal et l'intellectuel, qu'elle confirme en même temps. L'invérifiable, c'est l'impensable, parce que l'impensable, comme l'invérifiable, c'est l'ultra-phénoménal. On peut vérifier, avons-nous remarqué, le rapport établi entre le sujet pensant et le phénomène qui sert d'intermédiaire à l'ultra-phénoménal; quant à savoir au juste si la correspondance de ces deux derniers termes est bien comprise, il faut y renoncer. Maintenant nous pouvons ajouter que la pensée n'établit même pas cette correspondance. Entre le sujet pensant et l'ultra-phénoménal, il n'est point de rapport possible. Qui dit rapport, dit ressemblance et différence, et il ne saurait en être question dans ce cas. Oui, il est presque inutile de parler de connaissance immédiate, car il n'y en a pas d'autre. Dès que l'objet n'est pas saisi directement par le sujet, comme cela a lieu dans l'expé-

4

rience, la connaissance cesse. Et il en est ainsi, non seulement au début de la vie intellectuelle, mais à tous ses moments et à tous ses degrés. Demandera-t-on à quoi sert le raisonnement, le raisonnement syllogistique, par exemple, qui est un procédé de médiation, si la connaissance est toujours immédiate? A faire tout ce que nous lui avons précédemment assigné, et à le faire indirectement, comme tout le monde l'entend; mais expliquons-nous. Si la pensée en voie de raisonnement fait des détours, si elle passe par la possession de plusieurs objets avant d'arriver au terme visé, d'autre part, chacun des objets qui se succèdent en elle est saisi directement, et ainsi elle reste immédiate. Disons plus : le syllogisme, en conduisant de l'implicite à l'explicite, n'aboutit pas à autre chose qu'à rendre entièrement et actuellement immédiate la connaissance qui, sur un point, ne l'était que virtuellement. Avançons dans la connaissance scientifique proprement dite : là encore nous ne trouvons rien de contraire à notre thèse. Quand la pensée suit le double mouvement de réduction et de définition, le sujet ne cesse pas de communiquer immédiatement avec l'objet; il saisit toujours directement l'élément commun qui est progressivement dégagé du particulier, ou qui est enfermé dans la limite des abstraits combinés. Compliquez tant que vous voudrez les procédés de la connaissance, agrandissez son objet, éloignez-la à perte de vue de la perception du début, vous ne ferez jamais qu'établir des rapports, par conséquent que saisir des différences et des ressemblances, vous ne vous dispenserez jamais de la communication directe, vous resterez toujours dans le phénomène.

On insiste. — D'abord, en invoquant les principes de la pensée : n'ont-ils pas une portée ultra-phénoménale? Les principes de causalité, d'absoluité, de substance, par exemple, ne sont-ils pas singulièrement significatifs à cet égard? On l'a affirmé bien souvent, nous le tenons pour inexact. Ces principes, dont nous ne voulons en aucune manière diminuer l'importance, trouvent leur application dans le monde phénoménal exclusivement. Un phénomène a pour cause un autre phénomène, lequel a pour cause un nouveau phénomène, et ainsi de suite, sans qu'il y ait nécessité et même possibilité de remonter à un terme étranger à la série. Un phénomène doit être considéré conformément au principe d'absoluité, aussi bien qu'à celui de causalité : c'est dire qu'il faut voir en lui un élément d'indétermination, d'inconditionnement, mais rien n'oblige et même ne permet de le rattacher à une réalité transcendante qui serait sa raison d'être. Un phénomène suppose une substance : non pas une substance qui se distinguerait de lui, non pas le τὸ ὄν opposé au τὸ φαινόμενον — cette distinction est inutile et inintelligible — mais un élément constant et un élément subjectif trouvant dans le phénomène lui-même. Il suffit pour le moment de ces déclarations que nous ne pouvons songer à légitimer ici ; nous en ferons plus tard une étude approfondie, à la lumière des résultats de la philosophie générale. Il suffit également, dans l'attente d'une confirmation et d'une explication prochaines, de répondre aux Kantiens que, si l'on veut à tout prix distinguer une matière et une forme dans la pensée, on n'a pas besoin d'aller les chercher hors de l'expérience, et de réduire ainsi cette dernière à un incompréhensible produit ; on n'a qu'à reculer le phénomène au delà de la vie intellectuelle : dans les phénomènes en rapport se trouvent à la fois la matière et la forme signalées.

On insiste ensuite au nom des explications insuffisantes auxquelles la pensée serait condamnée en s'enfermant dans le monde phénoménal. La pensée serait contredite, nous dit-on, dans ses aspirations essentielles, car tout ne serait pas expliqué, et rien ne le serait suffisamment. Mais que manquerait-il donc? — Expliquer, c'est faire connaître le comment et le pourquoi des choses. L'un concerne la nature des choses, l'autre leur apparition. La nature des choses est connue par la réduction et la définition, qui font face aux deux éléments de la réalité. L'apparition des choses est déterminée conformément au principe de causalité, et rentre finalement dans les cadres de la réduction et de la définition. Après cela, il n'y a plus rien à chercher, l'explication est complète, et pourtant nous ne sommes pas sortis du phénomène. — L'opération ne porterait-elle pas sur l'ensemble des phénomènes, et la pensée exigerait-elle que cet ensemble fût, lui aussi, expliqué? Nous demandons si l'ensemble n'est pas expliqué dans la mesure où l'est chaque phénomène. L'ensemble, est-il quelque chose indépendamment des individus? L'ensemble, c'est la série, et la série n'existe que par ses termes. Voulez-vous savoir pourquoi elle est? Parce que les phénomènes sont. Pourquoi elle a commencé? Parce qu'un phénomène a pris naissance. Toujours nous en revenons aux termes individuels, qui, étant suffisamment expliqués, ne laissent à la science rien à chercher au-dessus d'eux. En vérité, le monde phénoménal suffit à la pensée.

On insiste enfin, avec des prétentions plus modestes, en ne demandant qu'à poser simplement l'ultra-phénoménal, sans le déterminer dans sa nature, sans le connaître, seulement à titre d'objet de pensée indéfinie et incomplète. « A côté de la conscience définie dont la logique formule les lois, a écrit M. Spencer, il y a une conscience indéfinie qui ne peut être formulée; à côté des pensées complètes et des pensées incomplètes, qui, bien qu'incomplètes, sont encore susceptibles de recevoir leur complément, il y a des pensées qu'il est impossible de compléter, et qui n'en sont pas moins réelles, parce qu'elles sont des affections normales de l'intelligence[1]. » L'ultra-phénoménal de M. Spencer, qui est identifié à tort avec l'absolu, est ainsi réduit à un inconnaissable, mais non à un inconcevable. C'est une sorte de noumène qui, comme celui de Kant, mérite fort peu son nom, qui est à peine pensé, qui l'est pourtant. — En vérité, nous déclarons ne pas comprendre ce que peuvent bien être un pareil objet et une pareille pensée. Hamilton l'a dit avec raison, il n'y a là qu'une pseudo-idée. Que les qualités d'indéfini, d'incomplet, ne nous abusent pas; elles n'apportent aucun changement dans les conditions fondamentales de l'in-

---

[1] *Premiers principes*, p. 77.

telligence. Le sujet peut mal saisir son objet, encore faut-il qu'il le saisisse, pour qu'il y ait pensée; et le saisir, c'est être en rapport direct avec lui. Ou bien, c'est par pure accommodation de langage qu'on parle de pensée, parce qu'on ne connaît pas de terme préférable à employer, et alors notre thèse n'est pas sérieusement contredite; ou bien, il s'agit d'une véritable pensée, et alors nous réclamons ce qui va nécessairement avec toute pensée, vague ou précise, définie ou indéfinie, à savoir un rapport, une comparaison, une communication directe, toutes choses que l'hypothèse nous refuse. Si M. Spencer ne craint pas de dire de l'intelligence, comme de la vie, qu'elle se compose de relations externes en correspondance avec des relations internes, comment peut-il avoir la pensée, même indéfinie et éternellement incomplète, de ce qu'il place au-dessus de ces relations, au-dessus de l'externe et de l'interne, au-dessus du phénomène lui-même?

La fidélité à l'élément intellectuel est donc un caractère distinctif de la science, s'il est vrai que celle-ci ait pour domaine le monde phénoménal. Ce qui ne signifie pas, nous l'avons en passant donné à entendre, que l'intellectuel épuise le phénomène. Non, celui-ci n'est pas plus limité à la pensée qu'à la vérification; c'est la pensée qui, de même que la vérification, est limitée à lui. — Comme conclusion, ajoutera-t-on, la métaphysique qui doit se caractériser par des propriétés inverses, la métaphysique qui est infidèle à l'élément intellectuel et qui cependant procède comme si elle ne l'était pas, se fonde sur une illusion. Assurément. Quand nous croyons poser un terme ultra-phénoménal, nous ne le faisons pas en réalité, car il faudrait pour cela passer par-dessus les conditions fondamentales de l'intelligence; quand nous croyons sortir du phénomène, nous n'aboutissons qu'à un rapport avec un nouveau phénomène déclaré le substitut d'une autre chose inconnue; quand nous croyons penser à cette autre chose, nous ne réussissons qu'à établir un nouveau substitut, et ainsi de suite, sans arriver jamais à la chose elle-même. Nous sommes donc soumis à une illusion, du moment que nous nous aventurons dans la métaphysique. De même, quand nous nous sentons obligés de rattacher l'explication des phénomènes individuels et de leur série à un terme qui les dépasse, nous procédons comme si le monde phénoménal ne se suffisait pas à lui-même, et c'est encore une illusion de la métaphysique. — Mais qu'il n'en résulte pas pour cette étude une dépréciation de valeur. Ce ne serait pas plus juste ici que précédemment. Il est bon qu'une influence extra-intellectuelle nous pousse à franchir l'abîme, et ensuite nous fasse croire que nous l'avons franchi, alors même que nous sommes restés en deçà; il est bon que nous nous figurions concevoir un univers qui nous est de toute manière inaccessible; il est bon que, sans raison théorique, nous projetions hors du monde de la science un poème, créé sans doute avec des matériaux scientifiques, mais répondant dans son ensemble à d'autres besoins que ceux de la science. Et nous le faisons universellement dans l'irréflexion de la pensée vulgaire, et nous ne pouvons pas ne pas le faire, malgré la découverte répétée de l'illusion. Pourquoi? Avant tout, parce que la vie pratique le réclame — songez qu'il y va de l'affirmation de corps et d'esprits indépendants de notre conscience — et que ce besoin donne fortement à penser que la parole célèbre de Littré n'est point sans valeur : « inaccessible ne veut pas dire nul ou non existant. » Mais cette explication dépasserait les exigences de notre discussion générale, faisons avancer celle-ci encore d'un pas.

De nouvelles explications sur la limite de la science sont nécessaires. Nous venons de montrer qu'il faut se maintenir dans le monde du phénomène pour trouver le vérifiable et l'intellectuel, et que par conséquent le vérifiable et l'intellectuel appartiennent à la science, qui est bornée au phénomène : mais où doit-on chercher le phénomène lui-même? Notre première indication ne saurait suffire, car elle est constamment obscurcie par l'addition de notions défectueuses. — Ainsi, le mot de phénomène éveille souvent l'idée d'une simple apparence par opposition à la vérité ou à la réalité. De là, quelques-unes des résistances à admettre que la science soit limitée au phénomène : ne serait-ce pas la rabaisser, que de ne lui donner accès qu'à une chose d'aussi mince valeur, pour ne pas dire une chose trompeuse? Que d'attaques vaines les théories phénoménistes n'ont-elles pas eu à subir à la suite de cette interprétation! Kant lui-même, et quelques-uns de ses plus grands successeurs, s'y sont trompés. Le phénomène est une apparence : soit. Le mot n'est pas absolument impropre à indiquer un objet s'offrant à une connaissance immédiate. Ce sont bien les choses qui apparaissent, et en tant qu'elles apparaissent, que nous connaissons directement. Les autres, loin d'être l'unique réalité qui vaille la peine d'être connue, ne sont rien pour notre pensée. Mais qu'on se garde bien de distinguer entre l'apparence et la réalité; que l'apparence se confonde avec la chose apparue. Et alors, qu'importe pour la dignité de la science sa limitation au monde phénoménal ? — Le mot d'expérience n'a pas suscité moins de regrettables malentendus. On l'associe trop souvent à l'idée d'une connaissance exclusivement sensible, tout au moins ne dépassant pas le concret. De là, les protestations de ceux qui veulent donner à la pensée un champ plus étendu. En vérité, ces restrictions sont gratuites. Elles ne sont point comprises dans celle de la connaissance immédiate. « Le contenu de la philosophie, a dit Hegel, c'est la réalité même; la conscience immédiate de ce contenu, nous l'appelons l'expérience. » — Il importe donc de préciser encore la distinction essentielle dont nous avons tiré les conséquences.

Et d'abord, nous constatons que les faits de conscience donnent lieu à une connaissance immédiate. — En effet, ils ne sauraient être mis en doute. Mal compris, inexactement connus, ils peuvent l'être : n'est-il pas entendu que les opérations intellectuelles appellent toujours la vérification, qu'elles sont toujours sujettes à l'erreur? Mais l'existence de ces faits reste au-dessus de toute contestation. Qu'on essaie de douter d'un sentiment, au moment où on l'éprouve! Et d'une pensée! Comme l'a dit M. Renouvier, « toute incertitude serait contradictoire, car il « faudrait penser que peut-être on ne pense pas ce qu'on pense, « ce qui est précisément le penser. » C'est ce que Descartes a mis en éclatante lumière au début de sa philosophie; il doute de tout, sauf de son doute, en tant que son doute est un fait de conscience au moment où il l'aperçoit. Les pyrrhoniens eux-mêmes ont reconnu cette vérité; au-dessous ou au-dessus de leur scepticisme, ils mettaient la foi dans le fait de conscience actuel. Le fait de conscience actuel, disons-nous : il n'en existe point d'autre. Le souvenir lui-même, bien que l'esprit le rejette dans le passé, se présente comme fait actuel. Nous croyons ce fait analogue à un autre déjà produit, nous allons jusqu'à le tenir pour l'autre lui-même reproduit; mais cette croyance n'est pas enveloppée dans le fait, elle ne se produit qu'à la suite d'une opération ultérieure que nous aurons à examiner. En lui-même, le souvenir est actuel, comme s'il n'avait aucun correspondant dans le passé; il ne serait rien s'il n'était actuel, et il faut bien qu'il soit quelque chose pour que nous ne doutions pas de lui. En réalité, nous n'en doutons pas, sa correspondance avec le passé peut seule être mise en question. — Or, que signifie cette certitude inattaquable à l'égard du fait de conscience? Évidemment, qu'il est immédiatement saisi. La conclusion nous paraît si incontestable que nous l'avons déjà tirée sans discussion. Sans doute, la certitude accompagne souvent une affirmation ultra-phénoménale ; mais alors elle risque toujours d'être mise en échec par l'analyse de la pensée. Inébranlable dans la pratique, elle peut succomber en théorie. Au contraire, la théorie la plus minutieuse, la plus exigeante, est impuissante contre la certitude du fait de conscience. Il est logiquement impossible de le révoquer en doute. De même qu'il n'y avait dans l'atome de Démocrite aucun vide permettant la division, il faut donc qu'il n'y ait entre ce fait et le sujet pensant aucune discontinuité, aucun intermédiaire.

Allons plus loin : les faits de conscience seuls donnent lieu à une connaissance immédiate. Les sceptiques grecs se conformaient à une méthode exclusivement expérimentale quand ils se refusaient à affirmer autre chose. — Remarquons, en effet, que la connaissance immédiate, à rigoureusement parler, suppose une seule réalité pour le sujet et l'objet, et que cette réalité ne peut être qu'un fait de conscience. — Admettez deux réalités distinctes, et le sujet est obligé de sortir de lui-même, et d'entrer dans l'objet pour le connaître. C'est inintelligible. D'ailleurs, les deux réalités seraient-elles contiguës, absolument contiguës, qu'il y aurait encore un abîme entre elles : comment le franchir ? Plus encore, c'est contradictoire. Le sujet ne pourrait sortir de lui-même sans cesser d'être sujet. Entrer dans l'objet pour en prendre connaissance, équivaudrait pour lui à devenir objet. Dès lors, les conditions de la pensée faisant défaut, plus de connaissance, plus même d'objet. Leibnitz avait pleinement raison de dire que « les monades n'ont point de fenêtres, » et que c'est en elles-mêmes qu'elles voient et connaissent l'univers. Et Gorgias n'était pas loin du vrai, quand, pour soutenir sa fameuse thèse : « Si quelque chose existe, ce quelque chose ne peut être connu, » — il démontrait que le sujet de la connaissance devrait se confondre avec son objet, que l'esprit serait blanc en pensant à la blancheur, et que tout ce qu'on pense, même une idée fausse, existerait réellement. A sa manière, il mettait sur la voie de la théorie qui ne trouve de connaissance que dans la connaissance immédiate, de connaissance immédiate que par la réunion du sujet et de l'objet dans une seule réalité, et finalement que par l'identification de cette réalité avec un fait de conscience. — Ce dernier point s'élucide encore aisément. Le sujet, en effet, est dans la conscience. On l'accorde, même quand on se range du côté des partisans de l'inconscient, au sens rigoureux du mot ; même quand on prétend que la conscience n'est qu'un signe, qu'une manifestation particulière, qu'un symbole des choses; même quand on admet que l'objet se crée son sujet en arrivant à un certain degré de complexité. Si donc le sujet est dans la conscience, et qu'il ne doive pas former une réalité distincte de l'objet, il faut bien que celui-ci y soit également.

Évidemment on ne peut s'en tenir là. Les conditions de la connaissance seraient posées trop rigoureusement, et en même temps elles paraîtraient insuffisantes. — Si, d'une part, la connaissance suppose une seule réalité pour le sujet et l'objet, d'autre part le sujet et l'objet doivent être différents. Il n'est point de rapport possible du même au même. Or, comment le sujet et l'objet seraient-ils différents, s'ils formaient une seule réalité ? Une réalité unique pourrait-elle se sentir, comme objet, différente de ce qu'elle est comme sujet ? « L'un, étant seul, disaient avec justesse les Néoplatoniciens, ne peut ni rien connaître, ni rien ignorer. » Il y a contradiction à admettre une unité absolue, séparée de tout autre être qu'elle-même, et en même temps intelligente. Le Dieu d'Aristote, ainsi que celui du strict panthéisme, est inintelligible. — Il faut donc, dans toute pensée, distinguer deux objets. L'un, le vrai, est dans le sujet lui-même : c'est le sujet se sentant, non pas double, mais changé. L'autre, objet du deuxième degré, c'est la réalité qui occasionne ce changement. Appeler objet ce que le sujet, entrant en rapport, saisit en lui-même de différent d'avec ce qui précédait le rapport, on le peut ; mais encore doit-on admettre que cette différence est ultérieure au rapport, qu'elle en provient, et qu'elle correspond à un autre terme sans lequel le rapport n'aurait pas eu lieu. Tout ce que nous avons dit sur la réunion du sujet et de l'objet dans une seule réalité subsiste, à condition pourtant que nous attribuions cette réunion à un rapport avec une autre réalité. L'objet saisi par le sujet, et ne faisant qu'une réalité avec lui, n'est que la conséquence d'un autre objet réellement distinct de lui. Et l'on peut dire sans trop d'inexactitude que c'est avec ce dernier objet que le sujet se compare. — Mais cette distinction ne nous conduit point à une nouvelle conclusion sur la nature de l'objet. Nous revenons tout naturellement à celle que nous avons déjà tirée. Un terme ne peut entrer en rapport avec un autre, devenir son objet, que s'il est foncièrement de même nature que lui. Il doit se distinguer de lui, le nier, mais non sans réserves. L'absolument différent, c'est-à-dire le contradictoire, supprime la possibilité de toute comparaison, donc de tout rapport. Or, le sujet est par essence un terme de conscience; c'est sa propriété fondamentale, celle sans laquelle on ne le concevrait point. Donc l'objet est également un terme de conscience. Donc ce que nous avons donné d'emblée comme caractéristique du phénomène, ce que supposent le vérifiable et l'intellectuel, la possibilité de donner lieu à une connaissance immédiate, se trouve dans la conscience et ne se trouve que là. En dehors de la conscience, des intermédiaires deviennent nécessaires entre le sujet et l'objet, et encore ne réussit-on point avec eux à combler l'abîme. On peut croire, mais on ne peut plus vérifier, ni même savoir. Ainsi, le domaine de la conscience et celui du phénomène sont identiques, et l'on est autorisé à distinguer science et métaphysique par conscience et hors-conscience, aussi bien que par phénomène et ultra-phénomène.

La thèse ne laissera pas de provoquer des réclamations. D'abord, elle invitera à revenir en arrière et à reprendre une discussion dépassée. La précision nouvelle qu'elle apporte fera ressortir pour certains esprits la gravité des limitations qui l'ont précédée. Pourrez-vous encore, nous dira-t-on, admettre que le phénomène se suffit à lui-même? Continuerez-vous à exclure de la vérification, et même de la pensée, tout ce qui le dépasse? En l'identifiant avec la conscience, ne vous apercevez-vous pas qu'il suppose au moins deux termes : un terme qui l'éprouve et un terme qui le provoque?

Un terme qui l'éprouve. « Comment, demande M. Spencer, comment le sceptique qui a décomposé sa conscience en impressions et en idées, peut-il expliquer qu'il les regarde comme ses impressions et ses idées?... Une impression, ajoute-t-il, implique nécessairement l'existence de quelque chose d'impressionné. » Et M. Spencer, rompant avec les traditions de l'empirisme anglais, cherche à rapporter à une réalité inconnaissable ces impressions et ces idées qui ne seraient rien par elles-mêmes. Avant lui, la plupart des grands philosophes ont été sous l'influence de ce raisonnement. Aristote doit le faire, lorsqu'il prétend corriger Platon et mettre sous les Idées de celui-ci des individus permanents qui les pensent. Descartes doit le faire, lorsque, contredisant l'esprit de sa méthode et de son système, il donne pour fondement à la pensée et à l'étendue, notions claires et évidentes pour lui, une substance qui n'est ni évidente ni claire. Les disciples de Maine de Biran doivent le faire, quand ils prétendent que, dans la conscience du phénomène qui affecte, est impliquée d'une manière indissoluble la conscience même de l'être affecté.

En somme, ce raisonnement revient à affirmer la nécessité d'une substance. Par conséquent, nous n'avons qu'à lui opposer nos précédentes déclarations à cet égard. Pourquoi hésiterionsnous? Elles ne perdent point leur valeur, ainsi qu'on semble le croire, aussitôt que nous passons du phénomène au fait de conscience. Au contraire, ce passage nous aide à entrevoir leur justesse, en attendant que nous puissions l'établir régulièrement. Tant que le sens du mot phénomène n'était pas précisé par celui de conscience, il pouvait encore y avoir incertitude à l'égard de la substance. Certes, il aurait paru étrange à un esprit en éveil sur ce point, de réserver la réalité pour l'inconnu, cet inconnu fût-il un objet de vague pensée, et de la refuser au connu ; mais enfin un certain usage autorisait à ne voir dans le connu que des apparences, et de là à prétendre que ces apparences supposent des choses apparues, c'est-à-dire une substance ultra-phénoménale, comme leur raison d'être et leur réalité, on pouvait croire que la distance n'était pas grande. Maintenant, la distinction entre l'apparence et la chose apparue est plus difficile. La conscience doit être l'une et l'autre, d'après les représentations que nous tirons de ses dernières diversités. Qui dit conscience, dit quelque chose d'indéfinissable sans doute, mais que nous rapprochons jusqu'à un certain point de ce qui est intime, renfermé en soi. Par conséquent, nous devons la distinguer d'une simple manifestation. Du moins, si la conscience manifeste, elle ne peut manifester qu'elle-même et qu'à elle-même. Nous le demandons aux partisans des phénomènes absolument inconscients, à ceux qui réduisent la conscience à un symbole, à un signe, aussi bien qu'aux partisans d'une réalité ultra-phénoménale : pour qui serait ce symbole, sinon pour la conscience, et de quoi serait-il le symbole, sinon de la conscience? Un symbole est-il quelque chose s'il n'est compris, c'est-à-dire s'il n'arrive à la conscience, et la conscience pourrait-elle comprendre autre chose qu'elle-même? Dès lors, on n'a pas besoin de chercher au phénomène, envisagé comme fait de conscience, une substance transcendante; à la fois apparence et chose apparue, il est bien lui-même réalité. A moins d'être tyrannisé sans trêve par les habitudes aussi matérialistes qu'enfantines de la pensée vulgaire, oserait-on dire que ce n'est pas assez?

Un terme qui provoque le fait de conscience, ajoute-t-on. « La sensation, a écrit Cousin, est un phénomène de conscience. Or, si ce phénomène est réel, nul phénomène ne pouvant se produire sans cause, la raison nous force de rapporter le phénomène de la sensation à une cause existante; et cette cause n'étant pas le moi, il faut bien, l'action de la raison étant irrésistible, rapporter la sensation à une autre cause, étrangère au moi, c'est-à-dire extérieure. » Voilà encore un raisonnement qui se retrouve dans la plupart des philosophies. Il a paru suffisant pour faire admettre l'existence d'un monde extérieur à la conscience, à titre de conclusion vérifiable et strictement intellectuelle. On a trouvé, du reste, dans la théorie de la résistance, exposée par Maine de Biran ou par Spencer, de quoi le renforcer : la résistance, phénomène incontestable de conscience, prouve qu'il y a quelquefois lutte à l'origine du phénomène, donc obstacle, donc provocation étrangère. Ailleurs on a remarqué qu'il n'y a pas de conscience sans certaines conditions physiologiques, particulièrement sans certains mouvements du cerveau, c'est-à-dire sans un terme différent de la conscience.

Tout cela ne saurait nous faire revenir de nos déclarations au sujet de la causalité. A notre avis, le phénomène, bien qu'identifié au fait de conscience, continue à se suffire au point de vue de la causalité, de même qu'à celui de la substance. Et nous ajoutons comme précédemment que cette suffisance, dont nous réservons encore la démonstration, semble recevoir de l'identification des deux termes un commencement de justification. L'idée de conscience éveillant la représentation de quelque chose d'intime, de renfermé en soi, quelle action étrangère serait propre à provoquer l'apparition du phénomène, à le produire, à le déterminer causalement? Si la conscience est un effet, elle n'est l'effet que d'elle-même. Comment est-ce possible? Nous ne le saurons que plus tard. — Disons toutefois que, pour l'entendre, il ne faut oublier ni la multiplicité, ni la variété des faits de conscience. C'est ce que font constamment ceux qui demandent un hors-conscience. Dès lors, il n'est pas étonnant qu'ils arrivent à leur conclusion. Si nous n'avions affaire qu'à un seul fait, si toute réalité était concentrée dans une réalité unique, assurément la résistance et la production des phénomènes ne se comprendraient pas : résistance et causalité supposent au moins deux termes. De même, si nous n'avions affaire qu'à une seule espèce de faits de conscience, à ceux d'ordre psychique, la nécessité des mouvements cérébraux, qui sont évidemment d'ordre physique, resterait inexplicable. Mais il n'est pas même besoin de ces difficultés, nous le verrons, pour nous éloigner d'une semblable conception.

Il y a de nos jours un grand nombre d'esprits qui ne se soucient point de remonter à une réalité ultra-phénoménale, et dont notre thèse pourrait cependant provoquer les réclamations. C'est qu'elle les offusque directement. Ils insistent beaucoup sur la nécessité de bannir de la science tout ce qui n'est pas expérimental ; non seulement ils renoncent à étudier la matière au sens métaphysique du mot, mais encore ils tiennent à ce que la psychologie, se dégageant de l'union compromettante où elle est longtemps restée avec la métaphysique, et se constituant, comme toute étude bien comprise, dans un domaine propre et homogène, laisse définitivement de côté l'âme, le moi substantiel, les facultés dont l'essence est inintelligible, et se consacre tout entière à la connaissance des phénomènes psychiques. Mais, influencés par la pensée vulgaire qui admet la perception directe du monde extérieur, et trompés par un faux raisonnement, ils prétendent porter bien au delà des faits de conscience le monde des phénomènes. Les uns, après avoir déclaré que la psychologie n'a affaire qu'à un chapitre particulier, le plus délicat, le plus complexe, le plus embrouillé de la physiologie, vont jusqu'à faire de la conscience un simple épiphénomène s'ajoutant aux phénomènes physiques. Les autres, sans sacrifier aussi nettement le monde psychique au monde physique, attribuent à la psychologie un immense domaine de faits dits inconscients; et même, à les entendre, les phénomènes psychiques conscients ne seraient qu'en minorité. « La conscience, a écrit M. Ribot, est l'étroit guichet par où toute une partie de ce travail nous apparaît. » Inconscients, tout en restant psychiques, ou inconscients comme faits purement physiques, peu nous importe ici; il suffit que ces phénomènes soient placés hors de la conscience. Notre thèse ne saurait être plus franchement contredite : il s'agit de savoir si elle l'est avec raison.

On remarquera la difficulté d'expliquer le passage des phénomènes inconscients à l'état de phénomènes conscients : de même que les hégéliens, en distinguant entre l'idée et l'idée de l'idée, ne réussissaient point à faire comprendre comment la réflexion sur soi-même de quelque chose d'aveugle pourrait produire la vue, de même certains phénoménistes de nos jours sont incapables de rendre compte de l'épiphénomène lumineux se greffant à un certain moment sur le fait obscur. Mais, comme ce passage n'est pas admis par tous ceux qui repoussent l'identification du phénomène et de la conscience, et que quelques-uns se contentent d'établir deux séries parallèles de faits, n'insistons pas. — Avons-nous à défendre la justesse de notre raisonnement? Elle n'est pas attaquée, croyons-nous. Mais peut-être, en nous plaçant à un point de vue général, avons-nous négligé les exceptions, les cas singuliers, au moins d'importantes nuances? Examinons.

L'idée la plus philosophique et en même temps la plus ingénieuse que l'on puisse faire valoir en faveur d'un phénomène inconscient, consiste à prétendre que le fait-objet, bien que fait de conscience lui-même, est indissolublement uni à un fait de non-conscience, et qu'en prenant connaissance de l'un, le sujet prend forcément connaissance de l'autre. Cette idée a été proposée de plusieurs côtés et de diverses manières. — Au nom de la permanence que tout fait de conscience implique et qui ne se trouve pas, dit-on, dans le fait de conscience lui-même. « J'ai conscience de mon existence, a dit Kant, comme déterminée dans le temps. Toute détermination suppose quelque chose de permanent dans la perception. Or, ce permanent ne peut pas être une intuition en moi. En effet, tous les principes de détermination de mon existence qui peuvent être trouvés en moi, sont des représentations, et, à ce titre, ont besoin de quelque chose de permanent qui soit distinct de ces représentations, et par rapport à quoi leur changement, et par conséquent mon existence dans le temps où elles changent, puissent être déterminés. La perception de ce permanent n'est donc possible que par une chose existant hors de moi, et non pas seulement par la représentation d'une chose extérieure à moi... La conscience de ma propre existence est en même temps une conscience immédiate de l'existence d'autres choses hors de moi[1]. » — Au nom de la corrélation nécessaire dans laquelle le moi se trouve avec le non-moi. « Nous pouvons regarder comme une vérité incontestable, a dit Hamilton, que la conscience donne, comme fait dernier, une dualité primitive; une connaissance du moi en rap-

---

[1] *Critique de la raison pure*, I, p. 286.

port et en opposition avec le non-moi, et une connaissance du non-moi en rapport et en opposition avec le moi[1]. » Et cette conscience du non-moi, pour Hamilton, est bien une conscience du monde extérieur. Elle l'est également pour Maine de Biran, dont le raisonnement n'est guère que celui de Hamilton transporté du domaine logique sur le domaine psychologique. A l'entendre, la sensation de résistance non seulement fournirait un motif de sortir de la conscience au nom du principe de causalité, mais encore offrirait le hors-conscience en même temps que la conscience. Dans la résistance, le moi se reconnaît limité, et il acquiert avec la conscience de lui-même la conscience de ce qui le limite, c'est-à-dire d'un monde extérieur. — Au nom de la confusion des frontières du moi et du non-moi. « Comment ce qui n'est pas de la conscience rentrera-t-il dans la conscience? a dit M. Bouillier. Voilà ce qui, au premier abord, paraîtrait impossible ou même contradictoire, si on ne prenait pas garde qu'entre notre être et ce qui le limite, il y a nécessairement un point de contact ou d'intersection où se rencontrent à la fois, indissolublement unis, le moi et le non-moi dans l'être et dans la conscience. Ainsi, pour emprunter une comparaison à la géométrie, la tangente se confond avec la circonférence du cercle, au point où elle le rencontre, de telle sorte que les deux lignes n'en font qu'une et que la connaissance de l'une ne peut se séparer de celle de l'autre[2]. »

[1] *Lect. on Met.*, I, p. 288.
[2] *De la conscience*, p. 100.

Chacune de ces propositions peut, en une certaine mesure, se justifier et représente un élément de vérité. Mais en définitive, elles sont toutes inacceptables, ainsi que l'idée commune qu'elles sont destinées à faire valoir. Qu'il nous suffise, pour le montrer, de renvoyer à ce que nous avons déjà dit et à ce que nous dirons encore sur la multiplicité et l'unité, la ressemblance et la variété, dans le phénomène de conscience : en effet, ces propositions supposent toutes une conception contraire à la nôtre sur ces divers points. — Vous parlez d'une frontière commune au moi et au non-moi : en vérité, vous pouvez avoir raison; mais pourquoi ne s'agit-il pas tout simplement de la frontière commune à deux faits de conscience? Sans doute ces faits sont distincts; cependant il entrent en rapport, ils se comparent. Nous pouvons donc ajouter, autant qu'il est permis d'employer une expression forcément inexacte dans tous les cas : ils sont en contact. — Vous demandez un élément de permanence pour chaque représentation du moi, et vous prétendez que cet élément, ne se confondant pas avec la représentation elle-même, doit être cherché hors d'elle, donc hors du moi : vous pouvez encore avoir raison; mais pourquoi l'élément de permanence ne se trouverait-il pas tout simplement (nous montrerons qu'il en est ainsi) à la base des différents faits de conscience, se distinguant d'eux tout en étant en eux, contribuant à les produire bien que ne suffisant pas à les produire? — Vous posez l'antithèse constante, la corrélation logique et psychologique du moi et du non-moi, et vous avez toujours raison ; mais pourquoi les faits de conscience, en vertu de leur diversité essentielle et des nécessités de la vie intellectuelle, ne se maintiendraient-ils pas entre eux dans cette corrélation et cette antithèse? Oui, pourquoi ne s'opposeraient-ils pas en moi et non-moi dans l'acte de la connaissance et, plus particulièrement, dans la perception de la résistance? Pourquoi les deux termes de l'opposition ne seraient-ils pas compris dans le monde de la conscience? La conscience serait-elle absorbée par le moi de telle sorte qu'elle serait forcément exclusive du non-moi? On ne pourrait le soutenir que si la conscience se présentait comme un terme unique. Étant donnée sa multiplicité, il y a place en elle pour le non-moi aussi bien que pour le moi. — Bref, nous demandons, dans ces différents cas, si le fait indissolublement uni au fait de conscience, et dont on prend connaissance en même temps que de celui-ci, ne serait pas lui-même encore un fait de conscience, au lieu d'être un fait extérieur; et notre conception générale nous permet de répondre affirmativement. Ainsi avons-nous fait dans la discussion correspondante soulevée au sujet du phénomène.

Mais le plus souvent, ce n'est pas une voie aussi détournée, et aussi difficile, que l'on prend pour trouver le phénomène au delà de la conscience. On reste plus rapproché de la pensée vulgaire, on se borne à suivre la théorie courante des deux expériences. Où ne se rencontre pas l'idée d'une expérience interne et d'une expérience externe? Depuis combien de temps les discussions de la psychologie ne portent-elles pas sur la question de savoir à laquelle des deux il faut s'adresser? Ceux-là même que le mot de conscience n'effraye pas, admettent couramment qu'il y a deux méthodes possibles : celle du sens intime, ou de la conscience, et celle des sens externes. Ces deux expériences et ces deux méthodes admises, il va sans dire qu'il doit y avoir deux sortes de phénomènes, les phénomènes conscients et les phénomènes inconscients, les uns saisis par le dedans, les autres saisis par le dehors. Malheureusement pour les partisans de cette conclusion, les deux méthodes, les deux expériences, et par conséquent les deux ordres de faits, sont illusoires.

Qu'il y ait deux méthodes possibles en psychologie, nous le reconnaissons. D'une part, il y a la méthode directe, d'autre part il y a la méthode indirecte. En suivant l'une, on reste dans la vie psychique : il est entendu que l'intermédiaire physique n'est point nécessaire, la vie psychique portant avec elle toute la lumière réclamée pour un travail pleinement scientifique. En suivant l'autre, au contraire, on admet avec Maudsley que « se proposer d'illuminer les profondeurs de l'activité psychique avec la conscience (mettons sous ce dernier mot l'activité psychique elle-même), c'est vouloir éclairer l'univers avec une allumette, » et l'on arrive indirectement à la connaissance de la vie psychique par l'étude de la vie physique, qui doit fournir des informations plus riches et plus sûres. Mais ces deux méthodes ne sont point celles dont il a été question : loin de correspondre à l'expérience de la conscience et à une expérience étrangère à la conscience, elles supposent l'une et l'autre la conscience. Ainsi tombent, pour le dire en passant, la plupart des objections adressées à la méthode directe.

Qu'il y ait deux modes d'expérience, c'est encore admissible. Tantôt l'expérience a un antécédent sensoriel, tantôt elle n'en a pas. Dans le premier cas, il se produit des perceptions dites actuelles ; dans le second, ce sont des souvenirs, des constructions de l'imagination, ou des abstractions. Il ne serait pas exact de faire correspondre ces deux modes au physique et au psychique, car le mouvement sensoriel précède très souvent les faits psychiques et ne précède pas toujours les faits physiques. Un grand nombre de douleurs et de plaisirs inférieurs, par exemple, succèdent à une activité des sens, et les perceptions plus ou moins illusoires des objets physiques ne succèdent guère qu'à une activité cérébrale. Mais, quoi qu'il en soit, dans l'un et l'autre cas, l'expérience ne se fait pas sans la conscience. Le mouvement sensoriel n'est ici que l'antécédent du fait, il n'est pas le fait lui-même. Pour que ce livre devienne un fait d'expérience, il faut un mouvement de mes organes visuels, mais celui-ci se borne à conditionner le fait : il n'y a fait et expérience que lorsqu'il y a conscience. D'ailleurs, qu'est-ce que le mouvement sensoriel lui-même ? Un autre fait de conscience. Il n'est pour nous que parce qu'il est connu, et il n'est connu que par la conscience.

Qu'il y ait deux sortes de phénomènes, les psychiques et les physiques, c'est toujours vrai : nous montrerons plus tard en quoi ils diffèrent et comment ils sont irréductibles les uns aux autres. Mais nous nous garderons bien de les distinguer en faits de conscience et faits de non-conscience. Les déclarations si connues de MM. Taine, Tyndall, Dubois-Raymond, etc... sur l'irréductibilité des deux ordres de faits, portent à faux. Assurément, un mouvement sonore ne doit pas être confondu avec une sensation de son, et l'on a mille fois raison d'affirmer que jamais l'un ne deviendra l'autre. Nous avons beau suivre l'excitation dans toute la longueur du nerf, lui faire changer sans cesse de forme, et la réduire en mouvements de plus en plus fins et délicats : nous aurons toujours du mouvement et point de sensation de son. Mais pourquoi? Selon ce que vous entendez par sensation, ou bien parce que le psychique est irréductible au physique, ou bien parce que les faits physiques d'ordre visuel sont irréductibles à ceux d'ordre auditif; nullement parce qu'un abîme s'étend entre le fait physique du mouvement et la conscience, ainsi qu'on n'hésite pas à conclure. C'est au dedans, et non au dehors de la conscience, que se pose l'irréductibilité. Un mouvement, bien que physique, est un fait de conscience comme une sensation psychique. Il n'est point connu par une autre voie, il n'existe point sous d'autres conditions fondamentales. Même dans l'hypothèse métaphysique d'une réalité située hors de la conscience, on ne saurait le contester : cette réalité ne serait jamais ce que la pensée vulgaire se la figure, à savoir le fait physique lui-même; il faudrait encore chercher celui-ci dans la conscience de cette réalité. — Il n'en est pas autrement, avons-nous déjà remarqué, du fait psychique transporté dans le passé : même dans la supposition qu'il a un correspondant hors de la conscience (disons ici : dans un avant-conscience) il n'est véritablement un fait qu'à titre de phénomène de conscience. — Irions-nous jusqu'à admettre qu'il y a des phénomènes pensables et des phénomènes impensables (nous présenterons plus tard une distinction moins radicale), nous ne serions pas obligés pour cela de sortir de la conscience. Il y a loin, en effet, de l'impensable à l'inconscient. S'il n'y a de pensée que dans le phénomène de conscience, il ne s'ensuit pas que tout phénomène de conscience, ou que tout dans le phénomène de conscience, puisse être objet de pensée.

Ainsi, nous maintenons notre thèse : non seulement elle résulte d'une étude directe des conditions de la connaissance immédiate et par conséquent du phénomène, mais encore elle n'exclut rien de ce que l'on découvre après coup, soit dans l'acte même de la connaissance, soit dans les généralisations incontestables de la pensée. — Encore une fois, qu'on ne lui objecte pas son étroitesse. Elle se concilie avec l'affirmation de faits physiques, d'une expérience sensorielle, d'une méthode indirecte, même de faits impensables. Elle permet l'application des lois intellectuelles, auxquelles nous avions déjà réservé une place dans le monde phénoménal : loi de causalité, loi d'absoluité, et même loi de substance. Elle accepte un non-moi, à la fois en contact et en opposition avec le moi, même un non-moi offrant de la résistance au moi et lui donnant ainsi l'occasion de le poser avec lui. La seule condition qu'elle y mette, c'est de faire rentrer tout cela dans le monde de la conscience, en dehors duquel elle déclare qu'il n'y a point de science, car il n'y a point de phénomène, point de communication immédiate, partant ni vérification, ni pensée possibles. Est-ce là de l'étroitesse? — Il est vrai que nous avons dû donner au mot conscience plus de compréhension qu'on ne le fait souvent. Loin d'en borner l'emploi à une des particularités de la vie psychique, par exemple, à ceux des faits intellectuels qui supposent l'opposition réfléchie du moi et du non-moi, nous l'avons étendu au delà de la vie intellectuelle, au delà de la vie psychique elle-même. Mais nous nous sommes réclamé pour cela, sans craindre un cercle évident que nous ne pouvions ni ne voulions éviter, des résultats auxquels nous conduira notre analyse ultérieure de la conscience. Et en outre, nous sommes resté fidèle à la méthode indiquée et déjà mise en application : approfondir et rectifier les données de l'usage qui ont servi de point de départ. Nous n'avons eu encore qu'à approfondir ces données. L'usage nous indique incontestablement, et comme désignation essentielle, que la conscience se trouve dans le sujet, disons avec une égale précision, qu'il n'y a pas de sujet sans conscience. Or, nous n'avons rien mis dans le domaine de la conscience qui ne soit de même nature que le sujet, qui ne puisse être, qui n'ait été, ou ne soit encore sujet : l'objet ne fait pas exception, il est sujet pour lui-même. Ainsi l'extension du mot vient de l'extension de la chose.

La philosophie générale, qui représente la science en face de la métaphysique, doit donc chercher son objet exclusivement dans le phénomène, c'est-à-dire dans le monde de la conscience. Nous ajouterons que cette réserve lui est imposée plus strictement encore qu'aux autres études scientifiques. Toute concession, même provisoire, même hypothétique, même de langage, aux habitudes de la pensée vulgaire ou de la métaphysique, lui est interdite. — Les sciences particulières peuvent en prendre à leur aise. Hommes de science, les physiciens devraient ne connaître que le phénomène, par conséquent n'analyser, ne combiner que dans le monde de la conscience, et il est de fait qu'en dépassant cette limite, ils introduisent quelquefois des causes d'erreur; mais, somme toute, il y a rarement lieu de montrer de la sévérité contre eux à cet égard. Les graves inconvénients ne commencent qu'avec leurs spéculations sur de hauts abstraits, par exemple avec les études sur la réduction de tous les phénomènes physiques à la matière et au mouvement, sur l'origine du mouvement, sur la conservation de l'énergie. De même, les psychologues peuvent se permettre, dans le courant de leurs recherches moyennes, de parler d'âme, d'esprit, de faits inconscients, dans un sens qui n'est pas strictement scientifique, pourvu qu'ils se tiennent en garde quand les problèmes prennent de l'ampleur et que la précision des termes devient nécessaire. — Au contraire, la philosophie générale, par le fait même qu'elle ne quitte pas les problèmes larges et élevés, doit exercer sur les limites de son domaine une vigilante, attention. Il n'est pas difficile de se rendre compte du danger qui la menace. Nous établirons bientôt qu'elle s'élève à l'abstrait suprême pour étudier à sa lumière les dernières diversités des choses : supposons qu'elle admette, même provisoirement, un hors-conscience, aussitôt l'abstrait suprême est déplacé. Ou bien, on parlera de ce hors-conscience comme s'il n'avait aucune importance, et alors il vaudrait mieux ne pas en parler; ou bien on lui accordera une certaine importance, et, pour le moment où on la lui accordera, il faudra bien chercher un autre abstrait suprême, plus élevé que celui de la conscience, auquel pourraient se réduire ce dernier et le hors-conscience. C'est en partie pour être passé indûment d'un non-moi de la conscience à un non-moi étranger à la conscience, que Spencer s'est vu obligé de remonter à un prétendu inconnaissable dans lequel les deux termes seraient conciliés, et qu'il a proposé sur le temps, l'espace, etc... des solutions inacceptables. Spencer, il est vrai, a bien voulu ce passage; mais d'autres qui le désireraient moins vivement que lui, qui l'admettraient seulement pour la commodité des représentations ou du langage, arriveraient sans s'en douter au même résultat que lui. La philosophie générale doit se garantir contre de pareilles surprises. – D'ailleurs, n'importe-t-il pas d'étudier le fait de conscience dans sa pureté, dans son intégrité, avant que la métaphysique qui nous sollicite, et dont nous vivons dans notre vie ordinaire, l'ait projeté dans son monde à elle, en ait rempli ses cadres vides, et nous l'ait présenté finalement comme étranger à lui-même? Ne faut-il pas qu'il y ait au moins une science qui se consacre à cette tâche? Et puisque les autres sciences n'y semblent pas disposées, et qu'elles sont, ajoutons-le, dans des conditions moins favorables, ne faut-il pas que ce soit la philosophie générale?

Cela n'entraîne pas, pour cet ouvrage, une abstention complète à l'égard des choses transcendantes au phénomène de conscience. Qu'on comprenne bien notre situation à cet égard ; qu'on ne la confonde pas avec celle de Berkeley ou de quelques-uns des idéalistes allemands. Lorsque Fichte, par exemple, donne pour objet unique à la science, même à la science qu'il appelle absolue, le monde de la conscience, il a pleinement raison, et nous faisons comme lui. Mais Fichte est métaphysicien, et, à ce titre, il ne craint pas de s'avancer au delà du monde de la conscience pour nier l'existence de toute autre réalité. D'après lui, tout s'arrête, non seulement pour la pensée, mais aussi pour l'existence, aux réalisations dans le moi de ce qu'il appelle la volonté, l'ordre moral, le devoir, l'absolu. La science se confond ainsi avec la métaphysique, et voilà ce qui rend son système téméraire dans son incontestable beauté. Nous nous garderons bien de cette confusion, contre laquelle nous avons travaillé jusqu'ici. Il peut exister un hors-conscience ; nous croyons même qu'il en existe un, bien que nous n'en sachions rien et que nous soyons condamnés à n'en rien savoir. Scientifiquement, intellectuellement, nous devons tenir pour nul ce qui n'est pas la conscience ; autour d'elle un abîme insondable s'ouvre pour la pensée : mais nous est-il défendu de chercher des perspectives ultra-scientifiques, ultra-intellectuelles? Ne pouvons-nous pas nous demander ce que nous placerions au delà de l'abîme, dans le cas où nous nous déciderions à le franchir? Quelles seraient les affirmations métaphysiques les plus conformes aux résultats de la science, bien que toujours invérifiables en elles-mêmes? Encore une fois la question n'est point vaine, attendu que l'abîme est constamment franchi dans la vie pratique; que la parole de Bayle : « le comprendre est la mesure du croire, » est en défaut sur ce point ; que la foi dans le hors-conscience survit même aux rectifications de la pensée vulgaire; et que les tentatives d'un Fichte pour le réduire à une illusion sont, non seulement théoriquement insuffisantes, mais encore et surtout impuissantes contre une croyance psychologiquement nécessaire. Kant, à maints égards moins bien inspiré que son disciple, l'a été mieux en laissant une place libre aux postulats de la vie pratique et aux jugements que, sous l'empire des besoins téléologiques et esthétiques, nous aimons à porter. Nous l'imiterons à notre manière. Cela ne donnera lieu, après tout, qu'à de simples considérations finales sur lesquelles nous ne nous arrêterons pas longtemps.

Achevons maintenant de caractériser la philosophie générale. Nous savons comment elle doit traiter son objet, et dans quel domaine elle doit le chercher : mais en quoi consiste-t-il ? Dans le monde des phénomènes de conscience, où toutes les sciences doivent se maintenir, et notre étude plus strictement encore que les autres, quel est le champ propre de la philosophie générale? Nous l'avons déjà nommé, mais cela ne suffit pas.

§ 3. Ce sont les dernières diversités.

Nous avons pu surprendre en disant que la philosophie générale n'a pas un objet très étendu. Ne semble-t-il pas qu'elle touche naturellement à tout, en vertu même de sa généralité, et contrairement aux études particulières qui se limitent à un seul coin du domaine exploré? Assurément. Les conséquences de la philosophie générale, en tout cas, peuvent se faire sentir jusqu'aux parties de la science les plus éloignées. Plus encore, elles le doivent. En isolant les sciences particulières de la science générale, on les appauvrit.

Et d'abord, ce n'est qu'à sa lumière que leurs résultats apparaissent avec toute leur signification. « Aucune science, a écrit M. Delbœuf, ne donne jamais de solution complète ; ce que l'on appelle ainsi n'est d'ordinaire que la fusion du problème dans un problème plus général... Voyez l'astronomie, la plus parfaite de nos sciences : elle s'est bornée à expliquer les phénomènes célestes par deux sortes de mouvements, un mouvement tangentiel et un mouvement centripète, mais elle renonce à se prononcer sur l'origine de ces mouvements [1]. » Qu'est-ce à dire,

[1] *Revue philosophique*, 1884, II, p. 213.

sinon que l'explication reste insuffisante, aussi longtemps qu'on n'a pas dépassé l'astronomie elle-même, pour s'élever à un abstrait plus large que tous les siens, et pour communiquer ensuite progressivement à ceux-ci la lumière obtenue au-dessus d'eux? Un des enseignement fondamentaux de l'école hégélienne, a dit de son côté Vera, c'est qu' « une idée, prise isolément et séparée de tout, cesse d'être ce qu'elle est. C'est l'œil qui, séparé du corps, n'est plus l'œil vivant, l'œil qui était lié à l'organisme entier et que l'esprit animait, mais l'œil mort et pétrifié qui n'a plus de l'œil que le nom. Pour être bien comprise, une idée doit être vue à sa place, en elle-même et dans l'ensemble de ses rapports [1]. » En cela, l'école hégélienne — elle n'a pas été seule de cet avis — est dans le vrai. Or, comme une idée n'est pas vue dans l'ensemble de ses rapports si elle n'est rapportée à l'idée suprême, il est nécessaire, pour l'intelligence de toutes les idées, de s'avancer réductivement au sommet de la connaissance et d'en descendre par la définition. C'est en partie à cette dépendance réciproque de l'abstrait suprême et des autres abstraits qu'il faut attribuer le fréquent attrait des métaphysiques intellectualistes vers le panthéisme. Si l'essence des choses est la pensée, les choses sont entre elles dans le même rapport que les abstraits généraux avec l'abstrait suprême, car c'est seulement avec les abstraits généraux que la pensée se sent à l'aise; et, de même que les abstraits généraux n'ont toute leur

---

[1] Hegel, *Logique*, I, p. 109.

valeur que rapportés finalement à l'abstrait suprême, de même toute individualité perd de son autonomie, de son en-soi, disparaît plus ou moins, dans l'universelle réalité. — La réciproque est également vraie sans doute : la philosophie générale doit se tenir pour tributaire des sciences particulières. Mais ceci n'est pas maintenant en question.

En faisant apparaître les résultats des sciences dans leur complète signification, la philosophie générale rectifie les conceptions courantes auxquelles ils donnent naissance. L'œuvre du penseur est en un sens une œuvre de rectification accomplie sur les représentations vulgaires. C'est à ce résultat qu'aboutissent pratiquement la réduction et la définition. Dans le monde où vivent toujours les esprits incultes ou enfantins, et où les esprits les plus cultivés sont condamnés également à rester pour faire face à tout ce qui concerne l'existence inférieure, le savant se crée un monde qui n'a guère de ressemblance avec l'autre. Pour lui, les couleurs et les formes s'effacent, les sons s'étouffent, la chaleur s'éteint. Il y avait des illusions dans l'interprétation de ces représentations ordinaires, et les illusions doivent tomber. Ce que son esprit mieux informé constate, c'est, d'après une idée accréditée que nous modifierons, de la matière en mouvement, ce sont des mouvements. Mais ces mouvements eux-mêmes expriment-ils bien toute la réalité, sont-ils bien toute la réalité, même dans l'ordre physique? Après le monde rectifié du physicien, n'y a-t-il pas le monde rectifié du philosophe? Sans doute. Les mouvements physiques, rapprochés des faits psychiques dans la philosophie générale, donnent lieu à un abstrait supérieur dont ils reçoivent l'explication qui leur manquait, cèdent la place à un terme plus juste à la suite de cette explication, et ainsi s'ouvre pour l'esprit un monde nouveau, plus rationnel encore que le précédent.

Enfin la philosophie générale ne montre-t-elle pas en une mesure appréciable aux sciences particulières, et surtout aux sciences spécialement vouées à la définition, la voie où il leur est avantageux de s'engager ? Certes Aristote ne considérait qu'un côté de la question, quand il disait : « il ne faut pas que le philosophe reçoive des lois, il faut qu'il en donne, » mais il avait bien raison de réclamer pour le philosophe le droit de donner des lois. De haut, on voit plus loin; et l'on sait que même les théories de demi-hauteur, même les théories qui ont été finalement abandonnées, si elles ont égaré bien souvent, ont plus souvent encore donné des indications utiles. A plus forte raison est-ce vrai de celles du sommet qu'on a lieu de croire justes, et qu'il ne faut pas confondre, disons-le encore, avec les métaphysiques aventureuses et mal équilibrées. Tout cela marque la portée très lointaine de la philosophie générale.

Mais, si les conséquences de la philosophie générale sont étendues, en revanche son objet direct, immédiat, le seul qui nous intéresse ici, est assez restreint. Bacon disait de la philosophie première : « elle diffère des autres plutôt par les limites où elle est circonscrite que par le fond ou le sujet même, car elle ne considère que ce que les choses ont de plus élevé, que leurs sommités. » La définition est juste, mais elle manque de précision. On se souvient de l'objection de Kant au sujet des principes premiers d'Aristote : « que dirait-on si la chronologie ne pouvait désigner les époques du monde qu'en les partageant en premiers siècles et siècles suivants ? On pourrait demander si le cinquième, si le dixième siècle, etc... font aussi partie des premiers [1]. » L'objet de la philosophie générale, dirons-nous, ne consiste qu'en une seule couche de termes, si l'on peut s'exprimer ainsi : celle des abstraits généraux formant les dernières diversités.

Les sciences particulières, toujours moins nombreuses, s'avancent jusqu'à quelques-unes de ces diversités, mais ne s'en occupent pas directement. Elles en supposent quelques-unes, elles en posent d'autres, et assurément elles se servent de celles-ci comme de celles-là, mais sans les étudier, ni même les déclarer les dernières sur l'échelle abstractionnelle. Elles y voient des *explicatura*, et non des *explicanda*. Pour les examiner à ce dernier titre, il faudrait s'élever au-dessus d'elles, les ramener à l'unité, par conséquent former l'abstrait suprême, lequel dépasse la portée de chaque science particulière. En d'autres termes, les sciences particulières ne pourraient étudier les dernières diversités qu'en devenant science générale, c'est-à-dire qu'en cessant d'être elles-mêmes. S'il n'y a rien au-dessus de telle science particulière, c'est que cette science est faussement

---

[1] *Critique de la raison pure*, II, p. 309.

nommée particulière. — Ainsi, il y a dans l'explication des dernières diversités un objet propre à la philosophie générale, bien distinct de celui des autres sciences. Mais il ne faut pas descendre au-dessous de la dernière couche. L'avant-dernière appartient déjà aux sciences particulières. En effet, il est possible de la réduire et de la définir sans s'élever jusqu'à l'abstrait suprême ; les dernières diversités suffisent à lui fournir l'abstrait plus large de rigueur pour les deux opérations. L'objet immédiat, direct, le véritable objet de la philosophie générale n'est donc pas très étendu. — Disons tout de suite, pour ne pas passer sous silence des exemples importants qui nous viennent à l'esprit, qu'il ne comprend pas, comme on l'a cru, les questions se rapportant à la destinée des personnes, ou aux fondements de la morale. Ces questions, quand elles ne touchent pas à la métaphysique, sont du domaine des sciences particulières.

Tel que nous le posons, l'objet de la philosophie générale suffit à la constitution d'une étude digne de la plus sérieuse attention.

Son utilité, on vient de la voir. Du moment que les résultats scientifiques reçoivent de la philosophie générale un complément de signification ; du moment qu'il s'accomplit par elle une rectification sur les conceptions courantes ; du moment que les sciences particulières trouvent en elle d'utiles indications sur la voie qu'elles doivent suivre, il est évidemment d'une grande importance d'entreprendre cette étude et de la mener à bonne fin.

Mais il y a plus; la philosophie générale éveille de l'intérêt pour elle-même. Personne ne niera qu'elle ne donne une satisfaction suprême à la pensée, en répondant une dernière fois à son besoin d'unité et de distinction. La même tendance qui nous entraîne à réduire nous entraîne irrésistiblement jusqu'au terme final des réductions, vers l'abstrait le plus élevé. Tant qu'on ne s'est pas avancé jusque-là, il reste des différences, des oppositions non conciliées, qui sont une barrière, une obscurité, plus encore : du désordre pour la pensée; et la pensée, qu'on le veuille ou non, essaye de s'en affranchir. Le partisan le plus résolu des sciences particulières finit toujours par dépasser leurs généralisations. Ce n'est pas que les oppositions doivent complètement disparaître : encore une fois, elles subsistent jusqu'à la fin sous les conciliations. Et d'ailleurs on peut dire de la diversité ce que nous avons dit de l'unité. La même tendance qui nous entraîne à définir nous entraîne irrésistiblement à descendre du terme initial des définitions, vers les diversités les plus rapprochées de l'abstrait suprême. Tant qu'on ne s'est pas mis en règle avec elles, il subsiste à l'origine des choses de l'inexpliqué, du confus, ce qui constitue une autre manière de désordre pour la pensée; et la pensée, qu'on le veuille ou non, essaye de le dissiper. Le partisan le plus résolu des sciences particulières, finit ou commence toujours par éclairer les principes qui leur servent de point de départ. Si donc l'étude de réduction et de définition des dernières diversités de l'expérience est possible, elle est certainement intéressante et utile.

Mais est-elle possible ? On l'a contesté de divers côtés ; nous ne voyons, quant à nous, aucune objection de nature à nous en faire douter.

Ce qui est impossible, ce sont quelques-unes des spéculations que M. Renouvier réunit sous le nom de synthèses totales, et dont le caractère commun consisterait à ne pas abandonner le concret, tout en s'avançant jusqu'aux derniers termes des choses. — Voudrait-on, par exemple, expliquer le monde phénoménal dans son ensemble ? S'il s'agit de rester dans le concret, l'entreprise doit se restreindre à un problème de causalité. On essaiera seulement d'assigner une cause à l'ensemble des phénomènes, de rendre compte à titre d'effet de leur apparition collective. Une explication plus étendue, par réduction et définition, nous ferait aussitôt sortir du concret. Or, nous avons déjà remarqué la vanité du problème restreint au point de vue de la causalité. L'ensemble, à ce point de vue, ne se distingue pas des individus, ne s'explique que par eux. Eux seuls peuvent être dits causes ou effets. — Voudrait-on simplement réunir l'ensemble des êtres en un tout organique ? Mais ce tout organique dépendrait de ses parties, de leur nombre et de leur nature : or, ni le nombre de ces parties n'est formable, ni leur nature n'est toujours assignable. Comme on ne saurait s'en rapporter à cet égard aux constatations forcément restreintes de la perception, c'est par l'intermédiaire de l'abstraction, à titre de possibles, qu'on est réduit à concevoir les êtres formant l'univers. Par cela même on doit en penser à l'infini, car, nous le savons, le différentiel s'unit sans mesure au commun que dégage l'abstraction. Dès lors, comment former un nombre, c'est-à-dire une détermination fixe, un arrêt? Comment assigner une nature, c'est-à-dire un ensemble d'éléments communs que nous connaissons, et d'éléments différentiels conçus à l'infini que nous ne pouvons connaître? A moins que les éléments communs ne doivent seuls être pris en considération; mais alors, nous sortons du concret. — Il faut également, sur la ligne du temps, renoncer à remonter jusqu'au premier terme et à descendre jusqu'au dernier : l'insuffisance de la perception, d'une part, et la loi d'infini, d'autre part, l'empêchent encore. La pensée ne saurait trouver ces termes, parce qu'ils marquent des arrêts, et qu'il n'y a point d'arrêt acceptable dans le temps, que nous nous placions au point de vue de la causalité ou à celui de la quantité. Nous ne distinguons point à cet égard, comme on l'a fait dans le criticisme français, entre le passé et l'avenir. Si l'on n'oublie pas que les termes sont ici des phénomènes de conscience, on reconnaîtra que dans les deux directions la situation est la même : possibilité de concevoir toujours de nouveaux concrets, et par cela même impossibilité de s'arrêter rationnellement.

Ce qui est impossible encore, c'est l'étude de l'abstrait suprême. « Comprendre une chose, a écrit avec justesse M. Renouvier, c'est, ainsi que l'étymologie le dit, la saisir avec quelque autre chose avec quoi elle a rapport, et l'existence n'a rapport à rien. » Disons, pour rester fidèle à notre terminologie, que l'abstrait suprême ne saurait être compris autrement que par la formation et ensuite par la limitation d'un abstrait plus large, et qu'il n'y a pas d'abstrait plus large que celui qui est conçu justement comme le plus large. Nous pouvons bien poser l'abstrait suprême, et comprendre ce que nous faisons en le posant, car l'élément commun dégagé des autres abstraits s'offre, à tous les degrés de dégagement, directement à la pensée, mais il faut renoncer à l'étudier en lui-même. Nous pouvons bien encore indiquer la nature de l'abstrait suprême d'après les dernières diversités sur lesquelles il s'étend : c'est ainsi que, nous appuyant sur l'existence de faits, c'est-à-dire de touts distincts, achevés, dans la conscience, nous avons parlé à plusieurs reprises de celle-ci comme de quelque chose d'intime, de renfermé en soi. Mais n'essayons pas d'y voir une véritable explication : c'est simplement une substitution du contenu au contenant, qui a son utilité sans doute, mais qui ne met en lumière ni l'élément propre ni l'élément commun de la conscience. Si donc la philosophie générale prétendait aller plus loin, elle serait évidemment aussitôt condamnée.

Mais rien de cela n'est dans son programme. L'abstrait suprême est son *explicaturum*, et non son *explicandum*, de même que les dernières diversités dont elle doit s'occuper sont les *explicatura* et non les *explicanda* des sciences particulières. La métaphysique seule pourrait prendre l'abstrait suprême comme objet d'étude, puisque la métaphysique dépasse la conscience et suppose, ne serait-ce qu'un instant et quitte à revenir aussitôt en arrière, qu'il existe autre chose que la conscience; et encore serait-ce une tentative illusoire, nous savons pourquoi. Qu'il reste bien entendu que la philosophie générale a pour objet, non l'abstrait suprême, mais les derniers abstraits, non la conscience, mais les dernières diversités de la conscience. Qu'il reste également bien entendu qu'elle laisse aux études qui voudront bien s'en charger, s'il s'en trouve, historiques, physiques, ou métaphysiques, la régression ou la progression vers le premier ou le dernier terme des choses, ainsi que l'organisation et l'explication de la totalité des concrets. Pour sa part, elle n'a affaire qu'aux abstraits, et qu'à ceux des dernières diversités.

Il y a pourtant des objections qui concernent véritablement la philosophie générale, et qu'il faut examiner. — Nous arrêterons-nous devant celle du cercle vicieux? Que pourrait être la science philosophique, demande M. Renouvier (c'est une étude comme la nôtre qu'en réalité il vise) sinon « la connaissance des choses ramenées à leurs principes et l'établissement de ces principes par des méthodes dont le caractère commun est de présupposer des principes [1] ? » Et cela même, pense-t-il, est contradictoire. Nous pourrions répondre avec Hegel que « la philosophie, la connaissance, et leur justification, se développent et se complètent en même temps. » Nous savons déjà suffisamment à quoi nous en tenir sur les prétendus cercles vicieux de cette

[1] *Critique philosophique*, 1885, I, p. 6.

catégorie : les cercles ne sont vicieux que s'ils se trouvent dans une preuve, et ce n'est pas ici le cas. — Ajoutons que, s'il fallait nous laisser arrêter par des considérations de ce genre, nous devrions renoncer également aux sciences particulières. Elles aussi, bien que d'une façon moins évidente, comprennent des termes qui expliquent ceux qui les expliquent. Du moment que nous avons affaire à plusieurs couches d'abstraits, nous nous trouvons devant la même difficulté : les abstraits supérieurs ne sont rien sans les inférieurs, et en même temps ils en rendent compte. — Il y a, d'ailleurs, une importante remarque à faire à cet égard. Les abstraits supérieurs n'ont pas besoin, pour se former, que les abstraits inférieurs soient définis comme ils le seront lorsqu'on les expliquera par les supérieurs. Nous savons que, lorsque le retour vers les inférieurs se produit, quelque chose de nouveau est transporté sur ceux-ci. Par conséquent les supérieurs ne dépendent pas, à rigoureusement parler, de la même chose qui dépend d'eux-mêmes. C'est bien le même terme, si l'on veut, dans les deux cas; seulement la dépendance ne porte pas sur le même point de ce terme, et n'est pas strictement réciproque. Mais, le serait-elle, qu'elle ne constituerait pas un motif suffisant de renoncer à la philosophie générale.

Nous laisserons-nous embarrasser par la crainte de nous livrer à une étude prématurée? On a dit qu'avant de monter si haut sur l'échelle abstractionnelle, au moins faudrait-il en avoir fini avec les objets placés plus bas, et qu'il n'y a point lieu de poser le problème universel tant qu'on demeure incompétent pour les problèmes plus restreints. En vérité, c'est mal comprendre le mouvement scientifique. Il n'est besoin, pour arriver à un abstrait plus large, ni d'avoir épuisé toutes les combinaisons des abstraits moins larges, ni d'avoir ramené à leur unité tous les cas, concevables ou réels, qui pourraient être en rapport avec eux. Il n'est même pas besoin de passer par tous les degrés de l'échelle abstractionnelle avant de s'élever au sommet : a-t-il été nécessaire, pour concevoir la loi de la gravitation universelle, de connaître préalablement toutes les lois subordonnées? Nous pouvons nous dispenser surtout de la plupart des recherches des sciences physiques. Celles de la psychologie, en tant que cette étude arrive plus vite aux sommets, sont plus importantes pour notre objet ; mais encore est-il permis d'en négliger beaucoup. L'œuvre de définition réclame, il est vrai, un certain nombre d'abstraits secondaires, entre lesquels on doit choisir, pour la limitation de l'abstrait suprême ; mais, si l'on ne s'enferme pas dans un monde fictif, on reconnaîtra que ces abstraits sont déjà dans notre esprit et suffisent à leur rôle, alors même qu'ils n'ont pas été formés méthodiquement. L'objection n'est donc pas sérieuse ; il s'en présente une autre qui l'est davantage.

Est-il possible, nous demandera-t-on, de déclarer dernières telles ou telles diversités, en d'autres termes, de passer directement de tels abstraits à l'abstrait suprême, avec la certitude que celui-ci est leur unité immédiate, leur genre prochain? A supposer qu'il ne soit pas contradictoire de poser un abstrait suprême et des dernières diversités, comment s'assurer de celles-ci? L'abstrait suprême est connu, puisque la philosophie générale s'est posée résolument dans le monde du phénomène ou de la conscience, et que la conscience représente l'abstrait suprême, de même qu'elle marque l'extrême limite des recherches ; mais quelles sont les réductions qui précèdent immédiatement la dernière? Connaissons-nous tous les abstraits, pour savoir qu'il n'y en a pas à intercaler entre l'abstrait suprême et ceux que nous avons désignés comme formant les dernières diversités? Notre classification ne pourrait-elle pas être dérangée, annihilée, par des termes imprévus? Sans doute, on n'a point à s'inquiéter des vrais différentiels, de ceux qui se présentent comme inconvertibles, bien qu'ils soient toujours concevables : leur existence n'a point de rapport avec le nombre des abstraits généraux. Mais pourquoi ne nous échapperait-il pas quelques-uns de ces différentiels qui se présentent à la définition comme convertibles et qui pourraient donner lieu à de nouveaux abstraits généraux? — Assurément la difficulté est réelle. Nous ne prétendons même pas la faire disparaître complètement, mais seulement la tourner.

C'est bien à la réduction que nous demanderons les propositions de la philosophie générale, à savoir les dernières diversités. Mais il est permis de contrôler, de confirmer ou de modifier les propositions de la réduction à la lumière de deux principes qu'on acceptera dès à présent. — Voici le premier : chaque dernière diversité (pourquoi n'y en aurait-il pas plusieurs?) doit être une dualité, et une dualité d'opposition. Elle doit être une dualité, car une nouvelle réduction est toujours concevable avant la réduction dernière, s'il se présente plus de deux termes différents. Et cette dualité est forcément une opposition, car un nouveau terme est toujours concevable, si l'un de ceux qui ont été proposés n'embrasse pas, comme dans le cas d'une opposition, tout le domaine laissé par l'autre. Pour que 2‴ n'existe pas à côté de 2″ et de 2′, il faut que ces derniers se partagent le domaine entier de 2. Et c'est à la condition que 2‴ n'existe pas, que 2′ et 2″ se réduisent immédiatement à 2. Admettez 2‴, et l'on peut obtenir, en rapprochant par exemple 2′ et 2″, 2″ et 2‴, deux termes intermédiaires. Sans doute ce principe s'applique également à toute diversité précédant immédiatement un abstrait plus large. Il n'est pourtant pas inutile à la philosophie générale. D'abord, c'est quelque chose de savoir qu'il est impossible de rien intercaler entre tels abstraits et leur abstrait supérieur : si ce n'est pas une raison de les placer à l'avant-dernier degré de l'échelle, c'en est une de ne pas les en éloigner aussitôt ; ils satisfont au moins à une condition des dernières diversités. Ensuite, la connaissance que nous avons déjà de l'abstrait suprême, peut nous aider à distinguer les diversités relativement dernières d'avec les diversités absolument dernières.

Voici le second principe : le fondement de chaque dernière diversité, sans échapper à la pensée, doit être reculé au delà de la pensée. Ce principe se justifie encore aisément. Comme il n'y a d'abstraits que dans la pensée et par la pensée, il va sans dire que les dernières diversités doivent être dégagées d'une réalité qui lui soit accessible. D'autre part, nous devons retrouver dans les dernières diversités ce que nous avons constaté au point de départ de la pensée, si nous voulons que l'abstrait suprême soit bien suprême, c'est-à-dire qu'il couvre tout ce que la réalité présente à la réduction. Dernières sur l'échelle abstractionnelle, les diversités qui précèdent immédiatement l'abstrait suprême correspondent aux premiers caractères de la réalité. Or, les premiers caractères de la réalité ne sont pas un résultat de la pensée. Ils sont découverts par elle, mais non produits par elle. La preuve, c'est que sans eux, elle ne s'exercerait pas. Ils lui fournissent ses matériaux, sa raison d'être. Donc ils lui préexistent, alors même qu'ils ne sont ni découverts, ni dégagés. Ils sont au delà de la pensée, tout en lui étant accessibles.

Ainsi, nous savons comment contrôler les propositions de la réduction. D'ailleurs, en fait, risque-t-on de commettre de graves erreurs? Il n'est guère admissible que les choses d'expérience nous cachent les plus fondamentales de leurs diversités. Si nous ne connaissons pas tout, si nous n'avons pas tout épuisé dans le monde des diversités haut placées, au moins est-il vraisemblable que nous y avons tout rencontré. La largeur de ces abstraits garantit leur constante production. — Enfin, si les abstraits que nous aurons déclarés derniers s'expliquent assez bien à ce titre, au moment de la définition, nous aurons une assurance de plus de ne nous être pas trompés.

Mais il reste à légitimer la possibilité jusqu'ici supposée d'un abstrait suprême. Celui-ci constitue un arrêt dans le mouvement de réduction ; or cet arrêt, est-il plus acceptable que l'arrêt déjà condamné dans le mouvement de régression? Ceux qui ont soumis l'un et l'autre à la loi d'infini, n'ont-ils pas été dans leur droit? N'en est-il pas, à cet égard, pour l'abstrait comme pour le concret? — Nous ne le croyons pas. D'abord, le mouvement de réduction ne peut en aucun cas faire sortir de la conscience. Non seulement nous avons d'emblée fixé cette limite à la science, mais encore nous ne connaissons plus rien, nous ne voyons plus rien au delà, à supposer que quelque chose y existe; oui, même quand la métaphysique opère ses réductions dans le monde ultra-phénoménal, c'est encore à la conscience projetée hors d'elle-même qu'elle a affaire. Nous sommes donc toujours certains d'avoir un abstrait que l'on ne pourra dépasser, donc un abstrait suprême. Ensuite, il n'y a pas de raison pour que le mouvement de réduction se continue à l'infini, comme celui de régression. Les éléments communs, que le premier mouvement dégage, s'unissent à l'infini aux éléments différentiels, et ainsi donnent lieu à une série illimitée de phénomènes concrets, mais ils forment eux-mêmes un nombre théoriquement assignable, bien qu'inconnu dans l'état actuel de la science. — Insistera-t-on en disant, d'après nos propres idées, que l'abstrait suprême est général, que le général est fondé sur le commun, et que, le commun s'offrant toujours à un rapport nouveau, on n'a point de raison de ne pas aller toujours de l'avant? Il suffira de faire remarquer qu'il se produit, à l'abstrait suprême, quelque chose de curieux et d'unique dans la série des abstraits. Plus qu'aucun autre, l'abstrait suprême devrait s'offrir à un rapport nouveau, en vertu de sa nature qui est toute commune. Mais, comme sa nature ne lui est commune qu'avec ce que nous connaissons, et que nous ne connaissons rien en dehors de lui, il ne s'offre finalement à aucun rapport nouveau. Il est à la fois le plus ouvert et le plus fermé des abstraits. Donc la pensée doit s'arrêter, et nous pouvons compter sur un abstrait suprême.

La philosophie générale est donc possible aussi bien qu'intéressante et utile. Ce n'est pas dire qu'il soit aisé de la mener à bonne fin. Elle a un objet simple comme celui des mathématiques, plus simple encore, attendu qu'il est placé plus haut sur l'échelle des abstraits, et il semble qu'elle devrait arriver, comme ces sciences exactes, à des résultats incontestés. La facilité de découvrir le vrai est, en effet, en raison directe de la simplicité de l'objet où on le cherche. Malheureusement à cet égard, la philosophie générale éprouve deux difficultés que ne connaissent pas les mathématiques : celle de poursuivre une double étude de réduction et de définition, et celle d'appliquer les formes de la pensée à un objet situé à l'origine même de ces formes. Qu'on ne s'étonne pas si, dans ces conditions, elle inspire à ceux qui essayent de la fonder le sentiment de leur insuffisance. Pour notre part, nous en sommes profondément pénétré. Certainement cela aurait suffi à nous détourner de notre entreprise, si nous avions pu exposer convenablement dans un autre cadre des idées qui nous tiennent au cœur et que nous osons considérer comme partiellement originales ; en outre, si nous n'étions persuadé que les systématisations de ce genre, même imparfaites, même proposées sous la réserve de modifications ultérieures, doivent aujourd'hui tenir une place à côté des monographies précises et, nous le voulons croire, définitives, qui sont en faveur.

En résumé, la philosophie générale est une étude de réduction et de définition des dernières diversités du phénomène ou de la conscience. Elle doit réduire et définir, parce qu'elle doit être une connaissance complète, et que les deux opérations sont également nécessaires à une connaissance complète : l'une, pour faire connaître l'élément commun des choses, en ramenant celles-ci à l'unité ; l'autre, pour rendre intelligible l'élément différentiel des choses, en lui substituant une combinaison d'unités abstraites se limitant réciproquement. D'autre part, elle n'a pas besoin de sortir de la réduction et de la définition, même pour une connaissance complète, parce que ces deux opérations sont suffisantes : parmi les autres, celles dont on pourrait faire ressortir la valeur, ou bien sont supposées par elles et comprises en elles, ou bien y ont leur but et ne servent que d'auxiliaires. Mais cette réduction et cette définition ne doivent être portées que sur le domaine où le sujet pensant est en communication directe avec son objet, où il peut en avoir l'expérience, la connaissance immédiate, sur le seul domaine qui permette à la vérification et même à la pensée de se produire, sur le domaine que l'on appelle ordinairement phénoménal et qui se limite à la conscience. Ainsi le veut pour la science l'usage bien interprété, et la philosophie générale doit être une science. Laquelle? Évidemment celle dont l'objet est le plus haut placé sur l'échelle abstractionnelle, celle des avant-derniers abstraits formant les dernières diversités : au-dessous sont les sciences particulières, au-dessus est l'irréductible et indéfinissable abstrait suprême, et plus loin encore, dans un monde que n'atteint pas la pensée mais sur lequel la vie pratique nous impose des affirmations accompagnées d'une entière certitude, commence la métaphysique.

Dans les études du genre de la nôtre, avons-nous déjà remarqué plusieurs fois, une étroite solidarité unit, jusqu'à donner la représentation d'un cercle, non seulement les idées entre elles, mais encore les idées et leur recherche : les idées dépendent de la méthode employée pour la recherche du vrai, et la méthode dépend de ces mêmes idées. C'est dire que notre conception de la philosophie générale nous trace le plan à suivre dans l'ensemble de notre travail. — Puisque le but de cette étude est l'explication des dernières diversités de la conscience, il y aura autant de parties que de dernières diversités à expliquer. — Et puisque l'explication se fait par le double mouvement de réduction et de définition, chaque partie sera divisée en deux chapitres correspondant à ces deux opérations. D'abord, sous le titre de « propositions » qui exprimera l'œuvre de la réduction contrôlée par l'application de deux principes, nous établirons la diversité à définir. Pour cela, nous aurons à chercher un couple d'abstraits opposés sur le même point et mis par leur égale hauteur hors de l'atteinte des sciences particulières ; à montrer dans la conscience un point commun à ces deux abstraits et garantissant leur réductibilité à l'abstrait suprême ; enfin à examiner, en vue de leur réduction immédiate à l'abstrait suprême, s'ils représentent bien ce que l'on trouve au point de départ de la pensée. Cela fait, nous ouvrirons, sous le titre de « dispositions, » un chapitre qui contiendra l'œuvre de la définition, par conséquent où nous chercherons un équivalent à la dernière diversité proposée, en limitant l'abstrait suprême par un autre terme qu'il s'agira de bien choisir. — Enfin, à ces deux chapitres, nous en ajouterons un troisième sous le titre d' « applications. » Les recherches qui y seront entreprises nous éloigneront sans doute du champ strict de notre étude, mais pas de beaucoup : en tout cas, leur importance ne nous permet pas de les négliger. Nous verrons qu'à chaque dernière diversité correspond une série de dualités qui interviennent constamment dans notre vie intellectuelle et sur lesquelles il est urgent de projeter les lumières de la philosophie générale.

PREMIÈRE ÉTUDE

LES FACES DU PHÉNOMÈNE

CHAPITRE I

PROPOSITIONS

Parmi les abstraits élevés que fournit la réduction, nous remarquons d'abord celui du ressemblant et celui du différent. Ne formeraient-ils pas une des dernières diversités de l'expérience, et ne compteraient-ils pas au nombre des objets de la philosophie générale? C'est notre avis.

Ainsi nous pouvons dire que la philosophie générale ne s'écarte pas, sur ce premier point, des grandes traditions de l'histoire. Elle rejoint surtout les spéculations de la philosophie grecque qui furent constamment dominées par la question de l'un et du divers. C'est un avantage pour elle à certains égards. Elle ne se sent pas isolée, elle trouve derrière elle des précédents, des initiateurs, des modèles. En revanche, elle est plus ou moins condamnée à prendre l'apparence d'une subtile et vaine logomachie pour les esprits prévenus ou superficiels. Tel est en effet le jugement qu'on porte souvent de nos jours sur les discussions d'un Parménide et d'un Platon, et la philosophie générale, en prenant pour objet le ressemblant et le différent, est appelée à recommencer ces discussions. Qu'elle ne s'en inquiète point, car l'apparence seule est contre elle. Les discussions à l'antique sont certainement plus utiles qu'on ne le pense dans certains milieux. Bacon lui-même l'a reconnu, puisqu'il a cru réserver un rôle de valeur à la philosophie première, et que ce rôle consistait à étudier l'être et le non-être, le possible et l'impossible, le ressemblant et le différent. Sans doute les ouvrages de philosophie où « les faits abondent » ont leur raison d'être; mais il y a une place honorable à côté d'eux pour d'autres travaux. Sur les sommets de la philosophie générale, les détails scientifiques ne servent guère que d'illustration ; il faut donc éviter d'en faire un vain étalage qui risquerait de distraire l'attention du seul point véritablement important, à savoir l'éclaircissement, l'approfondissement, des notions qui sont à l'origine de tout langage et de toute connaissance, ou, pour répéter nos formules, l'étude des abstraits les plus élevés.

Assurément le ressemblant et le différent, le τὸ αὐτὸ et le τὸ ἕτερον de Platon, le même et l'autre, le commun et le propre, nous paraissent, au premier abord, fondés sur la réalité. L'opinion générale est ici en harmonie avec les postulats de la science.

Au point de départ de la réduction, les choses concrètes se présentent avec des différences et des ressemblances qui sont la condition même de la réduction. Et aussi longtemps que durent les sciences particulières, aussi longtemps durent ces différences et ces ressemblances. Sans différence, en effet, il serait contradictoire de parler de sciences particulières, puisqu'elles ne sont particulières que par leur différence. Il le serait également de parler de science en général : là où rien ne diffère, il n'y a rien à réduire, rien à définir, et par conséquent le mouvement scientifique ne saurait en aucune façon se produire. Mêmes conséquences s'il n'y avait pas de ressemblance. Les sciences particulières, tout en conservant leurs particularités, restent des sciences, et cela constitue une ressemblance entre elles. Quant à la science en général, elle ne se comprend pas sans classes ni lois; or classes et lois sont fondées sur le ressemblant, n'expriment que le ressemblant. Les lois, notamment, — nous revenons sur ce sujet que nous avons déjà traité rapidement, car il est souvent mal compris dans les discussions courantes — sont inséparables du ressemblant. Elles le marquent en ce qu'elles sont des abstraits formés sur des termes en relation constante; elles le marquent aussi en ce que la relation de ces termes est surtout une relation causale et que la relation causale porte sur l'élément commun de deux phénomènes d'ailleurs différents. Aussi pouvons-nous dire maintenant à propos de la loi en général ce que nous avons déjà dit sur la validité de telle ou telle loi, à savoir que la question est ordinairement mal posée. On est en droit d'affirmer l'existence de lois, non pas en vertu d'une projection du présent dans le passé et dans l'avenir, résultat d'une tendance psychologique incontestable, mais élément inutile d'insécurité; non pas en vertu du principe de raison suffisante, qui exige sans doute que les mêmes causes produisent les mêmes effets, mais qui ne garantit point qu'il y ait des causes semblables, ni même des causes, ni par conséquent des lois; mais en vertu de la croyance à la ressemblance dans les choses. Dès que cette ressemblance est acceptée, on peut admettre aussitôt qu'il y a des causes, c'est-à-dire des éléments communs entre les phénomènes qui se succèdent, et des lois, c'est-à-dire des relations causales semblables dégagées des particularités qui les accompagnent dans la réalité. On voit à quel point la science est liée au ressemblant. Donc, point de ressemblant ni de différent, et point de science.

Certes, il serait étrange que la science, dont le résultat pratique est de dissiper des illusions, dût s'appuyer elle-même sur une illusion. Cependant ce n'est pas une raison suffisante d'affirmer que les deux termes correspondent à la réalité. — Parménide savait bien que le différent est admis par l'opinion commune et supposé par la science ordinaire, et il l'admettait lui-même quand il entreprenait de construire (on ne sait au juste pour quel motif) une physique, une cosmologie, une anthropologie; mais quand il prenait les choses de plus haut, quand il prétendait découvrir l'essence de la réalité, il ne se laissait point arrêter par ces considérations, et il rejetait sans hésiter le différent. A l'entendre, tout ce qui est serait identique quant à l'essence, sans commencement ni fin, sans changement de lieu ou de forme, absolument indivis et parfaitement équilibré de tous les côtés. Quand la science n'en juge pas ainsi, quand elle persiste à parler de changement, de division, de pluralité, elle n'est pas encore la vraie science, elle reste asservie à l'apparence et à l'opinion. Qu'on songe, en effet, que donner une place au différent, ce serait en donner également une au non-être, qui est inséparable du différent, et il serait contradictoire de dire que le non-être est. Et, pour appuyer cette conclusion, Zénon d'Élée essayait de montrer que la croyance à l'existence du différent entraînerait les conséquences les moins acceptables. Par exemple, les parties multiples, devant être, comme tout ce qui a une grandeur, divisibles à l'infini, seraient à la fois infiniment grandes et infiniment petites; en outre, elles devraient engendrer le mouvement, qui est bien conforme aux représentations sensibles, mais qui est inintelligible pour une pensée supérieure. — De leur côté, les successeurs d'Héraclite savaient bien que le ressemblant est admis par l'opinion commune et supposé par la science : la preuve, c'est que Cratyle, au dire d'Aristote, avait fini par ne plus oser énoncer un jugement, sous prétexte que toute proposition contient une affirmation sur un être, par conséquent suppose de la fixité et de la ressemblance dans les choses; c'est aussi que Protagoras entendait ne point construire de véritable science, et attaquait ceux qui se livraient aux sciences naturelles ou à l'astronomie. Mais Protagoras et Cratyle en prenaient fort bien leur parti, et n'hésitaient point à exclure des choses toute fixité, toute loi, toute ressemblance. La seule ressemblance qui fût tolérée, était celle de l'écoulement, de la transformation, de la différence. S'il en existait une autre, pensait Héraclite, il y aurait de la constance ; s'il y avait de la constance, il faudrait croire à l'être ; or l'être n'est pas, il n'y a que du devenir. Les choses ne sont et ne seront pas ceci ou cela, elles le deviennent seulement. — Ainsi, la nécessité du ressemblant et du différent pour la constitution de la science ne prouve pas qu'ils soient fondés sur la réalité. Bien plus, on nous a donné des motifs d'en douter, et pourquoi ces motifs ne seraient-ils pas valables? Oui, pourquoi la science, telle qu'on a l'habitude de la comprendre, ne serait-elle pas elle-même illusoire? Il faut s'en enquérir.

Les raisonnements de Zénon contre le mouvement et la pluralité ne sont point sans valeur, car ils mettent en saillie une difficulté que la pensée philosophique aurait dû ne jamais perdre de vue; mais ils n'atteignent à aucun degré le but visé par leur auteur. Ce qui en résulte (nous nous en souviendrons au moment opportun), c'est que l'application de l'idée d'infini à toute réalité concrète mène à des conséquences inacceptables. Admettez qu'une grandeur donnée soit divisible à l'infini, qu'arrive-t-il? D'une part, elle finit par vous échapper presque complètement, car elle perd les dimensions ordinaires de l'être intelligible; d'autre part, vous êtes obligé de concevoir entre ses parties un intervalle dont l'agrandissement, illimité comme la série des parties, finit par vous déconcerter également. Ce n'est pas aboutir à ce qu'on a appelé l'infiniment petit et l'infiniment grand, ce qui serait radicalement contraire à la pensée; ce n'est pas même aboutir à deux conclusions contradictoires, car les conclusions ne sont pas tirées à propos de la même chose : mais c'est enlever à la pensée tout objet précis, c'est aboutir à l'incompréhensible. Vous serez également conduit à déclarer impossible qu'Achille atteigne la tortue : celle-ci vous paraîtra toujours en avance d'une vingtième partie de la dernière partie parcourue ; finalement vous serez convaincu de l'incompréhensibilité du mouvement. Mais l'idée de l'infini ne doit point s'appliquer de la sorte. Rien n'oblige à admettre que la divisibilité du concret doive être sans terme ; il faut au contraire qu'elle en ait un, nous l'apprendrons dans notre troisième étude. Dès lors on est complètement garanti contre les raisonnements de Zénon.

L'argument de Parménide, pour être plus direct, n'est pas plus concluant. Non seulement il abuse de l'impuissance du langage à indiquer un objet sans faire intervenir l'idée d'être ; non seulement il ne dispense pas d'écouter Platon distinguant le non-être du néant, et tâchant de faire coexister l'être et le non-être ; mais encore et surtout il se fonde sur la confusion illégitime de deux notions, que nos études ultérieures nous montreront bien distinctes, celles du non-être et du différent.

Donc, jusqu'ici, rien ne prouve l'illusion du différent. Quant aux raisonnements qui devraient établir celle du ressemblant, leur vanité apparaîtra suffisamment lorsque nous montrerons que le devenir, notion destinée à remplacer celle de la constance ou ressemblance de l'être, n'est en aucune façon intelligible. Mais nous pouvons remarquer maintenant que le ressemblant ne saurait être plus justement rapproché de l'être que le non-être ne l'a été du différent. Ici encore, il y a une confusion illégitime.

Allons plus loin : disons que, s'il y a illusion, l'illusion s'étend au delà de la science des degrés inférieurs, que l'on nous déclare asservie à l'opinion commune ; elle remonte aussi haut que la science des degrés supérieurs, à laquelle Parménide accorde son estime; plus encore : jusqu'à la pensée elle-même. — Il n'y a pas de pensée possible sans différent, car la pensée enveloppe un rapport, et un rapport ne s'établit pas dans l'identique, du même au même, donc sans différent. Un rapport suppose au moins deux termes, et pour avoir deux termes, il faut bien que l'un se distingue de l'autre, ne serait-ce que par sa position dans l'espace ou dans le temps. — Cette dernière distinction est d'ailleurs moins insignifiante qu'on ne l'a cru, car, ainsi que l'a avancé Leibniz, le temps et l'espace « amènent avec eux des impressions différentes sur la chose, » et, à rigoureusement parler, n'ont point de positions différentes par eux-mêmes, mais uniquement par les choses dont ils marquent un rapport fondamental. La différence de situation entraîne et suppose une différence de nature.

Non seulement la pensée demande deux termes différents, mais encore elle se présente toujours comme la conscience du différent. Quand elle saisit une ressemblance, on peut dire qu'elle ne saisit qu'une différence moindre. Souvenons-nous qu'elle est une prise de possession immédiate de l'objet par le sujet, que cette prise de possession ne peut se faire que dans le sujet, et que le sujet ne saurait saisir en lui-même l'objet que par les négations que celui-ci lui fait subir. L'identique passerait inaperçu. Point de négation, et point de modification au sein du sujet : donc point d'objet, point de pensée. Il ne faut pas se borner à l'assertion de Leibniz que, en vertu de cette « liaison ou de cet accommodement de toutes les choses créées à chacune et de chacune à toutes les autres », « chaque substance simple a des rapports qu'expriment tous les autres et est par conséquent un miroir vivant perpétuel de l'univers »; encore doit-on faire entendre que cet accommodement enveloppe une négation et que ce miroir réfléchit une résistance. A cet égard, on peut aller plus loin que les hégéliens eux-mêmes : s'il faut se garder d'admettre avec eux la contradiction dans les résultats de la pensée, en revanche on doit admettre la négation à l'origine même de la pensée. Le sujet se sent nié : mais qu'est-ce à dire, sinon qu'il a conscience du différent à des degrés divers ? Donc le différent remonte pour le moins aussi haut que la pensée.

Nous en dirons autant du ressemblant. Le rapport enveloppé par la pensée se fonde, avons-nous dit, sur deux termes différents, et la pensée se présente toujours comme la conscience du différent; mais supposez qu'entre ces deux termes il n'y ait aucun élément de ressemblance, le rapport ne s'établit pas. Que le différent soit synonyme d'absolument contradictoire, et aucune comparaison, aucun rapprochement, donc aucun rapport n'est possible. Établirez-vous un rapport entre un cheval et une feuille de papier? Difficilement, car il y a un écart trop considérable entre les deux termes. Augmentez l'écart jusqu'à une opposition radicale, la difficulté se changera en impossibilité. Et quand le rapport est établi, le sentiment de la ressemblance disparaîtrait-il sous celui de la différence? Non ; la négation radicale aboutirait au même résultat que l'identité. Un sujet nié sans réserve serait un sujet détruit, et dès lors, il pourrait bien y avoir succession de faits, mais non connaissance. Dans le cas de l'identité, on ne s'expliquerait pas la distinction du sujet et de l'objet : dans celui de la négation radicale, on ne s'expliquerait pas leur coexistence qui est non moins nécessaire. Il faut donc que la pensée, non seulement découvre le ressemblant, mais encore se présente toujours comme conscience du ressemblant. S'il est vrai que le ressemblant équivaut à un moindre différent, il l'est également que le différent équivaut à un moindre ressemblant. Bref, on peut dire que le ressemblant, de même que le différent, remonte pour le moins aussi haut que la pensée.

Ici, nous sommes tranquilles. Appeler illusion une croyance qui est conforme aux conditions de la science, est étrange, avons-nous dit : appeler illusion une croyance qui est conforme aux conditions de la pensée, de la pensée même la plus élémentaire, est impossible. Des intellectualistes comme Parménide et Héraclite devraient en convenir. Si l'illusion remonte jusque-là, tout est illusion, même l'affirmation de l'illusion, ce qui permet de dire, si l'on veut, qu'il n'y a point d'illusion. Donc, nous venons d'accomplir un premier pas : le ressemblant et le différent sont bien deux abstraits fondés sur la réalité, comme ils paraissaient l'être au premier abord. — Les raisons que nous avons avancées nous autoriseraient même à étendre plus loin notre conclusion. Très rapidement nous arriverions à montrer que la diversité du ressemblant et du différent est une dernière diversité. Mais il faut auparavant discuter les théories contraires.

Ils sont rares, les philosophes qui ont méconnu ce premier résultat. En général, on tient le ressemblant et le différent pour fondés sur la réalité : on se contente de placer l'un au-dessous de l'autre, par conséquent de l'en rendre dépendant, en quelque sorte de l'en dériver. Tous les deux n'exprimeraient pas au même degré la réalité; tous les deux ne correspondraient pas également à ce qui est primitif et essentiel dans le phénomène; tous les deux ne seraient pas fondés sur des caractères se rencontrant absolument partout et toujours. Point d'illusion ni pour l'un ni pour l'autre, mais subordination de l'un à l'autre.

Voyons d'abord subordonner le différent au ressemblant. Il n'est pas besoin de beaucoup chercher : le spectacle nous en est offert de tous les côtés, et par des systèmes qui, sur la plupart des points, ont entre eux fort peu d'analogie. — C'est, par exemple, en métaphysique.

L'histoire nous met en présence du monisme (monisme

panthéiste ou matérialiste, peu importe ici) : la subordination du différent ne saurait être plus marquée que dans ce système métaphysique. L'unité des choses y est admise à la fois au point de vue quantitatif et au point de vue qualitatif. Une seule réalité ou substance avec une seule essence. Les particularités ont leur raison d'être assurément, elles sont nécessairement attachées à la réalité, mais ce n'est pas en elles qu'il faut aller chercher l'essence des choses, elles doivent être reléguées au second plan. D'où viennent-elles donc? Des développements de la substance unique.

En face du système moniste, s'en dresse un autre que l'on peut appeler pluraliste, car il repousse la substance unique. Il y a multiplicité de réalités, nous apprend-il, de réalités nettement distinctes, et toutes également primitives et fondamentales. Le différent semblerait donc se relever de son abaissement, puisqu'il n'y a pas multiplicité sans différence. Il reste cependant subordonné. On ne parle plus de substance unique, mais on conserve l'essence unique. — Dans l'atomisme de Démocrite, ou bien le différent est rapporté au non-être, par conséquent privé de toute valeur positive, ou bien, ce qui revient bientôt au même, il ne porte que sur l'extérieur des choses, sur la situation, sur la forme géométrique, finalement que sur la quantité. Il y a multiplicité de réalités, mais simplement parce qu'il y a du vide, c'est-à-dire du non-être au point de vue physique, et que le non-être marque des séparations. Les réalités séparées ne sont pas identiques, mais seulement parce que leurs quantités géométriques ne sont pas identiques, et que la différence dans les quantités géométriques donne l'apparence de qualités différentes. — On est allé plus loin que Démocrite, on a fait disparaître de l'origine des choses, même cette différence dans les quantités géométriques. C'est logique : non seulement parce que les différences quantitatives, dues aux combinaisons de l'unité avec elle-même, sont provisoires, destinées à disparaître après l'analyse; mais encore parce qu'elles n'ont pas en elles-mêmes, nous allons le voir, leur raison d'être. D'où viennent donc les particularités? On l'a dit, des combinaisons qui se produisent dans la réalité multiple mais d'essence unique.

Le pluralisme peut être atomiste ou monadiste : sous la deuxième forme serait-il plus favorable au différent? Il le semble. Leibniz nous apprend qu' « il faut que chaque monade soit différente de chaque autre, car il n'y a jamais dans la nature deux êtres qui soient parfaitement l'un comme l'autre, et où il ne soit possible de trouver une différence interne ou fondée sur une dénomination intrinsèque. » Il ajoutera même que « tout être créé est sujet au changement » et que « ce changement est continuel dans chaque monade. » Et il ne s'agit pas seulement, on le voit, d'une différence extérieure, géométrique, quantitative, n'ayant point en elle-même sa raison d'être, mais d'une différence interne, qualitative. Leibniz n'ignore pas, en effet, que sa conception essentiellement intellectualiste des choses lui impose de prendre en grande considération la pluralité et la distinction. « Nous expérimentons en nous-mêmes, dit-il, une multitude dans la substance simple, lorsque nous trouvons que la moindre pensée dont nous nous apercevons enveloppe une variété dans l'objet.¹ » Et pourtant, c'est à titre de simple manifestation, de simple développement de la substance identique dans son essence, qu'il accepte le différent. « A ses yeux, dit M. Secrétan, la substance se produit et s'affirme, mais néanmoins elle reste substance, c'est-à-dire qu'elle se réfléchit en s'affirmant; et cette réflexion sur elle-même, poursuivie absolument comme il le faut, puisqu'elle forme l'essence de l'être, conduit à la vivante poussière des monades, à l'infinie pluralité. En effet, il n'y a de réflexion que dans l'opposition du connaissant et du connu; or, comme ici la réflexion n'est pas un acte particulier, mais un acte essentiel, une loi, la réduplication n'a pas de limite, de sorte qu'on arrive à la pluralité absolue². » Ainsi, aux yeux de Leibniz, il faut une activité, un développement du ressemblant pour que le différent apparaisse. De même que Dieu est « l'unité primitive », et les monades individuelles des « productions dérivatives », survenues à la suite de « fulgurations continuelles de la divinité », de même chaque monade est une avant de se différencier par la pensée, et toutes les monades ensemble, identiques d'essence, ne se distinguent les unes des autres que par le degré de développement auquel elles sont parvenues. En somme, nous n'aboutissons pas à des con-

---

¹ *La monadologie*, §§ 9, 10, 15.
² *Philosophie de la liberté*, I, 167.

clusions bien éloignées de celles du panthéisme et de l'atomisme.

Nous pourrions remarquer encore que les partisans les plus résolus de la création, au sens strict du mot, ne laissent pas, eux aussi, de rabaisser à leur manière le différent. Écoutez, par exemple, M. Jules Simon combattant le panthéisme : il n'admet pas que l'unité devienne diversité, mais il veut bien que de l'unité dérive la diversité. Au lieu de produire la diversité en elle-même, l'unité la produit hors d'elle-même[1] : voilà toute la distinction proposée, et, au point de vue de la question actuelle, elle nous importe peu.

En vérité, nous comprenons ce résultat, étant données les prétentions de la plupart des systèmes métaphysiques. A quoi visent-ils? A une réduction et à une définition suprêmes, en deçà et au delà du phénomène? Non, mais à une sorte de synthèse totale. Au lieu de remonter à un abstrait n'existant que par le sujet qui le pense ; à un terme idéal servant à tout expliquer, mais ne produisant effectivement rien ; à une réalité logiquement primitive, mais ne se présentant séparée qu'en dernier lieu à la pensée, — on cherche une cause première, ou une substance première, qui soit réellement, chronologiquement, à l'origine de tout, qui ait tout produit, de qui tout dépende et qui ne dépende de rien. Or, cette cause ou cette substance, comment serait-elle à l'origine de tout, si elle n'était commune

[1] *La religion naturelle*, première partie, chap. III.

à tout? Ainsi s'efface le différent dans l'explication dernière des choses. Renoncez à la synthèse totale, remplacez la cause ou la subtance suprême par un type suprême, qu'il soit question de généralisation et non de production, d'abstrait et non de réel concret, et la situation sera aussitôt moins défavorable au différent. On n'aura plus à le supprimer, mais seulement à le mettre à part. Si l'on continue à le subordonner au ressemblant, ce sera parce qu'il lui est logiquement réductible; et cela même n'est pas encore démontré.

Mais il n'est pas besoin de s'aventurer dans la métaphysique pour trouver cette notion amoindrie du différent. Elle est constamment proposée par les hommes de science. Eux aussi transportent dans la réalité primitive ce qui ne se rencontre que dans les abstraits généraux. — N'essaye-t-on pas, en psychologie, de ramener toutes les sensations à des sensations élémentaires uniformes? C'est, de nos jours, la tendance du plus grand nombre de psychologues. Après avoir constitué toute la vie psychique avec des sensations, et toutes les sensations avec des sensations génériques, comme celles de saveur, d'odeur, etc..., on ne craint pas de constituer celles-ci avec des sensations primitives identiques. Point de sensation originairement particulière. Si les sensations ordinaires ont des particularités, c'est qu'elles sont elles-mêmes des combinaisons. Les éléments sont les mêmes pour toutes : seule la combinaison apporte du changement. « Les innombrables sensations que nous rapportons à un même sens, dit M. Taine, peuvent se ramener, pour chaque sens, à une sensation élémentaire... Les sensations élémentaires des cinq sens peuvent être elles-mêmes des totaux composés des mêmes éléments, sans autre différence que celle du nombre, de l'ordre, et de la grandeur de ces éléments... En ce cas, il n'y aurait qu'une sensation élémentaire capable de divers rythmes [1]. » Qu'on l'entende bien : il ne s'agit pas de réduire les sensations à un type unique abstrait ; c'est bien la réalité concrète des sensations qui se présente d'abord comme uniforme et se différencie ultérieurement. « Ce représentant mental est toujours le même événement interne plus ou moins composé, répété et déguisé. »

Et dans les sciences physiques, ne parle-t-on pas d'événements primitifs identiques, d'une seule substance chimique ayant en soi la pleine réalité? « Au fond de tous les événements corporels, dit encore M. Taine, on découvre un élément infinitésimal, imperceptible aux sens, le mouvement, dont les degrés et les complications constituent le reste, phénomènes physiques, chimiques et physiologiques. » Au sujet de la substance chimique, M. Spencer ajoute : « Un grand nombre de substances, qui semblent hétérogènes et simples, sont en réalité homogènes et composées, et l'analyse montre que beaucoup qui semblent sans rapport entre elles, en ont de très proches... De plus, nous avons des raisons de soupçonner que les substances dites simples sont elles-mêmes composées et qu'il n'y a qu'une forme

---

[1] *L'intelligence*, I, p. 277, etc.

dernière de la matière d'où toutes les formes de plus en plus complexes sont sorties... Par là, nous concevons la possibilité que les états de conscience différents puissent être composés de simples unités d'états de conscience, et même d'unités essentiellement de la même espèce [1]. » On va même jusqu'à indiquer la nature de cette substance ultime. « C'est aujourd'hui l'opinion dominante, dit M. Tannery, que de regarder les atomes chimiques comme des systèmes constitués, à divers degrés de complexité, par des individus appartenant à un type unique, et que d'identifier ce type avec celui des particules ultimes d'un fluide hypothétique, l'éther, au sein duquel on suppose plongés tous les corps de la nature. »

Ne savons-nous pas aussi qu'on essaye de poser, à l'origine historique des choses, une seule réalité homogène, qui, en vertu d'une évolution nécessaire, est allée se diversifiant indéfiniment, a donné ainsi naissance à un nombre incalculable d'espèces passagères et au fond insignifiantes, et en produira beaucoup d'autres encore, toujours identiques sous ses diverses manifestations? « En un lieu, quel qu'il soit, a écrit Spencer, grand ou petit, n'importe où dans l'espace, où la matière acquiert une individualité appréciable ou quelque chose qui la distingue d'une autre matière, il y a là une évolution, ou plutôt l'acquisition de cette individualité appréciable est le commen-

---

[1] *Principes de psychologie*, I, 155-156.
[2] *Premiers principes*, p. 489.

cement de l'évolution [2]. » Cette individualité s'est, à son tour, diversifiée, et de diversifications en diversifications, nous arrivons à l'ensemble des êtres dont la distinction fait maintenant partie intégrante de l'univers, mais ne vient qu'en seconde ligne, et à titre de simple résultat, dans les propriétés des choses. — En vérité, les sciences particulières semblent actuellement organiser, aussi bien que les systèmes métaphysiques, le triomphe du ressemblant.

Remontons des sciences particulières vers la philosophie générale, où la question se pose plus directement, et nous trouverons des tendances analogues. — Pour Platon, on le sait, le différent devait être ramené au non-être, et cependant il n'était point dérivé du ressemblant; inférieur à lui au point de vue de la réalité, il restait aussi haut placé sur l'échelle de l'abstraction; de même que lui et avec lui, il se réduisait à l'idée dont il représentait une autre face. Chose curieuse, dont nous aurons bientôt l'explication, bon nombre de philosophes réputés en opposition avec Platon justement comme partisans du particulier, ont beaucoup plus rabaissé le différent que ne l'avait fait Platon. Au moyen âge, un péripatéticien tel que Saint-Thomas cherche le fameux *principium individuationis* dans la matière : or la matière, pour lui comme pour Aristote, c'est l'élément indéterminé, et par cela même, pense-t-il, l'élément commun des choses. Sans doute, aux yeux de Saint-Thomas, la matière ne produit l'individualité que lorsqu'elle est *signata*, par conséquent déjà différenciée. Mais cette différenciation préalable de la matière ne change rien à son essence, car elle est toute extérieure, purement quantitative, donc destinée à disparaître après l'analyse. La matière n'a besoin pour l'obtenir que de se présenter *sub certis dimensionibus*. On arrive ainsi à refuser toute valeur essentielle à l'individuel, et finalement au différent. — De nos jours, on se montre encore plus décidé dans ce sens au sein de l'école dite empiriste. Le fait, nous dit-on, — le fait représente le différent pour ceux qui parlent — « est un composé de lois » — les lois représentent évidemment le ressemblant —, « le point de rencontre de plusieurs lois »; « la loi est l'expression abstraite des phénomènes », elle « se retrouve par la décomposition, par l'analyse des phénomènes. » De même, l'être individuel n'est qu'une certaine rencontre de qualités. « Le nombre des qualités générales qui se rattachent à une existence individuelle, dit M. Bain, doit être de nature à lui donner un caractère spécial et défini. L'arbre que nous considérons pour le moment est individualisé par une rencontre de qualités qui ne s'était jamais produite auparavant; ou, sinon par cette rencontre elle-même, du moins par les circonstances environnantes, par les particularités de temps et de lieu qui accompagnent la perception [1]. »

Encore une fois, dans toutes les théories que nous venons de rappeler, il n'est plus question de supprimer le différent, de le regarder comme illusoire avec les Éléates : on ne tend qu'à le

---

[1] *Logique*, I, p. 10

subordonner au ressemblant. Cette subordination, d'autre part, n'est point équivoque. Il ne s'agit pas simplement de dégager des choses l'élément commun à titre d'abstrait, mais de tenir cet élément commun pour primitivement réel et d'en faire sortir l'élément propre. Il ne s'agit pas simplement de substituer, dans l'intérêt de la science, à l'élément propre une combinaison correspondante d'abstraits généraux, mais de résoudre complètement en abstraits généraux la particularisation à laquelle donne lieu l'élément propre. Il ne s'agit pas simplement de réduire les différents à une unité encore restreinte, l'unité des différents irréductible elle-même à celle des ressemblants, mais de supprimer cette dernière irréductibilité, de dériver une unité de l'autre, de ne rien laisser du différent hors du ressemblant, de ne voir dans le premier qu'un résultat, soit du développement, soit des combinaisons, du second.

Là encore est l'erreur. Nous ne méconnaissons point que le différent se ramène jusqu'à un certain point au ressemblant. Ne venons-nous pas de parler de l'unité des différents? N'avons-nous pas, depuis longtemps, attribué à la définition la fonction de rendre compte, autant que cela est possible, de l'élément différentiel des choses, et ne nous rappelons-nous pas qu'elle s'en acquitte en limitant l'abstrait plus large par d'autres abstraits; que ces abstraits sont tous des abstraits généraux fondés sur le commun ou ressemblant; que l'élément différentiel est en conséquence expliqué par des limitations opérées dans le ressemblant, disons par des synthèses ou des combinaisons du ressemblant? Mais il ne s'ensuit pas qu'au delà du différent convertible, il n'y ait point de différent inconvertible. Une combinaison d'abstraits généraux produit une limitation, donc un différent; mais pourquoi toute limitation serait-elle produite de la même manière que dans le monde abstrait qui ne représente qu'une partie de la réalité? La limitation obtenue par une combinaison d'abstraits généraux correspond à l'élément différentiel d'un terme, et, pour la science, se substitue à lui; mais pourquoi cette correspondance serait-elle une identité, pourquoi ne laisserait-elle rien échapper? Les éléments différentiels d'un terme sont en partie communs à d'autres termes; mais pourquoi le seraient-ils tous? Les différents se ramènent à une unité, celle du différent; mais pourquoi hors de cette unité ne retrouverait-on pas quelque chose de chacun, peut-être l'élément le plus saillant? Supprimez le différent inconvertible, et le différent convertible lui-même ne s'expliquera plus, en fin de compte. Telle est notre opinion. C'est ainsi que Leibniz opposait aux cartésiens — nous comprendrons bientôt toute la portée de ce rapprochement — qu'une philosophie exclusivement mécanique doit aboutir à la négation du mouvement.

Est-ce à l'idée de combinaison qu'on a recours pour dériver le différent du ressemblant? Nous demandons aussitôt entre quels termes a lieu la combinaison. — Si le ressemblant se combine avec autre chose que lui-même, le différent est ainsi supposé à l'origine de la combinaison, et l'on ne saurait le dériver du ressemblant par cette voie. Quand M. Spencer, un de ceux qui se sont le plus occupés de cette question dans notre siècle, attribue ce qu'il appelle le passage de l'homogène à l'hétérogène aux deux lois de l'instabilité de l'homogène et de la multiplication des effets, il oublie complètement cette vérité élémentaire. Il est indiscutable que les parties d'un tout réagissent différemment sur leurs causes de différenciation, que celles-ci, à leur tour, déterminent un nombre d'autant plus grand de nouvelles différences, et ainsi de suite « en progression géométrique. » Mais ce qui est contradictoire, c'est que, pour expliquer l'hétérogène, on puisse supposer « dans une agrégation homogène les différentes parties exposées à des forces différentes, soit par l'espèce, soit par l'intensité. » Comment parler de parties différentes, et auparavant de causes différentes de différenciation, sans accepter préalablement une réalité différente? A moins qu'il ne s'agisse que d'expliquer l'hétérogène sur un point donné, partiellement; mais M. Spencer, traitant des premiers principes, ne l'entend évidemment pas ainsi. Et d'ailleurs, la difficulté ne serait que reculée. D'où vient, demanderait-on, ce milieu différent dont l'action, diverse en espèce et en intensité, produit de l'hétérogénéité dans un tout secondaire? D'un autre milieu différent, sans doute; et cet autre milieu différent?

Proposerons-nous plutôt de combiner le ressemblant avec lui-même? Ce n'est pas contradictoire au premier abord. Et pourtant cela même suppose déjà le différent. — Il faut en effet, pour que la combinaison puisse s'accomplir, au moins une distinction de parties au sein du ressemblant. Admettons que cette distinction ne soit pas une complète séparation; admettons que Descartes soit libre de rejeter le vide de Démocrite et de concevoir un mouvement réel dans une étendue continue : il n'en reste pas moins vrai qu'une distinction de parties est nécessaire. L'étendue de Descartes, bien que continue, est divisible, et même actuellement divisée. Or comment expliquer cette distinction de parties? Vient-elle de la combinaison? Certainement non, puisqu'elle lui préexiste, et que, se comprenant sans elle, elle n'est pas liée à elle dans une synthèse indissoluble. Serait-on autorisé à n'y voir que du non-être? Mais le non-être, que tout le monde d'ailleurs ne reconnaît pas, marquerait seulement cette distinction, et ne la constituerait pas; n'étant rien, il ne saurait rien produire. Quoi donc? Il faut bien arriver à rapporter cette distinction de parties à quelque chose d'essentiel, de positif, de fondé sur la réalité. Mais, dans un tout homogène, absolument homogène, comme celui dont il a été question, est-ce possible? N'est-ce pas réclamer une véritable hétérogénéité? N'est-ce pas mettre le différent à l'origine des choses?

D'ailleurs, une simple distinction de parties ne suffit pas. Pour que la combinaison d'où doit sortir le différent puisse s'accomplir, il faut encore que les parties soient, dans leur nature intime, différentes entre elles. En les supposant toutes semblables, on suppose par cela même que leurs combinaisons seront toutes semblables, et aboutiront toutes à des résultats semblables. Le différent ne pourrait provenir d'une combinaison que si cette combinaison ne ressemblait pas aux autres, et les combinaisons n'ont de raison de varier que dans leurs termes. Quand le matérialiste, par exemple, affirme que la vie, puis la pensée, sont nées de certaines rencontres impossibles à reproduire au gré du savant dans les laboratoires, il oublie que ces rencontres si étonnantes doivent être elles-mêmes expliquées, et qu'elles ne se seraient point produites, si elles n'avaient eu leur cause dans les éléments qui se sont rencontrés. Le mouvement, qu'on pourrait invoquer ici, marque la variation et ne lui donne point naissance, de même que le non-être marque la séparation et ne la produit pas. En outre, cette question se poserait aussitôt : pourquoi le mouvement varie-t-il? Force serait bien de chercher finalement l'explication dans les termes de la combinaison. Or, ceux-ci étant semblables, comment donneraient-ils lieu à des combinaisons et à des mouvements différents?

Mais, du moment qu'il y aurait distinction de parties, n'y aurait-il pas distinction de situation, et ne serait-ce pas assez? « Laissons de côté les forces externes, dit Spencer. Chaque unité d'un tout homogène doit être affectée autrement que tout autre par l'action combinée qu'elle subit de la part de toutes les autres. La force résultante exercée par l'agrégat sur chaque unité, n'étant jamais la même dans les deux cas, à la fois pour la direction et pour l'intensité, et n'étant d'ordinaire la même ni dans l'un ni dans l'autre de ces caractères, une force incidente, même uniforme dans son intensité et sa direction, ne peut produire des effets pareils sur les unités. Les diverses positions des parties, par rapport à une force incidente, les empêchant de la recevoir avec des intensités et des directions uniformes, il se produit infailliblement une nouvelle différence dans les effets opérés sur elles[1]. » Ailleurs, il est tenu compte « de ce qu'il y a un côté interne et un côté externe, de ce que les côtés ne sont pas également près des sources d'action voisines, etc... » Assurément, les différences de situation entraînent des différences de combinaison et des effets muliples. Mais n'avons-nous pas déjà indiqué que les différences de situation dépendent elles-mêmes de différences dans les parties situées? La situation, comme tout rapport, n'est rien par soi-même; elle est ce que la font ses termes. Si donc elle n'est pas pour telle unité la même que pour telle autre, c'est que ces unités sont déjà différentes, et que leur différence s'exprime par leur situation, loin d'être constituée par elle. — Enfin, si, pour éviter l'affirmation d'une différence essentielle et définitive entre les parties, on reprenait la thèse de la différence quantitative, nous répéterions, de notre côté, que cette différence, comme celle de situation, ne s'explique que par une diversité correspondante dans les unités additionnées. Si les nombres sont inégaux, c'est que la combinaison des unités a été différente; et

---

[1] *Les premiers principes*, p. 385.

pourquoi aurait-elle été différente, si les unités étaient absolument semblables? Quoi qu'on fasse, c'est toujours à cette différence essentielle des unités qu'il faut en venir. Le différent ne saurait donc dériver d'une combinaison, puisque cette combinaison le suppose en tout cas.

Ajoutons que l'idée même de combinaison — nous nous en convaincrons plus tard — est condamnée d'avance à un arrêt dans la fonction qu'on prétend lui attribuer, attendu que la réalité primitive, à laquelle correspondent les derniers abstraits, celle qui est donnée en premier lieu bien que conçue seulement en dernier à titre d'abstrait, est placée au-dessous de la décomposition et par conséquent de la combinaison proposée. La prétendue énumération exhaustive, sur laquelle on compte pour ramener le phénomène à ses qualités générales, laisse donc intactes les premières manifestations de la conscience; elles entrent en composition, mais ne se composent pas elles-mêmes. Serait-on disposé à admettre cet arrêt?

Nous tournerons-nous maintenant vers l'idée de développement, puisque celle de combinaison est impuissante à fournir l'explication cherchée? Dirons-nous qu'il y a dans la réalité un principe qui la pousse à se diversifier? Nous n'y gagnerions rien. Ce que nous avons affirmé au sujet de la combinaison, nous pouvons le répéter au sujet du développement : si le différent ne préexiste pas au développement, il ne se trouvera pas après lui. Le panthéisme est toujours venu se heurter contre cette vérité. Qu'il se soit inspiré de l'hylozoïsme ionien ou de l'idéalisme spinoziste, il a dû faire sortir *ex nihilo* les diversités de l'univers, lui à qui répugne si fortement la création *ex nihilo*. Pour que l'on comprît l'apparition du divers, au moins faudrait-il que ce divers eût sa raison d'être dans le principe lui-même, qu'il y fût déjà contenu, ne serait-ce que virtuellement. Diminuez, autant que vous le pourrez, les particularités primitives, réduisez-les à l'état de points indiscernables comme ceux dont parle Bruno, dites avec le philosophe italien que le développement de l'univers consiste dans un passage du minimum au maximum, mais ne supprimez pas absolument ces particularités, si vous voulez qu'on vous entende. Seulement vous désertez d'autre part votre thèse : si le différent est contenu à l'état virtuel dans l'unité, il coexiste avec elle, il n'est pas le produit d'un développement.

Ce n'est pas se tirer d'embarras que de dire avec quelques métaphysiciens moralistes, en particulier avec M. Secrétan : « la multiplicité des individus imparfaits tire son origine du mal, qui sépare tout, qui opprime tout, parce qu'il tend à détruire tout... La malédiction de l'existence n'est pas encore conjurée, voilà pourquoi nous nous trouvons plusieurs, quoique en vérité nous ne soyons qu'un [1]. » Le mal est-il donc synonyme de pluralité et de différence ? Nous croyons, au contraire, que c'est dans le différent que se manifeste le plus vivement le bien. Mais, le différent fût-il inhérent au mal, on ne serait pas plus avancé

---

[1] *Philosophie de la liberté*, II, p. 272-273.

pour en rendre compte. Il faudrait, en effet, expliquer l'apparition du mal lui-même, et l'alternative déjà posée reparaîtrait : ou bien le mal est apparu *ex nihilo*, ou bien il coexistait avec son contraire au sein du principe suprême, et en aucun cas le premier terme n'est le produit du développement du second. Les plus subtiles discussions sur la liberté de la créature primitive ne changeraient rien à cette conclusion. Elles n'en diminueraient pas non plus la gravité. Le *ex nihilo* est jusqu'à un certain point soutenable, de même que l'acte inexplicable de liberté, mais à condition qu'on sorte de la science. Or, ici on ne le peut : non seulement ce serait trop tôt la quitter, ainsi que nous l'établirons bientôt, mais encore ce serait renoncer à dériver le différent du ressemblant.

Le monadisme de Leibniz ne fait pas davantage disparaître la difficulté. A supposer qu'on puisse prendre au sérieux l'existence individuelle de ces monades qui sont à la divinité ce que les pensées particulières sont à chaque monade, il resterait à savoir comment le différent est la conséquence de la réalisation de chaque monade. Le problème est seulement transposé. S'il est vrai que le différent n'est pas contenu, au moins virtuellement, dans l'homogène initial, comment apparaît-il? Et s'il y est contenu, comment parler de l'homogène initial? La monade, étant pensée, enveloppe, il est vrai, une diversité aussitôt qu'elle agit; mais il faut s'entendre. Est-ce uniquement parce qu'il y a acte de pensée, que le différent se produit, ou bien est-ce parce qu'il y a du différent à l'origine de la pensée, que l'acte de pensée se produit? Cette dernière solution, que nous avons déjà légitimée, détruit complètement l'argument proposé : si la réflexion date de la différence, il n'est plus permis de dire que la différence est le résultat de la réflexion. Mais, la première solution serait-elle la vraie, nous ne verrions pas encore disparaître la difficulté; pourquoi, en effet, y a-t-il réflexion? Pourquoi, au sein de l'unité de la monade, cette distinction entre le sujet et l'objet? L'unité absolue, pour parler avec les néoplatoniciens, n'est-elle pas soustraite à la nécessité de penser?

Disons enfin que l'idée de développement, proche parente de celle de transformation, peut être *à priori* déclarée impuissante, comme celle de combinaison, à expliquer la réalité primitive. Dégagée de l'idée inacceptable de substance ultra-phénoménale, elle ne s'applique que dans le domaine du composé, ainsi que nous le montrerons plus tard, et ce n'est pas, nous l'avons déjà dit, celui de la réalité primitive. Celle-ci ne se développe pas, ne se réalise pas, ne se transforme pas, ne devient pas; elle est réelle, entièrement réelle, du moment qu'elle est. Si donc les premières manifestations de la conscience ont un élément différent, c'est que cet élément a existé dès l'abord, et non à la suite d'un développement. Serait-on, ici encore, disposé à ne pas aller plus loin ?

Évidemment, devant de telles difficultés, il est plus rationnel de dire que le différent est un terme aussi élevé sur l'échelle des abstraits, et aussi profondément enraciné dans la réalité, que le ressemblant dont on voudrait le faire dépendre. — Il ne l'est pourtant pas davantage. Et, en disant cela, nous nous heurtons encore à des théories contraires.

Ce n'est pas toujours le différent qu'on prétend ramener au ressemblant, c'est quelquefois le ressemblant qu'on subordonne au différent. Moins fréquente, il est vrai, est cette dernière tentative. L'inégalité, quand elle a lieu, se fait dans le sens le plus favorable à la science, et celle-ci n'a affaire qu'au général, fondé lui-même sur le ressemblant. Cependant l'inégalité s'est produite aussi en faveur du différent. Chose curieuse, nous trouvons de ce côté quelques-uns des philosophes mentionnés de l'autre. On ne se rend pas toujours nettement compte, il faut l'avouer, de la situation d'ensemble qu'on occupe. Du reste, dans le cas présent, la contradiction s'explique. Les partisans de l'école dite empiriste (c'est d'eux qu'il s'agit) sont avant tout des méfiants à l'endroit des spéculations philosophiques; s'ils s'aventurent dans les considérations d'ensemble, ce n'est qu'à contre-cœur. Ils exigent donc, au point de départ, une base bien solide, garantie contre la fantaisie, dégagée des créations irréfléchies de l'esprit. C'est dire qu'ils se tiennent ferme à ce qu'ils appellent des faits, c'est-à-dire à ce qui est donné, au concret. Mais ici s'ouvrent deux voies en sens inverse. — Qu'est-ce qui est concret, qu'est-ce qui est donné? Il semble aux empiristes que plus ils s'éloigneront de l'élément subjectif, et même de l'élément psychique, mieux ils seront en mesure de ne pas se tromper à cet égard. N'est-ce pas dans le subjectif, dans le psychique, que se trouvent les créations de l'esprit? Ils prennent ainsi l'habitude de considérer les choses autant que possible objectivement, disons plus encore, extérieurement. Ce qui rappelle, de près ou de loin, l'élément psychique et l'élément subjectif, diminue toujours plus d'importance à leurs yeux [Ce sont donc les conditions du fait, plus que le fait lui-même, qui doivent attirer l'attention, car le fait, même le fait physique, paraît moins éloigné que ses conditions de l'élément subjectif. Le fait passe à l'état d'apparence, les conditions à celui de réalité. L'habitude de l'analyse, en tant que celle-ci se porte sur les conditions et non sur le fait, contribue aussi à cette disposition d'esprit. Or, les conditions d'un fait se retrouvent encore ailleurs que dans ce fait : l'hydrogène et l'oxygène sont les éléments intégrants de l'eau, et en même temps ceux d'autres objets. Pour avoir la physionomie particulière, l'élément différentiel de l'eau, ce qui constitue son originalité, ce qui la distingue nettement de l'hydrogène et de l'oxygène, il faut considérer l'eau elle-même, et non ses conditions. De plus, le fait physique marque dans une plus large mesure que le fait psychique l'élément ressemblant des choses. Et c'est ainsi qu'on finit par n'accorder de valeur qu'à ce qui est commun, et par subordonner le différent au ressemblant.

— Évidemment les empiristes ont suivi cette voie. Ils en ont également suivi une autre. Qu'est-ce que le concret, le donné? Il semble aux empiristes que plus ils s'éloigneront de l'universel, des idées générales, mieux ils seront en mesure de ne pas se tromper à cet égard. N'est-ce pas dans le général, dans l'universel, que se trouvent les créations de l'esprit ? Ils prennent ainsi l'habitude de ne considérer les choses que dans leurs particularités : là seulement, pensent-ils, se trouve la véritable réalité. Au lieu de chercher le concret dans l'individuel, qui est formé à la fois de ressemblant et de différent, ils le confondent avec le différent seul, qui ne représente qu'un élément du concret. L'universel, à leurs yeux, doit être subordonné au particulier, le ressemblant au différent. Voilà comment ils se sont trouvés tour à tour, et selon les cas, dans des exagérations opposées. Nous les avons vus dans une situation analogue au sujet de la réduction et de la définition.

Il serait délicat de prendre la preuve de ce changement de front dans la fameuse théorie de la conscience que les empiristes de nos jours ont préconisée. Le différent semble bien y tenir la place importante, puisqu'il y est identifié à la conscience même. « Tant que persiste un état A du sujet sentant, a écrit M. Spencer, il n'y a pas conscience. Tant que persiste un autre état B, il n'y a pas conscience. Mais quand il y a un changement de l'état A à l'état B, ou de l'état B à l'état A, ce changement lui-même constitue un phénomène dans la conscience, c'est-à-dire une conscience[1]. » Ailleurs, M. Spencer nous affirme que « les divers phénomènes de conscience sont tous résolubles en changements..., que toute intuition, toute

---

[1] *Principes de psychologie*, II, 303, 304.

conception, toute conclusion, se composent de changements arrangés d'une manière particulière. » Et les empiristes français ne restent pas en arrière à cet égard; la plupart sont disposés à dire avec M. Ribot « qu'une conscience homogène et continue est une impossibilité. » Mais, il ne faut pas s'y tromper, le différent ne cesse point, malgré ces déclarations, d'être secondaire. C'est que, pour leurs auteurs, la conscience est elle-même secondaire. Elle ne représente pas la réalité primitive, elle n'est pas le dernier abstrait. Au dehors et au-dessus d'elle, il y a des états. Des états de quoi? Au dire de quelques-uns, ce sont des états matériels, nerveux. Pour M. Spencer, qui s'est engagé, sinon plus avant, du moins avec plus de témérité et de puissance que les autres dans un système mélangé de métaphysique et de science, ces états doivent être rapportés à l'inconnaissable, réalité unique, sujet et objet des changements. Pour la plupart des empiristes, ce sont des états de non-conscience. La question, sur ce point, ne se pose guère autrement dans cette école que chez les panthéistes intellectualistes, qui voient l'essence des choses dans une pensée primitivement inconsciente et ne devenant consciente que par l'opposition. Ainsi, le différent peut être identifié à la conscience sans devenir primaire.

Un meilleur exemple du changement indiqué nous est fourni par l'histoire de la question des universaux. Les empiristes ont soutenu et soutiennent encore le nominalisme, c'est-à-dire la théorie qui n'admet l'existence du général, ni hors de l'esprit, ni dans l'esprit, ni à titre de hors-conscience, ni à titre de fait de conscience, et ne reconnaît dans la pensée que des particuliers unis à des mots de groupes et appelés pour cela généraux. C'est évidemment donner au différent la première place. Logiquement, il en ressort que la réalité est exclusivement particulière, que le commun se réduit à un mot désignant des groupes de particuliers. Théorie qui nous semble de tout point inacceptable, ainsi que nous l'avons donné à entendre en parlant de la réduction. De deux choses l'une, en effet : ou bien ces groupes exprimés par le mot ont été établis sans la considération préalable de la nature de leurs termes, par un rapprochement arbitraire ou tout extérieur, ou bien ils sont dus à la considération de la nature de leurs termes, par conséquent à la reconnaissance d'un certain nombre d'éléments communs. Dans le premier cas, nous dépassons la pensée des nominalistes et de tous les hommes de science, et nous revenons à la théorie du ressemblant illusoire. Dans le second cas, nous devons admettre en dernière analyse ce qu'il s'agissait de nier, à savoir qu'il y a du ressemblant à l'origine des choses.

Mais élevons-nous au-dessus de la question des universaux pour répéter rapidement en sens inverse une partie de ce que nous avons dit précédemment : sans ressemblant, point de combinaison possible, surtout point de combinaison d'où sorte le ressemblant. De même qu'il faut des parties distinctes, il faut des parties communes, pour qu'un rapprochement s'opère. Et pour que le ressemblant sorte de plusieurs rapprochements, il faut qu'il soit déjà contenu dans les parties rapprochées. Les rapprochements n'aboutissent à des résultats semblables que s'ils se font eux-mêmes d'une manière semblable, et ils n'ont de raison de se faire ainsi, comme de se faire variés, que dans la nature intrinsèque de leurs termes. Parler de groupes, de classes, de mots généraux, ne fait que reculer la difficulté; il y a dans tout cela une constatation, et non une explication du ressemblant. La tentative de tirer le ressemblant du différent par voie de combinaison est donc vaine. Et quant à l'en tirer par voie de développement, — bien que l'idée de développement ne soit ici, ni plus mal, ni mieux à sa place que dans le passage de l'homogène à l'hétérogène — ils sont rares, croyons-nous, ceux qui l'ont sérieusement essayé.

Il faut donc renoncer à la pensée de réduire l'un à l'autre le différent et le ressemblant, quel que soit le terme qu'on choisisse pour abstrait plus élevé. Mais le moment est arrivé de confirmer ce résultat par la discussion directe.

Rappelons-nous les remarques qui ont précédé notre première conclusion. Nous avions établi, pour montrer la réalité de l'élément ressemblant et de l'élément différent, qu'ils sont également nécessaires au rapport enveloppé par la pensée : ne s'ensuit-il pas que nous avons eu raison de placer leurs idées à égale hauteur ? Serait-ce la ressemblance qui se produirait la première dans le concret et la dernière dans l'abstrait, en tant que condition du rapport ? Mais la différence en est également une condition. Serait-ce plutôt la différence, en tant qu'elle donne lieu au fameux « choc » nécessaire à la connaissance ? « Nous commençons par distinguer, à dit M. Bain, c'est par une opération ultérieure que nous saisissons des rapports entre les objets distincts[1]. » Mais la ressemblance est également nécessaire à la connaissance ; sans elle, le changement serait une véritable destruction. Si le ressemblant équivaut à un moindre différent, le différent de son côté équivaut à un moindre ressemblant. En réalité, nous sommes en présence d'une synthèse indissoluble de deux éléments, dont les idées doivent par conséquent être placées au même rang. Ainsi, nous avons fait un second pas dans notre examen des propositions réductives : le différent et le ressemblant, abstraits fondés sur la réalité, sont d'égale hauteur.

Reste à savoir s'ils sont les derniers avant l'abstrait suprême. Nous avons dans leur opposition la preuve de leur dualité, et dans leur dualité la preuve qu'on ne saurait intercaler aucun terme entre eux et leur abstrait supérieur : mais cet abstrait supérieur est-il la conscience ? — Certainement. Non seulement nous ne trouvons pas, après l'énumération supposée par la réduction, de quoi former une diversité au-dessus du ressemblant et du différent, mais encore leur fondement est au delà de la pensée, sans lui échapper cependant.

Leur fondement n'échappe pas à la pensée. Ceux qui dérivent le différent d'un acte insondable de liberté, après l'avoir identi-

---

[1] *Logique*, I, p. 71.

fié au mal, sortent trop tôt de la science, avons-nous dit : ils sortent trop tôt de la pensée, pouvons-nous dire aussi justement. La pensée doit avoir l'élément différent pour objet; elle est à cette condition. Qu'est-ce, en effet, que la conscience du différent, sinon l'élément différent devenu objet de pensée? Et ne savons-nous pas que la pensée enveloppe nécessairement cette conscience du différent? De même pour le ressemblant. Qu'est-ce que la conscience du ressemblant nécessairement enveloppée dans la pensée, sinon l'élément ressemblant devenu objet de pensée? D'ailleurs, du moment que ces abstraits sont fondés sur la réalité, pourquoi la pensée n'aurait-elle pas leurs éléments pour objet? Jusqu'à quel point sommes-nous en mesure de nous avancer dans la connaissance de l'un et de l'autre, ce n'est pas encore le lieu de le chercher; il suffit de savoir qu'ils n'échappent pas à la pensée.

Le ressemblant et le différent, avons-nous ajouté, ont leur fondement au delà de la pensée. Sans doute, les choses ne sont reconnues ressemblantes ou différentes que par la pensée, car c'est avec elle seulement qu'elles commencent à entrer en rapport et à se comparer. Mais elles doivent être telles, avant d'être reconnues ou de se reconnaître telles. Si quelque chose de ressemblant ou de différent ne préexistait pas au rapport intellectuel, celui-ci ne le produirait certainement pas. Encore une fois, le rapport n'est que par ses termes, et la pensée que par le sujet et l'objet dont elle exprime le rapprochement. Ce que l'on connaît est à l'origine de la connaissance, et, dans notre monde phénoménal, ce que l'on connaît ne se distingue pas de ses caractères ou qualités. Ainsi avons-nous raisonné en posant notre principe des dernières diversités. — Mais, afin de dégager cette vérité de l'apparence même d'une contradiction, ne parlons pas de la préexistence des caractères eux-mêmes, admettons seulement une synthèse indissoluble, d'abord entre eux, ensuite entre eux et la pensée : encore faut-il que leurs matériaux soient antérieurs à la pensée, indépendants de ses opérations, tandis que ces opérations dépendent d'eux. — Dirait-on que les caractères ne se distinguent pas plus de leurs matériaux que les objets connus de leurs caractères? Ce serait juste dans l'hypothèse intellectualiste, qui borne le phénomène à la pensée et confond en dernière analyse le rapport avec ses termes. Mais cette hypothèse ne sera pas la nôtre. — Or, les matériaux antérieurs à la pensée, ce sont justement les éléments de réalité sur lesquels porte la diversité abstraite du ressemblant et du différent. Par conséquent les propositions de la réduction sont confirmées.

Toutefois, le ressemblant et le différent sont-ils réductibles à la conscience? — Pourquoi ne le seraient-ils pas? Il est vrai que l'abstrait suprême est général, et que le général se fonde exclusivement sur le ressemblant. Mais qu'on n'oublie pas une importante remarque déjà faite. Le différent, avons-nous dit, est lui aussi un abstrait général fondé sur la ressemblance : sur la ressemblance... des différents. Ce ne sont pas deux ordres d'abstraits que nous proposons : ces deux ordres existent bien, mais ils ne sont pas en question ici. Il ne s'agit encore que de deux abstraits du même ordre. Les éléments différents n'ont-ils pas un point commun entre eux, à savoir d'être tous différents? Cela suffit pour qu'un abstrait général se forme, celui du différent. — Et entre cet abstrait général et celui du ressemblant, n'y aurait-il pas de point commun? Seraient-ils contradictoires, comme l'être et le néant? Tout ce que nous avons établi jusqu'ici fournit un autre témoignage. Rappelons-nous, en particulier, qu'on peut marquer entre eux des degrés, y trouver du plus et du moins: or, entre le oui et le non des contradictoires, il n'y a point de transition possible. Rappelons-nous encore que le ressemblant est un moindre différent, et le différent un moindre ressemblant : or deux contradictoires se détruisent radicalement. Nos deux termes ne sont donc qu'opposés, et par conséquent ils appartiennent au même domaine, ils sont réductibles à la conscience, au delà de la pensée. Ils ne s'y confondent pas, il est vrai, car réduction n'est jamais synonyme de confusion, et toujours il subsiste un abîme qui empêche de passer directement de l'un à l'autre; mais au-dessus de cet abîme, on est autorisé à placer l'abstrait suprême.

Quant à l'objection que nous adresseraient ceux qui, identifiant la différence avec la conscience, et la ressemblance avec ce qui précède la conscience, excluent de celle-ci tout point commun entre les deux abstraits et rendent impossible leur réduction, nous n'avons point à nous en préoccuper. Elle suppose, en effet, non seulement une intervention de la métaphysique dans la science, que depuis longtemps nous avons repoussée; non seulement l'inégalité de hauteur du différent et du ressemblant, contre laquelle nous avons protesté; mais encore la possibilité de concevoir la ressemblance en dehors de la conscience. Sans doute la ressemblance et la différence ont leur fondement au delà de la pensée, mais nous n'admettons point qu'elles l'aient au delà de la conscience. Lorsque certains théoriciens de l'association admettent, avant la conscience, des associations ou des actions par ressemblance, ils se contentent de l'inintelligible. Assurément « une corde sonore mise en vibration fera vibrer, à une distance plus ou moins éloignée, des cordes tendues à l'unisson; tandis qu'elle ne réussit pas à faire vibrer des cordes, même plus voisines, montées sur des tons différents », et ce fait est un exemple de ce qui se passe généralement dans le monde de l'expérience. Mais que signifie tout cela, unisson, tons différents, voisinage, indépendamment de la conscience? Prétendrait-on mettre d'emblée hors d'elle des rapports qui ne sont rien que par elle? Oui, la simple contiguïté serait-elle, sans un sujet et un objet, donc sans la pensée, qui n'est elle-même qu'un moment de la conscience? Projetez la ressemblance hors de la conscience, après l'y avoir trouvée, vous faites de la métaphysique, mais une métaphysique qui ne choque point; placez la ressemblance avant la conscience, votre métaphysique est absolument incompréhensible.

Ainsi, un dernier pas est fait vers la conclusion cherchée : lo différent et le ressemblant, nous est-il permis de dire, abstraits fondés sur la réalité, abstraits d'égale hauteur, forment une dernière diversité de la conscience. Partout et toujours, dans tout ce qui s'offre à la connaissance, dans tout ce qui est pour nous une réalité directement accessible, dans toute expérience, dans tout phénomène, se présentent deux éléments également réels, également primitifs, un élément qui rapproche et un élément qui distingue. Il n'existe point, il n'a jamais existé de matière homogène, de mouvements uniformes, de sensations identiques : on peut en concevoir, mais dans l'abstrait, c'est-à-dire grâce à l'élimination d'un élément qui n'est point éliminé dans la réalité. A l'origine historique comme dans les profondeurs de l'univers actuel, tout ce qui existe est double. Ne transportons pas dans les choses les unifications élaborées par la pensée. Gardons-nous des abstractions réalisées, ainsi qu'aiment à le dire bon nombre d'esprits qui oublient trop souvent de le faire.

Encore un mot sur ce sujet. Les deux éléments ne se présentent pas, dans la réalité, selon une proportion constante. Tantôt l'un, tantôt l'autre domine, et cela à des degrés divers. Pourquoi? Il nous semble impossible de ne pas le poser à titre de donnée fondamentale. Si la réalité était partout et toujours également partagée entre le différent et le ressemblant, le différent finirait par être illusoire. Tout s'écoulerait dans l'uniformité d'une dualité neutralisée. Il n'y aurait plus de véritable changement. Le différent qui donne lieu à des comparaisons n'est plus le différent ; et il donnerait lieu à des comparaisons, celui qui se répéterait dans la même proportion. L'étendue de ce terme doit varier comme sa nature.

Cette conclusion, si insignifiante en apparence, a de l'importance en elle-même, et en ce qu'elle nous impose une certaine attitude à l'endroit des nombreuses théories que nous avons déjà rencontrées. Mais ses conséquences ne s'arrêtent pas là ; elles se feront sentir jusqu'à la fin de nos études. Avant de nous en enquérir, demandons à la définition de disposer des propositions qui lui sont faites, et d'en augmenter par cela même la valeur et la portée.

CHAPITRE II

Dispositions

Comment, après nous être élevés à l'abstrait suprême en partant du ressemblant et du différent, reviendrons-nous à cette diversité pour la définir? Quelle sera la formule scientifique de ce qu'elle marque abstraitement dans la conscience? En termes plus explicites, quel est l'abstrait qui, en limitant l'abstrait suprême auquel elle est immédiatement réductible, produira une particularisation correspondant à cette diversité? Nous pouvons répondre aussitôt que nous choisirons, parmi les termes qui ne paraissent pas former d'autres dernières diversités, un abstrait aussi large que possible : ainsi seulement espérons-nous faire face aux deux termes dont il s'agit d'achever l'explication.

Il est trois abstraits notamment entre lesquels il nous semble permis de choisir : celui de fait, celui de moment et celui de face. — Le premier réclame aussitôt des éclaircissements. Comme l'étymologie l'indique, l'idée de fait s'applique à quelque chose d'accompli, à une réalité achevée, à un tout fermé. Nous disons que la perception nous donne des faits, nous identifions le concret avec les faits, parce que le concret et l'objet de la perception, loin de solliciter la pensée à aller de l'avant, lui suffisent, la fixent, se présentent à elle comme des objets indépendants, fermés, achevés. Telle sensation de couleur est un fait, car elle ne tient point l'esprit en suspens comme si elle s'offrait d'elle-même à un rapport nouveau; elle suffit à la pensée comme elle se suffit à elle-même. L'idée de fait indique donc une séparation et une indépendance d'existence, ce que ne font pas les idées de face et de moment. — Ces trois idées correspondent à des catégories très étendues de l'existence. A vrai dire, les deux dernières ne sont pas encore assez larges pour notre but, car il n'y a de faces et de moments que dans l'espace et le temps, et nous sommes ici au-dessus de l'espace et du temps. Elles ne peuvent donc fournir que des explications approximatives, elles n'indiquent guère que la direction des définitions, elles ne nous permettent de procéder que par comparaison, par symbolisme; mais cela suffit pour satisfaire la pensée et conduire à d'importantes conséquences. On n'oubliera pas d'ailleurs que l'idée de face est prise ici au sens qui la dégage le plus des représentations sensibles auxquelles elle est ordinairement liée, et qu'elle exprime seulement la coexistence dans une même réalité. Quant à l'idée de fait, elle est de nature à fournir une définition rigoureuse; lorsque nous croirons devoir l'appliquer, nous serons bien sur le domaine du fait.

De nombreux philosophes joindraient à ces trois idées celle de forme. Nous l'éliminons sans hésiter. L'idée de forme, bien qu'elle soit toujours d'une application délicate, n'est pas toujours inacceptable. Par exemple, quand on l'oppose à celle de matière, elle a sa raison d'être. Mais ici c'est à l'idée de fond qu'elle est ou devrait être opposée. Il s'agirait d'un fond unique, la conscience, et de deux formes différentes qui seraient les manifestations de ce fond. Or, cette opposition est inintelligible dans le monde de la conscience. Là, le fond est la forme, et la forme est le fond, attendu que la manifestation y est identique à la chose manifestée. Pour trouver un sens à cette opposition, il faudrait concevoir une substance ultra-phénoménale, ce que nous nous sommes rigoureusement interdit. De plus, en parlant d'un fond qui demeure le même sous la diversité de ses formes, on se met en flagrante contradiction avec les propositions précédemment acceptées. Comment une réalité unique se manifesterait-elle de deux manières différentes? Comment le différent dériverait-il du ressemblant? Ici, il ne servirait de rien de descendre au-dessous de l'expérience : même au point de vue de la substance ultra-phénoménale, la multiplicité des formes rapportées à un fond unique est irrémédiablement condamnée. « Il ne suffit pas, remarque M. Liard, de dire que c'est une loi inhérente à la substance de se manifester par une infinité d'attributs et de modes différents; on ne peut, de l'idée de substance, déduire cette nécessité ; et, pour les besoins de la cause, on y introduit en contrebande la multiplicité et la diversité qui devraient en jaillir naturellement[1]. » C'est par une

---

[1] *La science positive et la métaphysique*, p. 259.

interprétation défectueuse de l'observation que l'idée de transformation s'est introduite dans la science, et peut-être par un abus de langage qu'elle s'y est conservée. — Que, dans un bloc de phénomènes, un groupe demeure, ou mieux encore, se renouvelle ressemblant, comme un noyau autour duquel d'autres phénomènes se succèdent avec des différences appréciables : très bien. Que cela donne l'apparence d'un objet unique prenant successivement plusieurs formes : très bien encore. Mais que nous en restions à cette apparence : non. La pensée vulgaire peut s'en contenter; l'homme de science doit la dissiper tôt ou tard. — Mais nous aurons l'occasion d'y revenir ; bornons-nous, pour le moment, à déclarer *à priori* impossible que la diversité du ressemblant et du différent marque deux formes de la conscience.

L'idée de fait, acceptable en principe, ne l'est pas dans le cas du ressemblant et du différent. Nous l'affirmons pour plusieurs raisons.

La première nous est fournie par l'union indissoluble des deux éléments, en faveur de laquelle témoignent, et l'ensemble du mouvement abstractionnel, et l'analyse de la pensée. L'idée de fait est en désaccord avec l'idée d'une union semblable. Accepter l'idée de fait, c'est admettre que le différent et le ressemblant, fondés l'un et l'autre sur la réalité, marquent deux espèces de faits distincts : si donc le ressemblant et le différent sont toujours unis, c'est que chaque fait ressemblant est uni à un fait différent, et vice versa. Or, c'est impossible. — Eh quoi ! n'y aurait-il jamais de faits distincts et en même temps inséparables ? Nous ne le prétendons point. Ce que nous disons, c'est que des faits ressemblants et des faits différents ne sauraient être inséparables. Ceux qui sont inséparables sont unis par des liens de causalité. Par cela même qu'ils se distinguent en cause et effet, ils sont inséparables, et réciproquement. Or, les faits ressemblants et les faits différents seraient-ils unis, pourraient-ils s'unir, par des liens de causalité? La causalité porte sur l'élément commun de deux faits : où serait l'élément commun entre un fait ressemblant et un fait différent ? Dans leur participation à la conscience ? Mais tous les faits ont cet élément commun, et il n'y aurait par conséquent aucune raison d'unir causalement tels faits plutôt que tels autres. Un autre élément commun serait donc nécessaire, et justement tout autre est exclu d'avance. Unis, le différent et le ressemblant sont en même temps opposés. Ce qu'un fait de la première espèce serait, un autre de la seconde espèce ne pourrait l'être. C'est le contraire qu'il faudrait pour leur union causale. — Donc l'union indissoluble de faits ressemblants et de faits différents est inadmissible.

Nous pouvons confirmer cette conclusion. Bientôt, en effet, nous montrerons que l'élément ressemblant correspond à l'élément non agréable des choses, et l'élément différent à l'élément agréable : si donc chaque fait différent était uni à un fait ressemblant, chaque fait de plaisir devrait être également uni à un fait de douleur. Ces derniers devraient se succéder (car il ne saurait être question de coexistence dans la vie affective) selon une alternance régulière. Or de nombreux exemples nous sont donnés d'une autre distribution de la vie affective. Est-ce que les plaisirs sont toujours précédés et suivis de souffrance? N'y a-t-il jamais deux plaisirs consécutifs, ni deux douleurs consécutives? « S'il est des plaisirs, a dit M. Janet, qui naissent de la satisfaction d'un besoin, et par conséquent d'une souffrance, il en est d'autres qui ne paraissent succéder à aucun besoin : comme, par exemple, le plaisir du beau, même les plaisirs de la vue et de l'ouïe [1]. » Et n'est-il pas vrai qu'un plaisir plus grand peut succéder à un plaisir moins grand, mais pourtant positif : par exemple, comme l'a remarqué M. Fouillée, lorsque nous passons de l'*allegro* d'une belle symphonie à l'*adagio* généralement plus saisissant? Sans doute, la succession d'une douleur et d'un plaisir fait ressortir l'un et l'autre par contraste : par exemple, les raffinés du temps de Sénèque avaient raison d'avoir leur chambre de pauvre; ainsi que Socrate de dire, éprouvant du bien-être après avoir été débarrassé de sa chaîne : « Quelle chose étrange que ce que les hommes appellent plaisir, et comme il s'accorde merveilleusement avec la douleur, qu'on croit pourtant son contraire!... Quand on prend l'un des deux, il faut presque toujours s'attendre à l'autre. » Mais il n'en résulte point que le plaisir et la douleur se déterminent néces-

---

[1] *Traité élémentaire de philosophie*, p. 42.

sairement l'un l'autre, et se succèdent avec l'alternance réclamée par la théorie. Socrate, s'il se plaçait au point de vue de la succession, s'avançait trop en ajoutant « qu'ils étaient liés d'un lien inséparable. » L'observation attentive fournit un tout autre témoignage.

Mais nous avons d'autres raisons contre l'intervention de l'idée de fait. — Nous en tirons une de la nature de la pensée. Celle-ci, nous le verrons, n'embrasse que deux faits dans son rapport : supposez que la réalité se divise en faits ressemblants et faits différents, la pensée n'a pas assez de ces deux faits pour saisir la différence et la ressemblance qui lui sont pourtant également nécessaires. Deux faits isolés des autres seraient condamnés à être tous les deux, ou ressemblants, ou différents. Pour qu'ils fussent de deux espèces, il faudrait au moins un troisième terme de comparaison. — Nous tirons encore une raison de la nature même des éléments ressemblants et différents. Il y a désaccord entre l'idée de ces éléments et celle de fait. L'idée de fait, avons-nous dit, s'applique à quelque chose d'accompli, d'achevé, à un tout fermé : or, le ressemblant, qui donne lieu à des abstraits généraux ouverts à l'infini, se présente justement comme l'opposé de ce qui est fermé. De son côté, le différent, qui donne lieu à des abstraits particuliers trop vite fermés (ceci s'éclaircira bientôt), ne peut constituer un tout. Non, il n'y a de tout fermé, il n'y a de chose achevée, il n'y a de fait, que dans le concret, parce que là seulement il y a du ressemblant pour ouvrir assez longtemps le rapport, et du différent pour le fermer assez tôt. Donc placer le différent et le ressemblant dans deux faits ou deux espèces de faits, c'est confondre des genres d'existence bien distincts. M. Renouvier et les nominalistes ont également tort à cet égard : le premier, en parlant de faits généraux, les derniers, en ne cherchant les faits que dans le particulier. — Nous pouvons enfin ajouter une raison tirée de la considération des catégories de la pensée. Du moment que nous aurions affaire à deux espèces de faits, les catégories de causalité et d'absoluité, qui se présentent en opposition comme le ressemblant et le différent auxquelles elles correspondent, ne s'appliqueraient pas l'une et l'autre à tous les faits. Il y aurait des faits de causalité et des faits d'absoluité. Par cela même, l'universalité de ces deux catégories serait compromise.

Nous concluons donc à l'abandon de l'idée de fait. S'il y a des faits que l'on puisse dire différents, et d'autres ressemblants, c'est dans un sens tout relatif, et seulement en considération de la prédominance d'un des deux éléments. Dans tous les faits, l'élément commun et l'élément propre n'ont pas la même étendue, mais tous sont à la fois ressemblants et différents. Que la distribution vulgaire ne soit pas entendue plus rigoureusement.

Comme transition à l'examen de l'idée de moment, disons qu'il serait vain de substituer à deux espèces de faits séparés deux espèces d'éléments séparables. On ne ferait que reculer les difficultés signalées. Ces éléments de deux espèces, rapprochés en synthèse aussi bien qu'isolés, seraient toujours censés former des touts fermés ; en réalité, ce seraient de véritables faits. S'ils étaient séparables, c'est qu'ils se suffiraient à eux-mêmes, c'est qu'ils seraient indépendants ; s'ils étaient indépendants, c'est qu'ils seraient complets, achevés ; s'ils étaient achevés, c'est qu'ils seraient des faits. A moins qu'ils n'échappassent aux conditions de l'existence séparée que nous connaissons (c'est bien ainsi qu'on l'entend quelquefois), à titre de termes inconscients : mais alors nous n'aurions à nous occuper d'eux que pour affirmer leur impuissance à constituer par leur combinaison des faits conscients, et que pour les exclure de la science.

Pourquoi ces considérations forment-elles une transition à l'examen de l'idée de moment? Avec celle-ci la situation ne changerait-elle pas? Elle change, mais en restant la même à certains égards. L'idée de moment, pouvons-nous dire encore, ne fait que reculer les difficultés, ou, si l'on aime mieux, que les rapetisser, que les rendre moins visibles. Deux objections, entre autres, peut-être les deux principales, gardent leur valeur: celle qui est tirée de l'union indissoluble des éléments de différence et de ressemblance, et celle qui est tirée de la nature même de ces éléments. Nous ne renonçons pas absolument aux autres objections, mais il est moins facile de les mettre en relief.

Assurément la séparation semble moins accusée entre deux

moments qu'entre deux faits, puisque les deux moments peuvent être ceux d'un même fait. D'un fait à un autre, c'est-à-dire d'un tout formé à un autre, il y a nécessairement une solution partielle de continuité : oserait-on prétendre que cette solution se produit également entre deux moments? Et pourtant on est autorisé à dire qu'un fait unique se suffit à chacun de ses moments. Il formerait donc successivement deux choses achevées, indépendantes. Or, n'y a-t-il pas une analogie frappante entre ces deux choses et deux faits? D'autant plus, souvenons-nous-en, que ces deux choses devraient, dans le cas actuel, être de nature opposée, et par conséquent se présenteraient avec une sorte de distinction bien semblable à celle des faits. En tout cas, on s'étonnerait, tout comme s'il s'agissait de faits proprement dits, que ces choses donnassent lieu, d'une part à des rapports s'ouvrant à l'infini, ainsi que le réclame le ressemblant, d'autre part à des rapports se fermant, ainsi que le réclame le différent, sans avoir donné à la pensée le temps d'arriver à une vraie connaissance. On s'étonnerait aussi, tout comme s'il s'agissait de faits proprement dits, que ces deux choses fussent indissolublement unies, ainsi que le ressemblant et le différent, sans être entre elles en rapport de causalité. Sans doute, elles devraient être en rapport de causalité, attendu qu'elles se succéderaient, et que là où il y a succession, la pensée fermement attachée au monde phénoménal doit appliquer la loi de détermination causale; mais d'autre part elles ne pourraient se prêter à cette détermination, attendu qu'elles seraient de nature opposée. Nos conclusions ultérieures rendront cette impossibilité plus évidente encore, en établissant que le différent échappe à la détermination causale. Comment donc ces deux choses, distinctes comme des faits et ne pouvant être dans des rapports de cause à effet, seraient-elles inséparables? Ainsi nous ne gagnons rien à la substitution de l'idée de moment à celle de fait.

D'ailleurs ne voit-on pas que, en essayant de rendre intelligible l'application de l'idée de moment, nous avons été entraînés dans celles de forme, de transformation, et dans toutes les difficultés qui en résultent? Ces deux choses présentées à deux moments par un même fait, ne ressemblent-elles pas à deux formes d'un même fond? Et que devient notre principe des phénomènes de conscience: *sint ut sunt, aut non sint?*

Force est donc de renoncer à l'idée de moment, comme nous avons déjà renoncé à celle de fait. Si l'on peut dire que les choses sont ressemblantes à tel moment et différentes à tel autre, c'est encore dans un sens tout relatif. Elles ne laissent pas voir toujours avec la même netteté leur double caractère, mais elles le laissent toujours voir.

Aurons-nous le droit de dire que la diversité du ressemblant et du différent marque deux faces de l'expérience? Nous l'espérons. Que pourrait-on invoquer contre ce nouvel abstrait, dès qu'on l'a dégagé de ses applications inférieures?

Les objections précédentes? — Dirait-on que l'union indissoluble des deux termes ne s'explique pas plus facilement avec l'idée de face qu'avec les autres idées? Ce serait à tort. La situation, en effet, se présente tout différemment. — S'il s'agissait encore de montrer que les relations causales sont possibles entre les deux éléments dont nous cherchons la définition, nous nous trouverions dans le même embarras; de nouvelles raisons s'ajouteraient même aux anciennes pour faire échouer notre entreprise. La loi de causalité exige non seulement que les deux termes ne soient pas de nature opposée, mais encore qu'ils soient disposés dans le sens de la succession : précédemment, on ne pouvait répondre à la première exigence; maintenant on ne répondrait pas non plus à la seconde. On ne bénéficierait même pas de la théorie qui, confondant les conditions d'un fait avec le fait lui-même, ainsi que les coexistants primitifs avec les coexistants dérivés, permet de chercher la cause dans les coexistants de l'effet. Encore faudrait-il que l'élément ressemblant et l'élément différent fussent entre eux dans le rapport de la partie au tout, car c'est à cela que se réduisent les rapports de causalité dans le sens de la coexistence. — Heureusement il ne s'agit plus d'établir des relations causales. Hors de celles-ci, avons-nous dit, point de faits inséparables : mais la condition qui s'impose aux faits ne s'impose pas aux faces. Deux faces peuvent fort bien être indissolublement unies sans être l'une cause et l'autre effet. — Et l'opposition de nature? Elle nuit à l'union des faits, mais elle ne nuit pas à l'union des faces. Pas même à l'union en coexistence? Pas même : seuls, les contradictoires ne peuvent prétendre à cette union, en tant qu'ils se détruisent radicalement. Bien loin de lui être un obstacle, la simple opposition de nature la favorise, plus encore, l'exige. Les opposés n'existent pas indépendamment l'un de l'autre ; dans la réalité, il n'est point de ressemblant sans différent, et de différent sans ressemblant. Donc le différent et le ressemblant sont indissolublement unis en coexistence.

L'objection tirée de la nature du ressemblant et du différent tombe avec la précédente. Deux choses qui se succèdent, de même que deux faits proprement dits, sont des réalités achevées, se suffisant à elles-mêmes, et ne sauraient donner lieu, ni aux rapports du ressemblant s'ouvrant à l'infini, ni aux rapports à peine ouverts du différent : au contraire, deux éléments en coexistence, deux faces du même fait, se supposant l'une l'autre, n'existant jamais par elles-mêmes à titre de réalité achevée, ne constituant le concret que complétées l'une par l'autre, peuvent fort bien, une fois séparées dans l'abstraction, donner lieu à ces deux espèces de rapports. — Elles tombent également, les objections que nous avons négligé de faire valoir contre l'idée de moment. Admettez deux faces à chaque fait, l'une de ressemblance et l'autre de différence, il suffit à la pensée de deux faits pour s'exercer. Chaque fait, pouvant être à la fois différent et ressemblant à l'égard de l'autre, il n'est plus besoin d'un nouveau terme de comparaison pour en faire jaillir les conditions premières de la pensée. — Quant aux lois opposées de causalité et d'absoluité, pourquoi ne seraient-elles pas maintenant de véritables catégories? Chacune, il est vrai, ne s'appliquerait qu'à une seule face de chaque fait, mais chacune s'appliquerait à tous les faits. L'idée de face garantirait leur universalité sans porter atteinte à leur nature propre.

A l'abri des anciennes objections, en rencontrerions-nous de nouvelles, spéciales à l'idée de face? — Dirait-on que l'abstraction, qui sépare le différent du ressemblant, est rendue impossible, attendu que l'abstraction suppose l'analyse, et qu'on ne peut soumettre à l'analyse que des choses séparables? Cette objection ferait la contre-partie d'une de celles qui nous ont déjà occupé. — Il est évident, répondrions-nous, que si les deux termes se complètent l'un l'autre, s'ils n'arrivent que par leur union à constituer une existence fermée, achevée, indépendante, bref s'ils sont inséparables dans la réalité, l'analyse doit se présenter autrement à leur égard que lorsqu'on a affaire à un groupe de faits distincts d'existence. Mais n'avons-nous pas déjà paré cette difficulté en distinguant dans notre Introduction deux sortes d'analyse : l'analyse du premier degré, ou décomposition dite réelle, dont la perception saisit encore les résultats, et l'analyse du deuxième degré, ou décomposition dite idéale, dont la perception ne saisit plus les résultats et dont l'attention fait les principaux frais? Cette dernière est possible, si l'autre ne l'est pas. L'abstraction devient alors une concentration volontaire ou involontaire de la pensée sur une des faces de la réalité. Dans ce sens, M. Janet a eu raison de dire : « l'abstraction n'est qu'un cas particulier de l'attention. » — Ne serait-ce donc pas suffisant ?

Il nous semble, au contraire, qu'il n'en faut pas davantage pour que l'abstraction se produise dans sa plénitude. — Et d'abord, l'élément mis idéalement à part peut être l'objet d'un rapport avec le sujet pensant, tout comme s'il était réellement séparé. Ce ne serait pas admissible, si l'élément ressemblant était identique avec le sujet, car, pour établir un rapport, on sait qu'il faut une différence. Mais justement, disons-le encore, ce n'est pas d'un élément identique qu'il s'agit, puisque le ressemblant implique une minime différence. L'élément ressemblant est ce qui nie le moins le sujet se saisissant en rapport : il enveloppe pourtant une négation. De même, il ne serait pas possible d'établir le rapport, si différent était synonyme de contradictoire, car, pour établir un rapport, nous savons qu'il faut une ressemblance. Mais justement le différent implique une minime ressemblance, bien qu'il soit ce qui nie le plus le sujet. — En outre, l'élément mis idéalement à part peut être conçu, soit dans sa généralité, c'est-à-dire dans l'infinité de son extension, soit dans sa particularité, c'est-à-dire comme ne formant pas un tout, un individu, un nombre, aussi bien à certains égards et mieux à d'autres que s'il était réellement séparé : le sujet n'a pour cela qu'à prendre pleine conscience de la nature de son objet. — Enfin, s'il est vrai que sans le mot, cette « forteresse de la pensée », on risque de retomber dans le concret, pourquoi l'élément mis à part ne serait-il pas maintenu avec le secours du mot dans sa séparation idéale aussi bien que dans sa séparation réelle? Dans le second cas, c'est à peine si le besoin de ce secours se ferait sentir.

Cette séparation idéale elle-même ne serait-elle pas possible? Dirait-on que, le ressemblant et le différent étant également nécessaires à tout exercice de la pensée, la pensée ne saurait faire abstraction de l'un ou de l'autre sans faire abstraction d'elle-même, sans cesser d'être? Mais, répétons-le toujours, ce n'est ni le différent contradictoire, ni le ressemblant identique qu'il s'agit de mettre à part : dès lors, on sait qu'il reste dans le terme pris comme objet quelque chose de l'autre terme qui permet à la pensée de s'exercer. Même dans l'abstraction, les deux éléments subsistent, à rigoureusement parler, puisque le ressemblant n'est qu'un moindre différent, et le différent un moindre ressemblant : cela suffit pour qu'ils soient pensés et érigés en abstraits. L'objection est donc vaine jusque dans ses derniers retranchements.

Nous en prévoyons une autre. — L'idée de face, dira-t-on, entraîne celle de simplicité. — Assurément. La réalité fondamentale est à la fois double et simple. Elle est double, attendu qu'il y a toujours et partout un élément différent et un élément ressemblant. Elle est simple, attendu que ces deux éléments sont inséparables comme les deux faces d'un même objet. Le concret, c'est-à-dire ce qui est donné avant la séparation, est en même temps l'individuel, c'est-à-dire ce qui ne se divise pas, ce qui est « sans parties », comme disait Leibniz. Nous devons accepter cette idée dans toute sa rigueur. Nous devons, en particulier, ne pas reculer devant elle, quand elle se présente comme l'équivalent de celle d'impénétrabilité. « Il n'y a pas moyen d'expliquer, a dit avec raison Leibniz, comment une monade puisse être altérée ou changée dans son intérieur par quelque autre créature, puisqu'on n'y saurait rien transposer, ni concevoir en elle aucun mouvement interne, qui puisse être excité, dirigé, augmenté ou diminué là-dedans, comme cela se peut dans les composés, où il y a des changements entre les parties[1]. » Oui, là où la séparation réelle est impossible, la pénétration l'est également. Certainement l'idée de face entraîne tout cela.

Mais est-ce admissible ? — Le simple, l'absolument simple (qu'il ne faut pas confondre, disons-le encore, avec l'homogène, mais avec l'indivisible et l'impénétrable), peut-il être un objet de connaissance ? La réponse dépend de la théorie qu'on accepte sur la nature de la pensée. Nous nous sommes arrangé, à cet égard, pour n'avoir pas besoin que le sujet pensant sorte de lui-même et pénètre dans l'objet. A cette opération inintelligible nous avons substitué la négation du sujet par l'objet et la prise de conscience de cette négation. — Le simple, l'absolument simple, ne suppose-t-il pas, ainsi que l'objecte M. Renouvier, un infini actuel, donc un nombre infini, donc une contradiction ? Oui, si la division pénètre dans la réalité simple.

---

[1] *Monadologie*, § 7.

Pour rétablir la simplicité primitive, il ne serait pas trop d'une infinité de parties. Mais justement, la division s'arrête sur le seuil de cette réalité; ainsi la difficulté ne se présente même pas. — Le simple, l'absolument simple, n'est-il pas en contradiction avec les résultats d'une expérimentation attentive? De nombreux philosophes l'affirment. Nous avons déjà entendu dire que tout phénomène est composé; que ce qui nous paraît simple ne l'est pas en réalité; que les éléments des compositions sont eux-mêmes des compositions et doivent se décomposer à leur tour. Il s'agissait alors de nier la duplicité de la réalité primitive : la même théorie est invoquée quand il s'agit d'en nier la simplicité. Mais elle ne vaut pas plus ici que précédemment.

D'abord, elle ne peut se soutenir qu'à la condition de confondre le fait avec le total de ses conditions. — Les éléments qu'on trouve après la prétendue décomposition du fait ne sont en effet pas autre chose que ses conditions. Vous décomposez l'eau en hydrogène et oxygène : qu'est-ce à dire, sinon que ces deux éléments subsistent après la disparition de l'eau, comme deux conséquents bien distincts, deux faits succédant à celui du point de départ? Et quand vous déclarez qu'ils sont les éléments de l'eau, que faites-vous sinon les transporter par la pensée à l'origine de la formation de l'eau, comme ses antécédents, ses conditions? Si donc le fait est décomposable, c'est qu'il ne se distingue en rien de ses conditions réunies. — Or, cette confusion n'est pas admissible. Il suffit pour s'en convaincre de remarquer qu'elle est la négation du différent, qui doit être à l'origine de la composition elle-même. Nous avons eu l'occasion de dire que la prédominance dans l'esprit des conditions sur le fait entraîne la prédominance du ressemblant sur le différent : résolvez le fait en un ensemble de conditions, et le différent disparaîtra complètement. Si le fait n'existe que dans la mesure où ses conditions existent, s'il n'a rien qui leur échappe, où trouvera-t-on le changement? Ce qui a été avant se distinguera-t-il de ce qui est après? Distinguera-t-on même un avant et un après ? — A ce sujet, l'étonnement d'un savant comme M. Berthelot doit être rappelé : « Il est au premier abord difficile de concevoir, dit-il, comment des corps doués de propriétés aussi peu semblables à celles du sel marin en sont cependant les seuls et véritables éléments; on serait porté à croire à l'intervention de quelque autre composant que l'analyse a été impuissante à nous révéler [1]. » Certainement non, il n'y a pas d'autre composant, et M. Berthelot a bien raison de l'affirmer un moment après au nom de la synthèse chimique; mais il ne s'ensuit pas qu'il n'y ait point autre chose. Il reste le fait lui-même, qui succède à la composition et doit s'en distinguer. Sans doute, cette distinction déconcerte, elle aussi, la pensée scientifique; cependant elle ne la met que devant une limite, et elle la fait sortir de la contradiction. Or, une limite vaut mieux qu'une contradiction. On peut admettre que quelque chose échappe à la science, tandis qu'on

---

[1] *La synthèse chimique*, p. 7.

ne saurait admettre que le composé ne se retrouve pas tout entier dans ses éléments. D'ailleurs, il n'y a pas à hésiter, du moment que le différent, avec tout ce qui en dépend, réclame notre distinction.

Cette première raison suffirait à condamner la théorie qu'on oppose à celle de la simplicité primitive. Mais nous pouvons signaler encore d'autres difficultés. En voici une qui est plus visible encore que la précédente. Si tout est composé, c'est que la décomposition peut se concevoir à l'infini. Ainsi l'a-t-on entendu dans le matérialisme logique : la matière de celui-ci, étant purement quantitative, non seulement est privée de différences intrinsèques, mais encore doit se prêter à une composition et à une décomposition sans fin. Or, c'est la destruction de toute réalité. Si les choses ne sont que des compositions, les choses ne sont réelles que par leurs éléments composants; ceux-ci, à leur tour, ne sont réels que par d'autres éléments composants, et ainsi de suite. Où donc est finalement la réalité? Elle n'est et ne saurait être nulle part. Nous sommes enfermés dans une contradiction insoluble : d'une part, des compositions n'ayant de réalité que par leurs éléments, et d'autre part des éléments n'étant eux-mêmes que des compositions. Zénon d'Élée avait tiré profit de cette difficulté dans ses raisonnements célèbres contre la pluralité, et Leibniz l'a mise au-dessus de toute contestation. « Il n'y a que les substances indivisibles et leurs différents états, conclut ce dernier, qui soient absolument réels[1]. »

[1] *Correspondance de Leibniz et d'Arnauld*, édition Janet, I, p. 675.

Il est par conséquent heureux pour l'idée de face qu'elle ne puisse se concilier avec une théorie qui se heurte contre de telles difficultés. D'ailleurs, de ce que le différent et le ressemblant se présentent comme deux faces inséparables de la réalité, il ne résulte pas que rien ne soit décomposable. Il y a du décomposable, certainement, et nous l'établirons plus tard; mais il y a aussi de l'indécomposable, et cet indécomposable, qui nous intéresse ici tout particulièrement, c'est l'union du différent et du ressemblant qui le fournit.

Nous nous en tenons donc avec confiance à l'idée de face. — Rappelons, en terminant, qu'elle a été déjà proposée, bien que dans d'autres conditions, dans le cours de la philosophie. Platon, par exemple, dont la métaphysique projette hors de la conscience un fait intellectuel, l'idée, comme unique réalité, considère cette réalité sous deux faces, qui correspondent pour lui au différent et au ressemblant. Il est regrettable sans doute que Platon n'ait vu dans une de ces faces que le non-être, et qu'il ait concentré l'être justement dans celle qui, tout en étant la plus favorable à la science, présente la réalité avec le moins de relief. Nous sommes heureux néanmoins de nous trouver d'accord avec lui sur le point qui vient d'être en discussion. Plus tard, quand nous devrons nous occuper de l'être et du non-être, nous aurons l'occasion de nous rendre compte de la confusion qui a égaré Platon : en attendant, affirmons avec lui que le ressemblant et le différent, dernière diversité du monde phénoménal, marquent deux faces de celui-ci. C'est la meilleure définition que nous puissions en donner.

Toutes les diversités qui se rattachent à celle du ressemblant et du différent bénéficieront, il va sans dire, de cette définition. Quelles sont ces diversités? Elles sont aisées à découvrir. Ne craignons pas cependant d'en montrer avec soin les principales. Ainsi se dévoileront quelques-unes des conséquences déjà annoncées de cette première étude.

CHAPITRE III

APPLICATIONS

La philosophie générale ne s'occupe que d'une seule couche de diversités : donc nous sortons maintenant du domaine de la philosophie générale. Les diversités qui se rattachent à celle du différent et du ressemblant, et auxquelles nous allons appliquer les précédents résultats, sont des diversités dérivées et rentrent dans l'objet des sciences particulières. Mais il en est qui sont encore si haut placées qu'elles semblent à peine hors de la philosophie générale.

I

De ce nombre est celle de l'actif et de l'inactif. Nous pouvons dire qu'elle n'est autre chose que la diversité du différent et du ressemblant considérée au point de vue restreint des conséquences.

(¹) Le différent est nécessairement placé dans un milieu avec lequel il ne s'accorde pas. Sa conséquence est donc la lutte, lutte pour la résistance, lutte pour l'attaque. Pour exister, il est condamné à s'opposer à ce qui n'est pas lui. La contradiction lui est essentielle : il est forcé de la subir et de l'apporter, non pas tour à tour, mais en même temps. Mais qu'est-ce que cela, sinon agir ? L'action va-t-elle sans la lutte ? Est-elle intelligible, la conception d'Épicure posant comme idéal de la vie humaine l'activité dans la pleine harmonie ? Certes, Maine de Biran a été bien mieux inspiré, quand il a lié le sentiment de l'activité à celui de la résistance. Supprimez de l'activité la lutte, et que reste-t-il à la première ? Rien de distinctif. Ou bien elle échappe absolument à notre pensée, et nous l'affirmons sans savoir en aucune façon ce qu'elle enveloppe ; ou bien elle est réduite à la simple succession, qui n'est (ainsi que l'a dit du mouvement M. Rabier) que « la manifestation et comme le succès, la réussite de l'activité. » Donc l'actif se ramène au différent.

Au contraire, le ressemblant ne trouve rien d'opposé, rien de discordant dans son milieu. Sa conséquence est donc le repos. Pour exister, il est condamné à ne pas attaquer et à n'être pas attaqué. L'harmonie lui est essentielle, il disparaît avec elle. Mais qu'est-ce que cela, sinon l'opposé d'agir ? Ce n'est pas même être passif, à moins que passif ne soit synonyme d'inactif. Donc l'inactif se ramène au ressemblant.

Pour achever ce rapprochement, remarquons que l'actif et l'inactif ne sont point contradictoires, mais seulement opposés, comme le différent et le ressemblant. Il y a du plus et du moins actif, du plus et du moins inactif. Dans l'actif, il y a de l'inactif, et dans l'inactif de l'actif. *Quod non agit non existit,* a dit avec raison Leibniz. Même pour être inactif, il faut être, et pour être, il faut résister, ne serait-ce qu'aux causes indirectes de destruction provenant du voisinage de l'actif. En sens inverse, disons que pour être actif, il faut être, et que pour être, il faut s'accorder, ne serait-ce que pour rendre la lutte efficace, pour lui donner de la portée et un sens, moins encore, pour s'y engager. Entre les contradictoires, la lutte ne s'établit point, car il y a destruction immédiate, exclusion absolue, d'un terme par l'autre. L'actif est donc un moindre inactif, de même que le différent est un moindre ressemblant, et réciproquement.—Dans le cas de cette opposition, comme pour les suivantes, on n'attachera pas trop d'importance aux mots qui semblent exprimer une véritable contradiction : au delà des mots, considérons les choses. Si donc le différent et le ressemblant marquent deux faces de la réalité, on peut en dire autant de l'actif et de l'inactif; et par conséquent le dynamisme et le mécanisme sont, à un point de vue supérieur, convaincus l'un et l'autre d'insuffisance. — Le dynamisme, rappelons-le, est cette doctrine, qui, sous le mouvement, place la force, c'est-à-dire la cause productrice du mouvement, et tient cette force ou cette cause pour « plus ou moins semblable à ce mode d'activité interne que nous appelons effort[1]. » Il s'oppose ainsi au mécanisme, à qui le mouvement

---

[1] Janet, *Traité élémentaire de philosophie,* p. 837.

suffit, qui rejette toute activité originaire, toute véritable spontanéité, et prétend que les variations des choses résultent entièrement des impulsions communiquées du dehors. Exprimons cette différence en notre langage accoutumé, et nous avons ceci : d'un côté la prise en considération de l'actif au détriment de l'inactif ; de l'autre, la prise en considération de l'inactif au détriment de l'actif. Ou encore : là, l'inactif ramené à l'actif ; ici, l'actif ramené à l'inactif. Le mouvement dont il est question dans le mécanisme est en effet conçu sur le modèle de l'inactif. Il suppose une matière inerte ; il n'enveloppe ni résistance, ni lutte, tout au plus en donne-t-il quelquefois l'illusion. Au contraire, celui de la doctrine opposée donne l'illusion de l'inactif ; en réalité, il est la manifestation de l'actif. La communication externe ne représente, pour le dynamisme, que la surface des choses. Elle n'est rien sans la puissance interne, qui permet au mouvement de se produire et de se transmettre, disons plus, qui produit en définitive le mouvement. — Que ce soit l'actif ou l'inactif que l'on néglige, nous le savons maintenant, on s'éloigne également du réel.

« Le mécanisme, disait Leibniz, découle d'une source plus haute et pour ainsi dire métaphysique. » Nous ne comprenons pas comment la métaphysique découvrirait l'actif, s'il manquait absolument au domaine de l'expérience. Mais nous n'avons pas besoin de nous adresser à elle pour le trouver. Restons dans le monde phénoménal : les deux éléments s'y rencontrent. Tout agit, et en même temps il y a de l'inaction en tout. La réalité se présente sous ces deux faces, par le fait même qu'elle se présente sous celles du différent et du ressemblant. On peut la préférer sous l'une (nous donnerons bientôt notre raison en faveur de la face active), mais on ne saurait l'identifier avec elle. L'essence des choses n'est pas la force, comme le disait Leibniz, elle est la force et l'opposé de la force, l'activité et l'inactivité. — Telle est la première application des résultats de notre première étude. Avons-nous besoin de faire remarquer quel contrôle avantageux elle nous fournit pour d'autres raisonnements plus directs sur le même sujet ?

II

En nous écartant encore un peu de la philosophie générale, nous trouvons la diversité de l'instable et du stable. Nous pouvons lui appliquer, à elle aussi, nos résultats, car elle se ramène, comme celle de l'actif et de l'inactif, et à certains égards par son intermédiaire, à celle du différent et du ressemblant. C'est encore le différent et le ressemblant considérés au point de vue restreint des conséquences.

Le différent agit, et par cela même il doit disparaître. Contrairement à la doctrine qui ne voit de permanence possible, soit dans cette vie, soit dans une vie à venir, que dans la partie active de l'être, c'est-à-dire dans l'âme, force spirituelle, nous croyons que l'actif représente la face passagère, périssable, de l'être. Les raisonnements qui tendent à montrer que l'actif est simple, et que le simple ne peut périr, ne nous touchent pas. — D'abord l'actif n'est pas plus simple que l'inactif, attendu que la simplicité se dit seulement du fait, que les deux éléments constituent par leur indissoluble union. — Ensuite nous n'admettons pas que le simple ne puisse périr. Il y a pour lui possibilité d'extinction, sinon de décomposition. « Même en accordant à l'âme, a dit Kant, cette simplicité de nature qui fait qu'elle n'est pas composée de parties placées les unes en dehors des autres et qu'elle n'est pas par conséquent une quantité extensive, on ne saurait cependant lui refuser, pas plus qu'à n'importe quel être, une quantité intensive, c'est-à-dire un degré de réalité relativement à toutes ses facultés et même en général à tout ce qui constitue l'existence ; or ce degré peut décroître de plus en plus indéfiniment, et ainsi la prétendue substance peut se réduire à rien, sinon par décomposition, du moins par une diminution de ses forces (ou par une sorte d'alanguissement, s'il m'est permis de me servir de cette expression). En effet, la conscience même a toujours un degré, qui peut toujours diminuer, et il en est de même par conséquent de la faculté d'avoir conscience de soi, comme en général de toutes les autres facultés [1]. » Kant ne triomphe pas, il est vrai, de l'ob-

---

[1] *Critique de la raison pure*, II, p. 15.

servation de Mendelsohn, à savoir que, dans l'hypothèse de l'extinction, « il n'y aurait aucun temps entre le moment où l'être simple est et celui où il ne serait plus, ce qui est impossible. » Il n'est pas exact d'affirmer, comme le fait Kant, qu'une décroissance insensible à l'infini conduit à « rien ». Mais on est en droit de récuser justement cette intervention de l'idée d'infini, qui est même en désaccord, nous le montrerons plus tard, et avec celle de l'être simple, et avec celle de l'être actif. L'être simple commence (on l'accorde généralement), par conséquent il peut finir. Leibniz dira qu'il ne saurait « commencer que par création, ni finir que par annihilation », c'est-à-dire « que par miracle » : qu'importe le mot, s'il exprime une chose qui trouve sa place dans le domaine de l'expérience ? Il va sans dire que nous n'entendons point par là condamner l'affirmation d'une vie à venir — ce ne serait pas dans notre rôle strictement scientifique — mais seulement un des arguments sur lesquels on a essayé de la fonder.

Cependant il ne suffit pas de montrer que le simple peut périr; il faut établir encore qu'il doit périr, et qu'il doit périr par la disparition de sa face active. — Pourquoi l'actif serait-il instable ? Qu'on se souvienne de ce qu'enveloppe l'activité, et l'on répondra aisément. L'actif, avons-nous dit, attaque, résiste, lutte : par cela même il perd de sa force, il s'épuise, et tôt ou tard il disparaît. En lui-même, il a la tendance à durer, et c'est pour cela qu'il s'affirme et s'accuse. Mais, en s'affirmant, il contredit ce qui n'est pas lui, et il meurt à la suite de cette contradiction. En même temps disparaît le fait, qui ne peut survivre à un de ses éléments. — Au contraire, l'inactif ne s'affirme pas, ne se prononce pas : par cela même, il n'y a pas pour lui de contradiction, pas de perte, pas de disparition. En lui-même, il a la tendance à s'effacer, mais par l'absence d'attaque et de résistance, il demeure. Comment cette stabilité se concilie-t-elle avec la disparition du fait? Grâce à une nouvelle apparition du différent, ainsi que l'établira une autre étude. Qu'il nous suffise maintenant de savoir que l'instable et le stable se ramènent à l'actif et à l'inactif, et, par cette diversité, à celle du différent et du ressemblant.

C'est confirmé d'ailleurs par ceci : l'instable et le stable ne sont pas des contradictoires. Il y a du plus et du moins stable, du plus et du moins instable. Dans l'instable il y a du stable, et dans le stable de l'instable. Pour être instable, il faut être, et pour être il faut durer, la durée ne fût-elle en aucune façon appréciable. En sens inverse, pour être stable, il faut être, et comprendrait-on que l'être ne changeât pas? Pourrait-il se soustraire absolument à l'influence de ce qui change autour de lui? Or, nous savons que changer, c'est disparaître. Le rien seul est absolument stable ou instable : mais doit-on s'occuper du rien? Nous n'avons donc affaire, comme précédemment, qu'à une dualité d'opposition exprimant le maximum et le minimum de stabilité ou d'instabilité.

Si donc le différent et le ressemblant marquent deux faces de la réalité, il en est de même de l'instable et du stable. — En conséquence, repoussons les doctrines qui cherchent la réalité dans un de ces termes à l'exclusion de l'autre. — N'acceptons pas non plus celles qui distinguent à cet égard deux mondes superposés : l'un permanent, celui de la métaphysique, l'autre passager, celui de l'expérience. C'est bien dans ce dernier que les deux éléments se rencontrent. Les partisans de l'immuable ne sont pas plus que les autres obligés de se réfugier dans la métaphysique pour se satisfaire. Les affirmations contraires, auxquelles se sont plu de tout temps les théologiens et les philosophes, sont vaines. De même qu'il n'est pas pure apparence par opposition à l'être réel, le phénomène n'est pas pure instabilité par opposition à l'être permanent. — Enfin n'acceptons pas la doctrine qui fait correspondre les deux éléments à deux parties distinctes du monde de l'expérience. Nous aurions tort, par exemple, d'en chercher un dans le monde sensible, et l'autre dans le monde intelligible, ainsi que le proposait Platon. Il est vrai que dans l'intelligible de Platon, l'élément stable apparaît seul ; mais pourquoi ? Parce que cet intelligible est le monde des abstraits généraux, et que la pensée, en formant ces derniers de l'élément ressemblant, a dégagé du même coup le stable du passager auquel il était uni dans le monde sensible. Celui-ci contient donc les deux éléments, et il n'y a pas lieu de l'opposer sur ce point au monde intelligible. — Dans le phénomène concret, tout est en voie de disparition, et en même temps en état de conservation. La réalité doit nous apparaître sous ces deux faces, attendu qu'elle se présente sous celles du différent et du ressemblant. On peut la préférer sous l'une (nous donnerons bientôt notre raison en faveur de la face instable), mais on ne saurait l'identifier avec elle. L'essence des choses n'est pas l'immuable, comme on l'a dit si souvent, elle est l'immuable et l'opposé de l'immuable, à la fois le stable et l'instable.

III

La troisième application va nous faire sortir complètement de la philosophie générale : il ne s'agira, en effet, que d'une diversité de la vie affective. Toutefois ce sera la plus haute de cette vie, et de la sorte, nous serons encore conduit à énoncer une affirmation capitale sur un important domaine de l'expérience.

« Un sentiment, a dit M. Bain, peut être très intense sans être agréable ni désagréable ; un tel sentiment s'appelle neutre ou indifférent [1]. » Nous sommes d'un avis contraire. Il y a des sentiments faiblement, très faiblement agréables ou désagréables : il n'en est point d'absolument indifférents. Les raisons que l'on nous donne en faveur de ceux-ci sont bien superficielles. « Le piquant du plaisir, nous dit-on, s'évanouit quand

[1] *Les Émotions et la Volonté*, p. 13.

l'agitation mentale demeure » : c'est vrai, mais il ne s'ensuit pas que le plaisir disparaisse complètement. Et disparaîtrait-il complètement, que la thèse serait loin d'être prouvée. Il resterait à montrer qu'un sentiment demeure. Or, on ne nous parle que de « l'agitation mentale », qu'il n'y a pas lieu de confondre avec un sentiment. Nous ramenons donc toute la vie affective à deux termes qu'on voudra bien prendre au sens le plus large, à l'agréable et au non agréable, ou au plaisir et à la douleur.
— Et partant de là, nous disons que l'ensemble de la vie affective peut être éclairée par nos conclusions sur le différent et le ressemblant, car il y a lieu d'établir un rapprochement entre ces deux diversités.

La psychologie nous a mis en mesure de nous prononcer sans hésitation sur les antécédents de l'agréable et du non agréable. « C'est dans l'action, a dit Aristote, que semble consister le bien-être et le bonheur. » M. Bouillier a dit à son tour : « Il y a plaisir toutes les fois que l'activité de l'âme, ou bien celle d'un être vivant quelconque, s'exerce dans le sens des voies de sa nature, c'est-à-dire dans le sens de la conservation ou du développement de son être. Il y a douleur, au contraire, toutes les fois que cette activité est détournée de son but et empêchée par quelque obstacle du dedans ou du dehors[1]. » Et Hamilton a écrit avec non moins de précision : « Le plaisir est le résultat de l'exercice spontané et libre d'un pouvoir dont la conscience

---

[1] *Du plaisir et de la douleur*, p. 152.

perçoit l'énergie ; la douleur est le résultat d'une activité qui outrepasse sa puissance ou n'en atteint pas les limites. » Nous compléterons et formulerons ainsi l'explication : l'agréable a pour antécédent une activité riche et régulière ; le non agréable, au contraire, a pour antécédent une activité pauvre et irrégulière.

Une activité riche : le mouvement musculaire nous plaît, tandis que le repos prolongé chez les personnes capables d'agir devient à la longue très pénible ; les couleurs vives, qui stimulent l'organe de la vue, nous charment, tandis que les couleurs sombres, qui le laissent dans l'inaction, nous donnent des impressions de tristesse ; les pays accidentés, les édifices complexes, les façades sculptées, les voix à fréquentes modulations, les occupations variées, la vie de société, toutes choses qui occasionnent une plus riche activité de nos organes et de notre esprit, apportent plus de plaisir que la solitude, les occupations invariables, les objets uniformes, les voix monotones, les murs nus, etc.... Les sentiments supérieurs, esthétiques, moraux ou scientifiques, et même les plaisirs d'ordre personnel, égoïstes ou altruistes, ne s'expliquent pas autrement. La joie de la possession intellectuelle, qui semblerait supposer dans ses antécédents surtout le repos de l'esprit, n'existe au contraire qu'en tant qu'elle est précédée par une riche activité. D'abord, on ne jouit d'une idée acquise que si elle se découvre de nouveau, par conséquent que si l'on continue à agir : la possession intellectuelle équivaut à une production certaine et plus aisée.

Ensuite, cette production est à l'origine d'un accroissement d'activité sur d'autres points. Grâce à elle, la pensée s'exerce harmonieusement en divers sens, se répand sans obstacle dans plusieurs directions, coordonne d'un seul coup une foule de choses autrefois obscures et chaotiques. Il n'y a donc pas absence d'activité, mais plutôt extension d'activité. Et l'on a fait des remarques analogues au sujet de tous les plaisirs qui sembleraient ne supposer que le repos. — Une activité régulière, avons-nous ajouté : en effet, que le mouvement musculaire soit trop fort, c'est-à-dire hors de proportion avec la vigueur des organes, que la couleur soit trop vive, que l'objet varié manque d'unité, que le changement d'occupation soit trop brusque, et le plaisir disparaît. — Mais nous ne prétendons point approfondir cette question ; nous devons la supposer résolue, et elle l'est bien en réalité. Arrivons au rapprochement de nos deux termes avec le différent et le ressemblant.

On pourrait l'établir inexactement. Le différent se manifestant par l'actif, il va sans dire que l'agréable doit correspondre au différent. Mais ne correspondrait-il pas aussi au ressemblant ? Le ressemblant n'est-il pas régulier, comme l'activité qui est à l'origine de l'agréable ? De son côté, la douleur ne correspondrait-elle pas aussi au différent ? Le différent n'est-il pas irrégulier, comme l'activité qui est à l'origine de la douleur ? Nous ne le pensons pas. La régularité du ressemblant, c'est la pauvreté d'action, tandis que celle de l'agréable, c'est la richesse d'action. En sens inverse, l'irrégularité du différent, c'est la richesse d'action, tandis que celle de la douleur, c'est la pauvreté d'action.

Oui, à la rigueur, il serait permis de simplifier encore la théorie du plaisir et de la douleur. — La régularité ne vaut pas en elle-même comme antécédent du plaisir. Elle n'est importante qu'indirectement. Tantôt elle est une économie de force, et ainsi elle contribue à une prolongation d'activité ; tantôt elle est une égale répartition de force, et par conséquent elle permet une extension d'activité. Dans tous les cas, elle doit être une source d'activité riche. Loin de marquer les « actions moyennes » dont parle Spencer, elle indique la plénitude d'action. — De même, l'irrégularité n'est pas par elle-même un antécédent de la douleur. Elle ne fait disparaître le plaisir que parce qu'elle est un obstacle à l'activité. Par exemple, dans l'effort infructueux de l'intelligence à la recherche d'une solution, l'activité est faible, contrairement aux apparences. Peut-être est-elle grande sur un point, mais elle y est concentrée, immobilisée, et c'est à son propre détriment. Elle serait plus grande assurément si elle avait plus d'extension. Et encore, sur le point où elle se produit, la voyons-nous gênée, stérilisée en quelque sorte, par l'obstacle. C'est à peine un travail de pensée que nous y découvrons. L'attention y est à peu près seule en jeu, et seulement pour empêcher l'esprit de fuir vers un autre objet. Il y a donc rétrécissement et appauvrissement d'activité. Et pourquoi ? Parce qu'il y a irrégularité.

Faut-il donc faire disparaître la distinction entre richesse et régularité, pauvreté et irrégularité? Ce serait regrettable, car s'il n'y a que de la richesse à l'origine du plaisir, encore y a-t-il deux espèces de richesse, et il est rare qu'on ne puisse remarquer la prédominance de l'une sur l'autre. Il y a même de nombreuses catégories de sentiments qui, à notre avis, ne se caractérisent convenablement qu'à l'aide de cette distinction. Par exemple, les sentiments esthétiques. Qu'est-ce que le sentiment du joli? C'est celui qui succède à une activité plus régulière que riche. Le sentiment du sublime? Celui qui succède à une activité plus riche que régulière. Le sentiment du beau? Celui qui succède à une activité également riche et régulière. Et entre ces sentiments assez nettement distincts, on peut placer, d'après le même procédé de définition, des sentiments de nuances plus délicates. C'est ainsi que le sentiment du sublime proprement dit se distingue du sentiment du tragique et de celui de l'horrible. Tous les trois sont précédés d'une activité plus riche que régulière, mais la régularité n'est pas partout également sacrifiée. Lorsque l'ordre, sans être éclatant, n'est pourtant pas trop violemment contredit, qu'il se présente discrètement à notre pensée, qu'il fait le contre-poids voilé, mais non rejeté, de la grandeur, nous avons le sentiment du sublime proprement dit : ainsi en face des scènes violentes qu'étale à nos yeux l'Océan battu par la tempête, tant qu'elles ne nous donnent point le spectacle de la souffrance. Quand l'ordre est décidément violé, mais seulement en détail, partiellement, et au nom même des lois de l'ensemble, nous éprouvons le sentiment du tragique :

ainsi, dans « la mise en évidence par l'exposé d'un événement, ou d'une situation, ou d'une destinée humaine, d'un ordre supérieur des choses écrasant sous sa marche irrésistible nos petits calculs, nos prévisions restreintes, notre sagesse vulgaire, et s'avançant imperturbablement vers son but sans se soucier de ces fils d'araignées[1]. » Quand l'ordre général lui-même est ébranlé, comme dans le Satan des poètes qui symbolise l'anarchie et la destruction, nous avons le sentiment de l'horrible, qui est placé sur la frontière de la douleur et du plaisir. La distinction entre richesse et régularité a donc sa raison d'être, mais, encore une fois, seulement en tant qu'elle marque deux espèces de richesse. Et dès lors, il n'y a pas de raison pour faire correspondre la régularité du plaisir à celle du ressemblant, et l'irrégularité de la douleur à celle du différent.

Mais le différent ne produit-il pas quelquefois la douleur, en tant que différent? Avant même qu'elles puissent donner lieu à une activité régulière ou irrégulière, certaines sensations ne se présentent-elles pas comme désagréables? Sans doute. Un choc très brusque est douloureux par lui-même, et d'emblée. C'est qu'alors il y a excès d'intensité. Or, dans ce cas, on peut dire que l'activité elle-même disparaît. Nous avons déjà remarqué que, si le ressemblant faisait absolument défaut à l'actif, celui-ci n'existerait pas plus que l'inactif : pourquoi n'irions-nous pas maintenant jusqu'à réclamer une dose de ressemblant supé-

---

[1] A. Réville, *Prolégomènes de l'histoire des religions.*

rieure à celle dont nous parlions précédemment, c'est-à-dire au minimum nécessaire à l'existence du différent? Pourquoi ne dirions-nous pas que l'actif est un différent tempéré? Quand le différent est très intense, la lutte qu'enveloppe l'activité peut-elle se produire? N'y a-t-il pas aussitôt destruction d'un fait par l'autre? Si donc l'activité disparaît dans les cas extrêmes, il n'est pas étonnant que le plaisir disparaisse également. Le plaisir, lui aussi, doit être un différent tempéré. Mais cesse-t-il pour cela d'être un différent? Pas plus que l'actif. Le rapprochement des deux termes, pour être jusqu'à un certain point atténué, n'en reste pas moins légitime. C'est toujours du côté du différent qu'il faut regarder pour trouver l'agréable, comme pour trouver l'actif et l'instable.

Ce dernier mot éveille en notre esprit l'idée d'une nouvelle objection. Écoutons Spencer : le plaisir, nous dira-t-il, est « un état que nous cherchons à produire dans la conscience et à y retenir »; la douleur est, au contraire, « un état que nous cherchons à ne pas produire dans la conscience, ou à en exclure. » Et Spencer a raison, personne ne le contestera. Mais cette vérité n'est-elle pas en contradiction avec nos précédents rapprochements où le plaisir est mis sur la même ligne que l'instable? Encore ici, ne nous laissons pas égarer par une étude incomplète. -- Pourquoi le différent est-il condamné à disparaître? Parce qu'il est en lutte avec son milieu. Le combat pour la vie est la condition de son existence en même temps que la cause de sa mort. En lui-même cependant, nous l'avons remarqué, il tend à durer. Ne le voyons-nous pas s'affirmer, se poser, donc vouloir vivre? Oui, la lutte même où il s'engage est une preuve de cette tendance, car il n'y a lutte que là où il y a désir de vivre. Or, nous ne trouvons rien de plus du côté de l'agréable. Il tend à se produire dans la conscience et à y persister, mais il en est exclu presque aussitôt. Nous avons bien prétendu que deux plaisirs peuvent se suivre immédiatement, et même que le dernier est parfois plus intense que le premier : mais c'est à la condition d'un changement de l'un à l'autre. Le plaisir, a-t-on constaté depuis longtemps, ne se maintient que par la variété : c'est dire qu'il se renouvelle, ou mieux encore, qu'il est remplacé par d'autres plaisirs, mais qu'il ne dure pas. Il y a succession, et non persistance, dans l'agréable. — On doit donner une interprétation analogue de la stabilité du non agréable. Le ressemblant, nous l'avons encore remarqué, ne tient pas sa stabilité d'un caractère essentiel à sa nature, mais des circonstances où il se trouve, de l'absence de lutte avec son milieu ; il est laissé en vie, plutôt qu'il ne tend à vivre ; s'il tendait à quelque chose, ce serait à s'effacer, à disparaître. De même, la douleur dure (c'est un fait) bien qu'elle ne tende pas à durer. Il nous est donc permis de maintenir nos rapprochements précédents sans contester des observations qui ne leur sont contraires qu'en apparence.

Il faut pourtant encore s'enquérir s'il n'y a qu'une simple opposition entre l'agréable et le non agréable. M. Bain n'aurait-il pas eu raison d'écrire : « le plaisir et la souffrance sont des contraires, dans toute la force du mot; comme le froid et le chaud, ils se neutralisent ou se détruisent l'un l'autre[1] » ? Certes, il serait difficile de prouver qu'il entre de l'agréable dans le non agréable, et du non agréable dans l'agréable ; mais il le serait pour le moins autant de prouver le contraire. Et d'ailleurs, il nous suffit de savoir qu'il est possible de marquer des degrés dans l'un et l'autre élément : c'est une preuve que nous avons affaire à deux opposés, et non à deux contradictoires. Répétons-le, entre les contradictoires, il ne saurait être question de transition : si donc il est permis de parler de plaisirs plus ou moins intenses, de douleurs plus ou moins pénibles, c'est que le plaisir est une moindre douleur, et la douleur un moindre plaisir. Et ainsi s'établit définitivement la correspondance de cette diversité de la vie affective avec celle du différent et du ressemblant. En même temps, nous nous voyons obligé de n'être ni pour l'optimisme, ni pour le pessimisme.

On sait comment la question se pose entre pessimistes et optimistes, dès qu'on se place à un point de vue strictement philosophique. Il s'agit de savoir si le plaisir se réduit à une restriction dans la douleur, ou la douleur à une restriction dans le plaisir. En d'autres termes, on demande quel est celui des deux termes qui caractérise la réalité primitive, qui marque l'essence des choses. — Aucun à l'exclusion de l'autre, devons-nous répondre. Le plaisir et la douleur ont toujours été, et seront toujours. Dans l'ensemble des choses ainsi que sur les points les plus restreints, à

---

[1] *Les Émotions et la Volonté*, p. 18.

la surface comme dans les profondeurs des phénomènes, ils se présentent l'un et l'autre. Ce ne sont ni deux états subordonnés, ni deux états successifs, mais deux états coexistants, ou mieux deux faces d'un même état que l'abstraction sépare et que la réalité unit indissolublement. Ce qui ne signifie point que, dans la poursuite des fins, toute espérance de voir prédominer le plaisir ou la douleur soit vaine. De ce que le règne du plaisir ne saurait être absolu, il ne faut pas conclure qu'il ne puisse s'étendre et s'enrichir toujours davantage.

Dirait-on que notre synthèse doit accorder plus d'importance à la douleur qui demeure qu'au plaisir qui disparaît? Ce ne serait pas juste. Qu'importe que le plaisir disparaisse, s'il renaît aussitôt? La réalité n'étant pas sans les deux éléments, la douleur ne tient pas plus de place que le plaisir. On peut même prétendre qu'elle n'a pas plus de durée. Ce qui disparaît, en effet, ce sont les divers états de plaisir, et non le plaisir lui-même.

Dirait-on, d'autre part, que notre synthèse doit tenir le plaisir, but de nos actions et de nos pensées, face incontestablement préférée, pour plus positif que la douleur que nous cherchons à détruire? Ce ne serait pas plus juste. Il en est du plaisir comme de l'actif et de l'instable, qui sont aussi l'objet de notre préférence en vertu même de leur correspondance avec le plaisir : ils ne sont pas plus positifs que leurs opposés. S'il faut donner raison aux disciples de Socrate quand ils identifient la cause finale avec la cause exemplaire, le but avec la perfection, il faut se séparer d'eux quand ils confondent la perfection avec la réalité. Rien ne les autorise à reléguer au rang de non-être ce qu'ils appellent la matière ou l'imperfection. Les difficultés auxquelles ont donné lieu leurs systèmes, même au point de vue moral, seraient une preuve suffisante du contraire : l'élément de perfection, ainsi que l'a constaté l'histoire, s'est détruit lui-même en tout absorbant.

IV

De la vie affective, passons à la vie intellectuelle, où nous pourrons appliquer nos résultats à plusieurs diversités très haut placées. L'une domine la science tout entière. C'est celle du scientifique et du non scientifique.

On sait que cette diversité a donné naissance à deux doctrines opposées. Le plus souvent on a cru à la science, et pourtant il s'est toujours produit des doutes sur sa validité. Sans parler de certains théologiens intéressés à rabaisser la raison, l'histoire de la philosophie ne nous raconte-t-elle pas les protestations variées des sceptiques contre tout dogmatisme? (Nous pourrions nous autoriser d'un maître de la pensée contemporaine pour employer le mot plus juste, mais encore barbare, de « scientisme ».) — D'un côté, on tient la science pour apte à faire face, un jour ou l'autre, à toute la réalité phénoménale.

« Nous, ne comprenons pas tout, écrit M. Rabier, il s'en faut bien ; mais nous croyons, nous affirmons que toute chose est susceptible d'être comprise, expliquée ; que, si elle n'est pas comprise, la raison en est dans notre intelligence, et non dans son inintelligibilité, et qu'une intelligence plus parfaite que la nôtre pourrait la comprendre, ou peut-être dès à présent la comprend[1]. » Aujourd'hui, l'esprit de dissolution, qui a agi sur tant de domaines, et à un tel degré d'intensité, a respecté cette confiance : c'est peut-être la seule qui reste, mais elle est grande. — D'un autre côté, au contraire, on regarde la réalité comme rebelle aux lois et aux classes, on ne croit qu'au phénomène du moment, on fait disparaître la science dans le subjectivisme sans règle de la sensation. Il est vrai que, en dehors des sceptiques grecs, ils sont rares ceux qui ont pris cette attitude avec une décision systématique ; mais ils sont nombreux ceux qui l'ont prise en dilettanti, s'attardant avec plaisir dans l'exposition du pour et du contre, s'abstenant des assertions convaincues, et se bornant à être d'habiles joueurs d'idées. — Dogmatisme et scepticisme sont également loin du vrai, nous l'affirmons encore au nom de nos conclusions sur le différent et le ressemblant. Le scientifique et le non scientifique correspondent, eux aussi, à cette dernière diversité.

Du moment qu'on tient le différent et le ressemblant pour deux faces de la réalité, on reconnaît l'existence déjà plusieurs

[1] *Psychologie*, p. 351.

fois indiquée de deux ordres d'abstraits : les abstraits généraux et les abstraits particuliers. Nous n'avons pas besoin de légitimer les premiers ; ils n'ont pourtant pas un fondement plus assuré que les seconds. Les abstraits généraux fondés sur le ressemblant ne sauraient couvrir la réalité entière. Même à l'aide de combinaisons très compliquées, ils ne rendent pas compte de tout le concret. L'abstrait suprême lui-même laisse quelque chose hors de lui. Sans doute il est la conscience, et pour nous il n'y a rien hors de la conscience ; mais il n'est la conscience qu'au point de vue du ressemblant, et par conséquent tout le différent inconvertible aux particularisations des abstraits généraux lui échappe. Or, ce différent, qui est le seul véritable, doit donner lieu à des abstraits particuliers.

Il ne s'agit pas, entendons-nous bien, d'admettre les prétendues abstractions individuelles de Reid, de Hamilton, de M. Janet, etc.... — Dans celles-ci, on ne trouve souvent que des décompositions du premier degré opérées sur un bloc de concrets. « Quand je cherche la place d'une table dans mon cabinet, dit M. Janet, il est évident que je me préoccupe de la forme seule sans penser à la couleur, et c'est cependant à telle table que je pense, et non à la table en général. » Je pense si peu à la table en général que je n'ai en réalité dans l'esprit qu'une vision concrète. L'élimination qui s'est produite n'a fait que dégager un groupe de perceptions d'un autre groupe de perceptions. Ce n'est pas une véritable abstraction. De ce que les perceptions de couleur sont constamment unies aux perceptions de forme, il ne s'ensuit pas qu'en les séparant on s'avance dans l'abstrait ; on brise une association de concrets, mais on reste dans le concret. — Quelquefois ces prétendues abstractions individuelles sont bien de véritables abstractions, mais alors elles ne sont point individuelles. « Rien ne m'empêche, dit Reid, de faire attention à la blancheur d'une feuille de papier qui est devant moi ; et la blancheur de cet objet individuel est une conception abstraite, mais n'est point une conception générale. » Pourquoi ne serait-ce pas une conception générale ? Parce que je ne la sépare pas de la perception d'un objet individuel ? N'imitons pas les nominalistes qui, voyant les abstraits généraux toujours accompagnés d'un concret correspondant, déclarent sans chercher davantage que les abstraits généraux n'existent pas dans l'esprit. De même que les perceptions, dans le cours ordinaire de la pensée, s'unissent à des abstraits généraux, de même les abstraits généraux sont toujours accompagnés de perceptions, de perceptions souvent imparfaites sans doute, mal limitées, flottantes, cependant de perceptions : mais cette solidarité n'autorise pas à placer l'individuel dans l'abstrait. D'ailleurs, si on le faisait une fois, il faudrait le faire toujours, et ce n'est pas ce que Reid réclame. — Mais peut-être affirme-t-on que cette conception abstraite, la blancheur, est individuelle, parce qu'elle diffère des autres blancheurs. « Quand je dis : comme ce lys est blanc ! est-ce la blancheur en général, demande M. Rabier, ou sa blancheur particulière que je remarque dans ce lys ? » Cela dépend de la direction de votre pensée.

Mais, à supposer que vous rapportiez ce lys à une certaine blancheur distincte des autres, vous ne sortez pas pour cela des abstraits généraux. La blancheur du lys, c'est la blancheur unie à une autre couleur qui donne au lys son caractère propre parmi les objets blancs ; c'est un abstrait général limité par un autre abstrait général. Elle n'est pas plus particulière qu'aucune des conceptions que l'on trouve sur le chemin de la définition. Elle est particularisée dans le général et par le général. — Quant à l'hæccéité de Duns Scot, elle est encore conçue comme un abstrait général. Toutefois, comme il y a autant d'hæccéités que d'individus, et que les hæccéités ne se confondent pas avec les individus, cet abstrait se rapproche plus que les précédents de notre abstrait particulier. Encore une fois, il ne doit être question pour nous que de former sur la partie propre de chaque concret un abstrait qui fasse le pendant de l'abstrait général. Nous ne l'appelons pas individuel, car l'individuel équivaut au concret ; le nom de particulier est préférable.

Cet abstrait particulier, avons-nous dit, se justifie du moment que la réalité est tenue pour différente et ressemblante. Une fois formé, pouvons-nous ajouter, il se fait remarquer par une propriété fondamentale des abstraits considérés au point de vue de l'extension, à savoir d'échapper au nombre. — Il n'est pas logiquement impossible de former le nombre des termes composant un bloc de perceptions ; on peut essayer encore de former celui d'un groupe d'abstraits se limitant dans la définition : mais il faut renoncer à chercher le nombre des termes auxquels s'étend chaque abstrait. Ce n'est pas à dix millions ou à dix milliards d'individus que l'idée générale d'homme s'applique, mais à tous les hommes réels ou simplement concevables, donc à des individus à l'infini. C'est cette propriété que nous avons invoquée contre l'objection constamment faite à l'empirisme de ne pouvoir arriver à des lois. — Elle se trouve également dans l'abstrait particulier. L'abstrait général ne s'étend pas à un nombre de termes, parce qu'il dépasse tout nombre : l'abstrait particulier ne s'étend pas à un nombre de termes, parce qu'il est en deçà de tout nombre. Qui dit nombre, dit un et plusieurs ; le singulier lui-même suppose cette dualité. Qui dit un et plusieurs, dit différence et ressemblance. Or, du côté de l'abstrait particulier, nous ne trouvons pas la ressemblance, de même que nous ne trouvons pas la différence du côté de l'abstrait général. Celui-ci, fondé sur la réalité dégagée de l'élément différentiel, enveloppe un rapport infiniment ouvert ; celui-là, fondé sur la réalité dégagée de l'élément commun, enveloppe un rapport immédiatement fermé : des deux parts, les conditions du nombre font défaut. — Il est vrai que nous finissons par trouver à l'un un point de rapprochement et à l'autre une limite. Lorsque tous les ressemblants, et par conséquent tous les différents, ont été dégagés, on arrive à l'abstrait général du différent, et cela suppose un point de rapprochement ; d'un autre côté, lorsqu'on s'est élevé des derniers abstraits à l'abstrait suprême, qui est général, il reste encore quelque chose de non réduit dans les différents, le plus important d'eux-mêmes assurément, et cela limite le général. Mais le point de rapprochement est si haut placé qu'il permet tout juste à la pensée de concevoir le différent ; et quant à la limite du général, elle se produit dans chaque terme auquel il s'étend, et non dans son extension à des termes nouveaux, laquelle reste infinie. Donc, ni le particulier, ni le général, n'enveloppent à la fois l'un et le plusieurs nécessaires à la formation d'un nombre ; et ceci nous confirme dans la croyance à deux espèces d'abstraits.

Tenons-nous donc beaucoup à leur existence ? En soi, elle a bien une certaine importance, mais c'est surtout au point de vue de la diversité du scientifique et du non scientifique que nous voulons la considérer. Elle nous autorise, il va sans dire, à déclarer, contrairement au scepticisme, la science valable, et valable non seulement pour la réduction à l'unité, mais encore pour la définition du divers, attendu que les abstraits généraux se prêtent aux deux opérations. Ce qui est plus digne d'attention, c'est que nous pouvons également déclarer la science, contrairement au dogmatisme, impuissante à faire face à toute la réalité. Socrate l'a dit avec raison, la science a pour objet l'élément fixe et permanent, l'universel, le genre. Seuls, les abstraits généraux lui sont accessibles, car seuls ils peuvent se comparer, se coordonner, entrer en une suite de rapports. Toutes les opérations que suppose la science tendent à des simplifications et à des substitutions : comment les abstraits particuliers s'y prêteraient-ils ? La science effleure bien le différent, mais seulement lorsqu'il a donné lieu à un abstrait général ; l'abstrait particulier lui-même est hors de ses atteintes. La pensée le pose, avant que la science commence, et c'est tout. C'est pour cela que l'identité, dont on ne peut espérer la réalisation approximative que dans le général, est devenue, selon le mot d'un philosophe écossais, le dieu de l'idolâtrie logicienne. C'est pour cela que les mathématiques, dont l'objet est exclusivement le général, présentent le type parfait de la connaissance et doivent, selon le conseil de Descartes, s'incorporer en quelque sorte dans les autres sciences, à mesure que celles-ci s'étendent et se fortifient. C'est pour cela que les grands dogmatistes de l'histoire ont toujours montré du dédain pour les existences particulières, soit en approuvant le réalisme dans la question des universaux, soit en s'inspirant du monisme en métaphysique. C'est pour cela que Hegel, après avoir identifié la logique et le mouvement des choses, la science et la réalité, a pu poser au début de sa dialectique descendante l'être pur absolument privé de particularisation : cet abstrait que Hegel a eu tort de déclarer identique au néant (puisqu'on le forme sur un élément de réalité), ne domine pas tout le réel, mais il domine bien tout le monde scientifique.

Un important domaine est donc fermé à la science. Qu'elle ne l'oublie pas, qu'elle fasse toujours la part de l'inconnaissable, il y va de la confiance qu'on doit lui accorder sur les points accessibles à ses recherches. — Cet inconnaissable ne nous rejette point dans la métaphysique, comme les positivistes l'ont affirmé d'un autre inconnaissable. En disant que la science doit renoncer à se croire adéquate à la réalité, nous ne cessons point d'entendre par réalité l'expérience, le phénomène ; nous distinguons seulement entre science et expérience. Il est possible, en effet, d'éprouver, de sentir quelque chose, sans en avoir la science. Notre agnosticisme reste un agnosticisme expérimental. D'ailleurs, quelles ressources spéciales pourrait bien avoir la métaphysique pour coordonner le différent et les abstraits particuliers? — Cet inconnaissable ne nous rejette pas non plus complètement hors du domaine de la pensée, comme Kant a eu de la peine à ne pas le dire de son noumène. Nous le posons intellectuellement, et sans avoir besoin d'influences étrangères ; seulement nous ne le comprenons pas. « Je puis toucher une montagne, a dit Descartes, quoique je ne puisse l'embrasser. » Notre agnosticisme reste un agnosticisme partiel, un moindre dogmatisme. Comment un absolument inconnaissable serait-il même conçu? — Cet inconnaissable enfin ne nous rejette pas dans une partie spéciale du monde phénoménal. Il n'y a pas, ainsi qu'inclineraient à le penser certains partisans des sciences physiques, des phénomènes inconnaissables à côté des phénomènes connaissables. Tout est connaissable, mais tout ne l'est pas complètement. Sous une face, le phénomène est scientifique, sous l'autre il est non scientifique.

On remarquera, entre autres choses, la correspondance du scientifique et de l'inactif, qui se ramènent tous deux au ressemblant. On s'expliquera ainsi pourquoi la science physique a peu à peu identifié sa cause avec celle du mécanisme, c'est-à-dire celle de la théorie qui accorde le plus à l'inactif dans les choses. Cuvier l'a dit avec raison, « les lois du choc constituent seules en physique de véritables explications. » Et ce n'est pas seulement vrai en physique. Il en est encore ainsi en psychologie, où se rencontre assurément de l'inactif, sinon un correspondant du choc. Nous pourrons nous rendre compte par une raison analogue de la solidarité croissante qui s'est établie entre la science et le déterminisme fondé sur l'application exclusive du principe de causalité.

V

L'explication du scientifique et du non scientifique se reporte, il va sans dire, sur toutes les diversités subordonnées à celle-ci. Ainsi, puisque la science se construit avec des lois et des classes, on peut affirmer que, partout et toujours, la réalité se présente à la fois comme classable et non classable, réductible et irréductible à des lois. Toutefois nous pouvons arriver à cette nouvelle affirmation par l'intermédiaire d'une autre diversité qui se rattache directement au différent et au ressemblant : celle du causal et du non causal. Ces deux abstraits représentent le ressemblant et le différent descendus dans la science, mais encore si haut placés que nous pouvons voir en eux des catégories de la pensée.

Nous avons bien dit : le causal et le non causal. Mais, pour marquer plus clairement notre entrée dans les discussions contemporaines, nous pouvons remplacer le dernier mot par celui d'absolu. Ils expriment des choses identiques. — Qu'est-ce que l'absolu, d'après toute l'histoire de la philosophie, sinon ce qui est en soi, ce qui existe par soi? « Toutes les conceptions positives, a écrit M. Liard, même les plus divergentes, sont contenues dans les limites de cette définition : l'absolu est ce qui existe en soi et est conçu par soi[1]. » Et qu'est-ce qu'être en soi, sinon être sans condition? « *Absolutum*, a dit Hamilton, veut dire ce qui est libre ou sans lien. » Qu'est-ce enfin qu'être sans condition, sinon être sans cause? La cause n'est-elle pas la condition de son effet? Est-elle même autre chose que cette condition? L'absolu est donc ce qui est sans cause. — Sans cause « immanente » aussi bien que sans cause extérieure.  On a bien affirmé de la substance divine, considérée comme l'absolu, qu'elle est *causa sui*: en vérité, nous ne voyons dans cette définition, née du désir de concilier à tout prix l'idée de cause avec celle d'absolu, qu'un « mot sonore ». Comment trouver dans une seule existence les deux termes corrélatifs expressément réclamés par la causalité? Comment l'absolu serait-il son pro-

---

[1] *La science positive et la métaphysique*, p. 307.

pre déterminant et son propre déterminé? En vain distinguerait-on, avec M. Secrétan et plusieurs autres philosophes, entre la puissance d'être et l'être lui-même, entre « l'être replié, caché, contracté, réduit au minimum », et l'être « déployé, manifesté, l'être au maximum » : la difficulté ne disparaîtrait pas. Ou bien nous resterions en présence d'un seul terme, et alors il n'y aurait pas lieu d'établir un rapport de causalité; ou bien nous aurions affaire à deux termes, et alors sans doute il pourrait être question de causalité, mais seulement pour le second, en tant qu'il serait déterminé par le premier. Celui-ci resterait inexpliqué comme le terme qui précédait le dédoublement. Le dédoublerait-on à son tour? Nous nous trouverions devant le même résultat. Il faudrait recommencer l'opération à l'infini, de telle sorte qu'on n'obtiendrait jamais l'entière détermination de l'absolu par lui-même. Finalement, il serait sans cause. — Sans cause et aussi sans effet. Où serait l'effet de l'absolu? En lui-même? A supposer qu'on pût distinguer en lui deux termes et tenir le second pour l'effet du premier, il resterait toujours un dernier terme sans effet, procédât-on comme précédemment à des dédoublements à l'infini. L'absolu aurait-il son effet hors de lui? C'est ce qui est affirmé dans la théorie traditionnelle de la cause première. L'absolu, qui n'est lui-même déterminé par aucune existence étrangère, déterminerait, nous dit-on, des existences étrangères. Mais comment ce qui est indépendant de tout, pourrait-il être la cause de quelque chose? Si la nature de l'absolu est réfractaire à tout conditionnement antérieur, n'y a-t-il pas grande probabilité qu'elle le soit aussi à tout conditionnement postérieur? Et à cette probabilité succédera la certitude quand nous aurons vu comment le conditionnement doit s'établir. Nous nous convaincrons enfin que l'idée de cause première implique contradiction. — Disons donc sans hésiter : l'absolu, c'est ce qui est sans cause et sans effet, c'est le non causal.

Ce qui ne signifie pas qu'il soit, comme on l'affirme couramment, inaccessible à toute relation. — Si nous devions le définir ainsi, nous devrions aussitôt renoncer, non seulement à le comprendre, mais encore à le penser. Hamilton aurait raison de le tenir pour la pure « négation de la concevabilité ». Ce qui est réfractaire à la relation est par cela même réfractaire à la pensée, même à la pensée indéfinie dont se contente Spencer, puisque la pensée enveloppe toujours un rapport. D'ailleurs, comment concevoir l'absolu sinon en antithèse avec son corrélatif? La notion de ce qui n'est pas en soi, a-t-on dit, suppose un corrélatif incessant, la notion de ce qui existe en soi : la réciproque n'est pas moins vraie. Et qui dit corrélatif, ne dit-il pas relation? — Mais on ne met l'absolu hors de toute relation que parce qu'on identifie le causal avec le relatif. Or cela n'est pas légitime. La distance entre le domaine du causal et celui du relatif n'est pas très grande: elle est appréciable cependant. Le dernier s'étend partout où s'exerce la pensée ; le premier est plus restreint. « Penser, a dit Hamilton, c'est conditionner » : quelquefois, oui; toujours, non. La pensée ne conditionne que lorsqu'elle explique, et encore seulement quand elle explique d'une certaine manière, quand elle établit un rapport d'existence entre deux choses déjà pensées séparément. Avant le conditionnement, doit se produire un autre rapport, plus élémentaire, mais non moins intellectuel. Sans doute le sujet et l'objet, sans lesquels la pensée n'est pas possible, sont eux aussi « connus par leur corrélation », et par conséquent sont conditionnés l'un à l'autre; mais autre chose est pour eux d'être connus comme tels, et autre chose d'exister et d'agir comme tels. Leur conditionnement est d'ordre logique, il porte sur leurs notions, et non sur leur existence: or, le conditionnement causal porte incontestablement sur l'existence. Cette distinction est importante pour toute philosophie qui ne se lie pas à une hypothèse exclusivement intellectualiste. Hamilton dit encore que le sujet et l'objet « se limitent mutuellement » : mais, si limitation était synonyme de conditionnement, l'absolu, que nous devrons placer sur la même ligne que le fini, serait le véritable conditionné. — Prenons donc l'absolu pour un terme possible de relation. Il ne l'est pas longtemps assurément, en raison de la correspondance que nous allons établir; mais il peut l'être. C'est au sein du relatif qu'il s'oppose au causal.

Cette opposition ne s'éloigne guère de celles que nous avons déjà passées en revue, et en premier lieu de celle du différent et du ressemblant.—Que faut-il pour rendre le conditionnement intelligible? Évidemment que les deux termes en rapport soient de nature semblable. Du moment qu'Ænésidème n'en trouvait point de tels, il avait raison de déclarer que nous ne connaissons point de cause. Il serait contraire au principe de causalité lui-même que deux choses différentes fussent cause et effet l'une de l'autre. Ce serait admettre, en fin de compte, que quelque chose, à savoir la différence, vient de rien et se résout en rien. Dans la mesure où la différence se montre, l'explication recule, et par conséquent la causalité s'efface. Que l'on distingue tant qu'on voudra entre la cause éminente et la cause formelle, on n'échappera pas à cette conclusion. — Nous renverra-t-on à ces faits que l'on dit produits indifféremment par différentes causes? S'il en existait de tels, ils témoigneraient assurément contre notre opinion, attendu qu'ils ne sauraient être de la même nature que toutes leurs causes. Mais où sont-ils? « Une même voiture, dit-on, peut être mise en mouvement par un cheval, par un mulet, ou par un âne. Bien des causes peuvent produire un incendie. Combien de causes diverses sont capables d'amener la mort. » En vérité, c'est arrêter bien vite l'observation et l'analyse. D'une part, ce n'est pas le même phénomène qui est produit dans les différents cas signalés. Prenons l'exemple de la voiture mise en mouvement. « Pour avoir l'effet total, dirons-nous avec M. Rabier, il faudrait tenir compte de tous les effets concomitants de l'effet principal, à savoir : l'ébranlement du sol, la traction exercée sur les brancards ou sur les harnais, etc. En tenant compte de toutes ces circonstances, on verrait que l'effet n'est pas exactement le même quand c'est un cheval qui est attelé à la voiture ou quand c'est un âne ¹.» D'autre part, il n'y a pas, au sens ordinairement accepté, diverses causes de ce prétendu phénomène identique. Il ne se trouve que divers groupes comprenant, à côté de phénomènes d'une différence marquée, des phénomènes plus ressemblants. Et si le résultat ne varie pas sensiblement, c'est parce qu'il y a dans tous les groupes comme un noyau à peu près le même. Ainsi, nous sommes toujours conduits à chercher le causal dans la direction du ressemblant.

Entrons plus avant dans le sujet. Ne serait-il pas permis de parler à ce propos de persistance aussi bien que de similitude? Ne pourrait-on pas prétendre que l'élément déterminé est l'élément déterminant lui-même se retrouvant dans un autre fait? Certes, le conditionnement n'en deviendrait que plus intelligible. — Avec la simple similitude, on ne trouve pas d'objection à ce que A détermine B: mais en vertu de quoi la détermination se produit, où en est la nécessité, on ne le découvre pas. Se résignerait-on à ne pas le savoir? Se bornerait-on à dire que «l'ordre général de la causalité dans la nature se réduit, pour notre connaissance, à cette harmonie des faits dépendant les uns des autres dans le temps et le devenir ² »? Ce serait accepter trop tôt le mystère, justement sur un domaine d'où le mystère doit être banni. Aurait-on recours à la théorie de la causalité transitive,

---

[1] *Psychologie*, p. 355.
[2] Renouvier, *Classification systématique des doctrines philosophiques*, II, p. 397.

d'après laquelle B résulterait de A par une sorte de création obligeant A à sortir de lui-même? Mais qui admettrait sans résistance une telle opération? En tout cas, qui se flatterait de la comprendre? Et, si l'on ne comprend pas la détermination causale, que comprendra-t-on? Quant à la théorie de M. Taine, qui place la cause dans la partie composante et l'effet dans le tout composé, elle rend bien le conditionnement intelligible, mais en supprimant la distinction indispensable entre le fait et ses conditions. — Avec la théorie de la persistance, mystère et difficultés disparaissent. Non seulement la détermination paraît possible, mais encore elle ne peut pas ne pas être. B, ayant un élément qui était dans A, dépend nécessairement de A dans la mesure où cet élément les constitue l'un et l'autre. En sens inverse, A ayant un élément qui doit persister, et persister dans B, doit produire B. Sans doute B, ayant encore un autre élément, ne s'explique pas entièrement ainsi ; mais le fait concret appelé cause explique-t-il entièrement le fait concret appelé effet ?

Or, l'idée de la persistance nous maintient encore dans la direction du ressemblant. Celui-ci représente déjà, comme la substance ultra-phénoménale d'une certaine philosophie, la possibilité permanente de la réalité : par cela même il fournit le substratum nécessaire à l'intelligence des déterminations causales. « La raison d'être, l'explication de la causalité, a dit M. Rabier, se trouve dans la substantialité, c'est-à-dire dans la permanence de quelque chose qui subsiste d'un phénomène à l'autre et sert de lien entre les phénomènes [1]. » Nous répondons à cette exigence sans sortir ni de la causalité, ni du phénomène. La persistance du ressemblant suffit. Il est vrai que le ressemblant disparaît un peu, n'étant qu'un moindre instable, de même qu'un moindre différent; mais cette dose minime d'instabilité ne se découvre-t-elle pas aussi dans l'élément qui doit rendre intelligible le conditionnement?

Mais, dira-t-on, si le causal se ramène au ressemblant et au stable, ne doit-il pas se trouver dans toute succession? Suffit-il donc, pour découvrir la cause d'un fait, de chercher le fait précédent? Certainement, si l'on entend par précédent le dernier disparu. Qu'exigerait-on de plus? On a demandé que le précédent fût positivement efficace, suffisant, nécessaire; en vérité, c'est inutile. — Positivement efficace, tout phénomène ne l'est-il pas? Comprend-on une existence qui passerait sans laisser de trace, et dont la trace ne serait pas un effet positif? Lorsque, par exemple, le poison détermine la mort d'un organisme, on ne saurait le regarder comme une condition d'une nature plus efficace, plus positive, que les divers phénomènes qui, prétend-on, « n'ont pas empêché l'action ». Il n'a été qu'une cause plus visible, plus directe, disons si l'on veut, plus importante. Et pourquoi lui attribuons-nous cette supériorité d'importance? Tout simplement parce que nous le considérons comme un antécédent plus rapproché que les autres, sinon du résultat

---

[1] *Psychologie*, p. 354.

final, du moins du résultat en apparence le plus important. — Suffisant : que peut bien être un phénomène suffisant par opposition à un autre qui ne le serait pas? Ou bien on entend par phénomène suffisant celui qui est capable, à lui seul, de déterminer tel résultat; et alors, il n'y a pas de phénomène suffisant, car il n'en est point d'absolument indépendant dans son action. Ou bien on entend la suffisance dans un sens plus restreint, on se borne à y voir la propriété de bien tenir sa place, de bien remplir sa fonction; et alors tous les phénomènes sont suffisants. Si quelques-uns nous paraissent contribuer plus que d'autres à un certain résultat, c'est encore qu'ils en sont plus proches; leur action causale est en raison de leur proximité. — Enfin, que peut bien être un antécédent nécessaire par opposition à un antécédent qui ne le serait pas? On entend probablement que, sans tel fait, tel autre n'aurait pas lieu. Mais nierait-on qu'à chaque fait un événement spécial ne soit attaché, comme à sa condition nécessaire? A parler exactement, tous sont attachés à tous, et par conséquent tous sont nécessaires à tous; si nous en lions quelques-uns plus étroitement que d'autres à tel fait donné, et si, pour cela, nous les appelons plus particulièrement des causes, c'est toujours en raison et dans la mesure de leur proximité. Nous ne trouvons pas autre chose à prendre à considération.

D'où vient donc qu'on a tant de peine à découvrir la cause de certains faits? — Mais est-il toujours bien facile de dire quel a été le fait précédent? Celui-ci est-il nécessairement assez durable pour entrer en rapport précis, assez intense pour être bien observé? Une étude ultérieure nous convaincra du contraire. — En outre, il faut tenir compte d'une illusion à deux degrés qui se produit constamment. D'abord, au lieu de chercher la cause d'un fait, comme on le croit, on cherche le plus souvent la cause de la différence entre ce fait et le précédent. La distinction des deux recherches est aussi importante que délicate. Je lis, et brusquement le tonnerre se fait entendre. Quelle est la cause de la perception du tonnerre? Les faits qui se sont produits pendant ma lecture, et en particulier, l'état où je me trouve immédiatement avant la perception. Il y a dans cet état et ces faits antérieurs du ressemblant avec l'audition du tonnerre, et, sans eux, cette perception serait tout autre; pour mieux dire, elle ne serait pas. Aussi étrange que cela paraisse, voilà donc le fait expliqué, complètement expliqué. Il va sans dire que, pour l'admettre, il faut être résolu à se tenir ferme sur le domaine phénoménal, et à ne pas imiter Spencer, qui, en pareil cas, a affirmé gratuitement un non-moi extérieur à la conscience. Cela ne nous suffit pourtant pas. Il y a sans doute du ressemblant entre la perception du tonnerre et les faits antérieurs désignés comme sa cause, mais il y en a si peu! Nous voulons donc connaître non seulement la cause de la perception, mais encore et surtout la cause de l'écart entre la perception et sa cause elle-même. — Mais pourquoi cette recherche serait-elle plus difficile que l'autre? N'est-ce pas assez de rapporter l'écart aux faits antérieurs qui nous sont déjà approximativement connus? La pensée de l'écart, oui ; l'écart lui-même, non. A rigoureusement parler, celui-ci n'a point de cause, et ne saurait être expliqué. Aussi bien (et c'est là le second degré de l'illusion signalée) n'est-ce pas encore sa cause que nous cherchons. Que faisons-nous donc? En croyant l'expliquer, nous ne tendons qu'à le détruire graduellement dans le groupe de phénomènes ultérieurs qui finit par une sorte de reproduction dite idéale du tonnerre. De pensée en pensée, de perception en perception, nous arrivons en effet à déterminer cette nouvelle audition sans écart différentiel bien appréciable entre elle et ses antécédents. Cela obtenu, notre esprit est satisfait, et notre recherche semble avoir atteint son but. Elle l'a bien atteint, mais pas comme nous l'entendons. Bien que nous transportions nos résultats (ce transport est lui-même illusoire) au delà de l'écart différentiel et de l'audition primitive, ni celle-ci, ni celui-là, ne sont expliqués. Une nouvelle perception du tonnerre a été produite offrant une ressemblance très étendue avec ses antécédents immédiats et une analogie très marquée avec celle de notre souvenir : voilà tout. — Or, il va sans dire que la production dans ces circonstances d'une nouvelle perception est souvent hérissée de difficultés. Par quels phénomènes ou groupes de phénomènes intermédiaires faut-il passer? On sait, dans le cas du tonnerre, le temps qu'ont mis les sciences physiques pour être en mesure de nous l'apprendre. Mais, encore une fois, cela ne concerne nullement la recherche des causes, et il n'en résulte point qu'on doive hésiter à les placer dans les derniers faits.

Il est donc permis de ramener le causal au stable et au ressemblant, et par conséquent l'absolu aux termes de la série opposée. Quelques mots suffiront pour confirmer cette dernière correspondance. — L'inconditionnement suppose des termes de nature différente, et réciproquement des termes de nature différente sont condamnés à l'inconditionnement. Par quoi voudrait-t-on faire déterminer le différent? Par une cause différente, assurément, attendu que tout est différent pour lui. Or cette cause, en tant que différente, serait justement incapable d'expliquer ce qui le caractérise, donc ne serait pas une cause. Quel effet voudrait-on assigner au différent? Un effet différent sans doute; or le principe de causalité s'y oppose encore. — Ajoutons, contrairement à de nombreux philosophes qui ont cherché l'absolu dans la substance permanente, que ce qui est en soi est forcément instable. Ce qui ne dépend de rien, et dont rien ne dépend, n'est rappelé ni prévu par rien; c'est un *novum* au sens strict du mot. Or, ce qui persiste sous autre chose cesse d'être un novum en proportion de sa persistance; on peut le prévoir, le rappeler, et en conséquence le faire dépendre d'une autre existence ou en faire dépendre une autre de lui. — Enfin, l'absolu peut correspondre à un simple opposé tel que le différent, car il est lui-même simple opposé du causal. Une preuve, c'est qu'il doit coexister avec lui. Supposez deux objets exclusivement en rapport de causalité, la distinction des objets disparaît aussitôt, et avec elle la causalité. « L'effet est différent de la cause, » a dit Hume; or, pour qu'il en soit différent, il faut bien qu'il soit incomplètement déterminé par elle. Cependant la détermination, sauf la minime réserve déjà établie, doit être suffisante là où elle porte. Il ne reste donc plus qu'à dire qu'elle ne porte pas sur tout l'objet appelé effet, et qu'il y a en celui-ci coexistence de l'indétermination et de la détermination.

Ainsi, on trouve dans la réalité, au même degré de profondeur, du causal et de l'absolu, comme du ressemblant et du différent. Les choses se présentent encore sous ces deux faces. — C'est dire que nous avons eu raison de ne pas nous servir de l'idée d'absolu pour tracer les limites de la science et de la métaphysique. Certes, c'est une définition bien répandue que celle qui assigne à la métaphysique l'étude de l'absolu. Elle n'est pourtant pas acceptable. M. Liard l'a reproduite en ces termes : « Après les phénomènes, nous voulons connaître l'absolu ; après les conditions, nous demandons la raison de l'existence. La métaphysique serait la détermination de cet absolu, la découverte de cette raison [1]. » Nous concluons, pour notre compte, que l'absolu, non seulement ne donne la raison de rien, car il correspond au non scientifique et au différent, mais encore qu'il ne dépasse nullement les phénomènes. Nous le trouvons en eux, comme nous y avons trouvé plusieurs autres termes que l'on prétendait en exclure. Loin de dire, avec M. Hogdson, que nous ne voulons « avoir l'absolu, ni dedans, ni dehors [2], »

---

[1] *La science positive et la métaphysique*, p. VII.
[2] *Critique philosophique*, 1882, I, p. 361.

nous osons l'affirmer au dedans, avant de le poser au dehors par un acte de foi. Les phénoménistes ne voient qu'un côté des choses, lorsqu'ils en bannissent l'absolu. Si donc la métaphysique dépasse les phénomènes, il ne s'ensuit pas qu'elle ait l'absolu pour objet. Que la science ne puisse se déployer que sur le principe de causalité et dans le monde auquel celui-ci s'applique, nous l'avons déjà établi; mais la science, nous le savons encore, n'épuise pas toute la réalité phénoménale. Et si, d'autre part, la métaphysique renonçait à dépasser les phénomènes pour se concentrer sur l'absolu, elle serait condamnée à ne saisir que la mince couche de réalité qui borde l'inconnaissable, par conséquent à disparaître aussitôt après avoir posé son objet. Certainement il vaut mieux pour elle qu'elle garde le domaine que nous lui avons assigné : là au moins elle répond à un besoin sérieux, alors même qu'il n'est pas scientifique.

Accepter l'absolu et le causal comme deux faces de la réalité, n'est-ce pas encore renoncer à admettre sans réserve le principe si souvent invoqué de la constance dans la quantité d'énergie de l'univers? — Par quelle voie arrive-t-on à l'établir ? Par la voie ascendante? Mais les observations et les expérimentations du point de départ ne sauraient être jamais assez précises et assez étendues pour emporter la conviction. Elles seraient en outre invalidées, comme l'a remarqué Spencer, par un cercle évidemment vicieux, attendu qu'elles supposeraient admise, pour les unités de mesure, la constance de l'énergie qu'il s'agirait justement de prouver. Enfin elles ne seraient pas entièrement favorables à l'affirmation de cette constance. Est-on bien certain qu'il n'y ait jamais de destruction dans l'univers? Ne se produit-il pas ce que M. Delbœuf a appelé de l'énergie fixée, ou de la force mise en indisponibilité? N'est-ce pas une perte d'énergie que la disparition de telles combinaisons d'où résultent un homme de génie, une institution remarquable, un puissant ébranlement physique, un heureux événement historique? Évidemment, la conclusion resterait longtemps en suspens si l'on n'avait recours à une autre voie. — En réalité, dit Spencer, l'affirmation du principe « revient à ceci : qu'il ne peut y avoir une force isolée, partant de rien et aboutissant à rien, mais qu'une force manifestée implique une force antérieure égale, d'où elle dérive et contre laquelle elle réagit[1]. » En d'autres termes, on n'y arrive sûrement que par le principe de causalité. Rien ne se crée, rien ne se perd : donc « tout mouvement, en apparence disparu, est devenu un mouvement insensible équivalent, ou une énergie capable de le reproduire. » Mais pourquoi rien ne se crée? Parce que tout a une cause. Pourquoi rien ne se perd? Parce que tout a un effet. — Donc le principe de la constance de l'énergie n'a pas plus de valeur que celui de causalité. Il est juste assurément ; il l'est non seulement dans le domaine physique, mais encore dans le domaine psychique ; non pas pour quelques groupes de faits, mais pour tous

---

[1] *Premiers principes*, p. 172.

les groupes. Toutefois, il ne peut s'appliquer qu'à ce qu'il y a d'inactif dans l'énergie, s'il est permis d'associer ces deux mots, c'est-à-dire aux mouvements communiqués, aux successions régulières qui s'offrent à la science. Pour n'avoir affaire qu'à lui, il faut ne considérer les choses que sous une face, et par conséquent se placer dans l'abstrait. Ainsi que l'a dit M. Renouvier, ce principe « a toute sa valeur dans une mécanique rationnelle dont les définitions et les axiomes sont idéaux, comme ceux de la géométrie, un peu moins clairs seulement ; quand il s'agit de savoir jusqu'à quel point il se vérifie dans les phénomènes concrets, on est arrêté de plusieurs manières[1]. » De même qu'il y a une possibilité invariable d'existence, il y a sans doute une possibilité invariable de mouvement ; mais reconnaissons aussi partout une absoluité dans l'action qui diminue ou accroît l'énergie de l'univers.

Même conclusion au sujet de tous les principes auxquels la science s'est de plus en plus attachée. — Ainsi, le principe des lois. Nous avons eu l'occasion d'en montrer la valeur : maintenant nous devons en affirmer l'insuffisance. Fondé sur le ressemblant, soit directement, soit par l'intermédiaire du causal, il doit être contrebalancé par le principe de la contingence fondé sur l'absolu. Ils ne s'appliquent l'un et l'autre qu'à une face des choses. Toute existence se produit conformément à des lois et en même temps offre un élément plus ou moins accusé qui

---

[1] *Esquisse d'une classification systématique*, etc. I, p. 289.

leur échappe. — Ainsi, le principe du déterminisme psychique, et plus particulièrement du déterminisme volitionnel. La science le réclame aussitôt qu'elle aborde le domaine psychique, et c'est avec raison; mais qu'il ne nous fasse pas oublier le principe opposé de liberté. Toutes nos volitions, toutes nos pensées, tous nos sentiments sont déterminés, et pourtant ils enveloppent un élément de liberté qui prédomine souvent sur son coexistant. — Qu'on nous permette d'insister sur cette dernière solution, en raison de l'importance du problème de la liberté dans l'histoire de la philosophie.

IV

Ne parlons que des volitions libres. On a prétendu qu'elles sont libres dans la mesure où elles sont indépendantes de leurs motifs. C'est avec raison. L'usage a constamment identifié liberté et indépendance, et de quoi les volitions seraient-elles dépendantes ou indépendantes, sinon de leurs motifs? — Il est vrai qu'on ne parle d'indépendance qu'à l'égard de ce qui est étranger : mais les motifs sont bien étrangers à la volition. Les différentes hypothèses sur la nature de celle-ci ne changent rien à cet égard. Alors même qu'on résoudrait entièrement la volition en motifs, ne devrait-on pas distinguer à son sujet au moins deux espèces de motifs : le motif proprement dit, qui représenterait la chose à obtenir, l'objet de la décision, le but, et le motif-volition où le but serait définitivement accepté? On ne veut pas sans but: si quelques partisans de la liberté ont vraiment admis une autre thèse, ils ont fermé les yeux à une contradiction. Mais ce n'est pas assez du but pour constituer une volition; celle-ci suppose encore l'adhésion pour le futur, qui suppose à son tour un nouveau rapport, et par conséquent un nouveau fait. Il n'en faut pas davantage pour déclarer les motifs étrangers à la volition. La théorie métaphysique du moi permanent nous le permettrait moins aisément, attendu qu'elle rapporte le motif et la volition au même sujet. Mais elle sort du cadre de nos discussions; et d'ailleurs elle aussi, en reconnaissant la marque du non-moi dans le motif, le rend jusqu'à un certain point étranger à la volition, qu'elle tient ordinairement pour l'acte pur du moi. — Non seulement on peut poser la question de l'indépendance de la volition à l'égard de ses motifs, mais encore il est inutile de la poser à l'égard d'autre chose. Les motifs, si l'on s'en rapporte aux définitions courantes, sont ou bien seulement des faits intellectuels, ou bien à la fois des faits intellectuels et des faits passionnels : dans tous les cas ils se trouvent dans le voisinage immédiat de la volition, ils sont directement liés à elle, et par conséquent il suffit qu'elle soit indépendante en leur endroit pour qu'elle le soit de tout le reste. La limite imposée aux influences prochaines doit évidemment s'imposer aux influences plus éloignées. De même, il suffirait que les motifs dominassent complètement la volition, pour qu'une chaîne infinie de déterminations pût s'exercer sur elle. — La question des volitions libres est donc tout entière dans celle-ci : la volition comporte-t-elle de l'indépendance à l'égard de ses motifs ?

Mais encore faut-il prendre au sérieux cette indépendance. Plus d'un théoricien de la liberté s'est dispensé de le faire, et en conséquence a proposé une liberté purement nominale. De tous les grands philosophes de l'histoire, il en est peu qui ne parlent de l'indépendance spirituelle, qui ne prétendent la respecter et la garantir : combien y en a-t-il qui l'aient réellement acceptée ? Ainsi, à notre avis, ce n'est pas assez d'affranchir la volition seulement de certains motifs. — « Mépriser la mort, disait-on chez les Stoïciens, est-il en ton pouvoir ? Oui. Ta volonté est affranchie. » Affranchie des motifs inférieurs, oui ; mais peut-être pas des autres. Les Stoïciens n'auraient même pas consenti à cette dernière indépendance, eux qui auraient dit sans hésiter avec Leibniz : « être le plus libre, c'est être le plus déterminé au bien. » Or, une servitude, même d'ordre supérieur, est toujours une servitude. — « La liberté, a-t-on dit d'autre part, est la puissance d'agir d'après des idées ou concepts[1]. » Sans doute, mais elle doit être autre chose encore. Agir d'après des concepts, c'est transporter la direction de sa vie au-dessus de l'individuel : par conséquent c'est faire un choix dans ce qui se présente, c'est établir une subordination

---

[1] Janet, *Traité de philosophie*, p. 819.

entre les diverses influences, finalement c'est dominer une foule de motifs. Mais au nom de quoi, et avec quoi, y parvient-on? Est-ce par la seule puissance de concepts distincts de la volition? Alors celle-ci n'est pas encore affranchie. Idées générales et perceptions concrètes sont également étrangères à la volition, du moment qu'elles en sont distinctes ; et la volition libre doit être indépendante des unes comme des autres. — Et les motifs tirés du sujet même de la volition, détruisent-ils, eux aussi, la liberté? Ce qui est l'expression de notre nature peut-il être considéré comme étranger à notre volition? Oui, si le sujet est permanent sous les différents phénomènes psychiques, comme l'enseignent les métaphysiciens substantialistes; oui, parce que ce sujet a une nature avant la volition, bien plus, une nature qu'il ne s'est pas donnée lui-même. Cette nature, qui décide de la volition, sans lui être strictement propre, est destructrice de sa liberté. Tout ce qui est donné d'avance à la volition lui est étranger, et la volition libre ne doit subir rien d'étranger, pas plus de la part de son sujet que de celle de son objet. Qu'elle ne relève que d'elle-même, de sa pure individualité, qu'elle soit son propre et unique motif, ou qu'on renonce à la déclarer libre.

Ce n'est pas assez non plus de réserver à la volition le simple *fiat* sollicité par les motifs. Que l'adhésion se réduise à un nouveau motif, conformément à une théorie déjà indiquée, ou qu'elle soit autre chose, la conclusion reste la même sur ce point. A supposer, en effet, que les motifs fussent impuissants à déterminer le changement visé (ce qui est contraire à notre théorie sur l'activité), quel petit rôle serait en définitive celui de la volonté ! Leibniz, qui s'en contente, veut bien y voir un « effort ou une tendance; » il prétend que « le motif du bien aperçu par l'entendement incline la volonté sans la nécessiter. » Mais comment y aurait-il effort, là où la volonté « suit la plus grande inclination? » Que nous importe que la volonté donne l'impulsion, si elle ne peut la donner que dans la direction qui lui est imposée? Que vaut l'activité réservée à l'esprit, s'il n'y a pas dans l'esprit « d'autres dispositions à agir que les motifs en vertu desquels l'esprit rejette ou accepte les motifs? » M. Fouillée l'a fort bien dit, la volonté « serait là uniquement pour céder, » elle « n'aurait d'autre charge que de n'en pas avoir, simple sinécure, simple passivité. » En définitive, les motifs resteraient les maîtres. Donc, que la volonté ait en elle-même, non seulement sa raison d'agir, mais encore sa raison d'agir de telle manière, ou qu'on renonce à la déclarer libre.

Mais comment, dans de telles conditions, serait-elle un objet de science? — Nous ne le comprenons certainement pas. Demander que la volition ne relève de rien de donné, ni de la part de son objet, ni de celle de son sujet, c'est demander pour elle du nouveau, au sens strict du mot. A cet égard, le criticisme français a posé exactement la question. Dites, si vous voulez, que la volition est un motif succédant à d'autres et plus fort que les autres, mais que ce motif contienne quelque chose que les précédents ne contenaient pas et ne pouvaient faire prévoir. De même, si vous rattachez la volition à un sujet qui l'aurait précédée, gardez-vous de croire avec Leibniz que la nature de ce sujet la renfermait virtuellement. Sinon, vous retombez dans une dépendance que nous avons déclarée inconciliable avec la liberté. En somme, il y a équivalence entre le nouveau et le libre. Lorsque M. Fouillée a objecté que « le nouveau peut être lié à l'ancien par un rapport qui exclue la possibilité du contraire [1], » il oubliait que ce qui est lié à l'ancien n'est justement pas nouveau. — Or, le nouveau n'est pas scientifique. Nous l'avons indiqué à propos de l'absolu, nous l'affirmons avec la même justesse à propos de la liberté. La science ne commence qu'avec les coordinations, et avec quoi le nouveau se coordonnerait-il? Avec rien d'indiqué d'avance, puisqu'il n'est nouveau qu'en tant que les faits connus ne le font pas prévoir. Il faudrait donc, pour pouvoir le comparer à ses antécédents, attendre qu'il fût produit. Mais, quoi qu'il en semble, il n'y a jamais de coordination après coup. La raison, c'est que le fait à coordonner n'existe plus du moment qu'on cherche les termes auxquels on pourrait le comparer, à plus forte raison du moment que ces termes apparaissent. En effet, il ne subsiste pas avec eux, il est remplacé par eux : ainsi l'exige l'instabilité de la conscience. Par cela même tout rapport ultérieur avec lui est impossible. Sans doute, nous croyons trouver à la fin la coordination visée : en réalité, c'en est une autre que nous avons sous les yeux. L'objet

---

[1] *Revue philosophique*, 1883, II, p. 51.

est bien censé analogue au fait du point de départ, ce n'est pas le fait lui-même. Bref, la substitution que nous avons signalée au sujet de la recherche des causes a lieu pour toute coordination scientifique. Peu importe, dira-t-on : à certains égards, oui ; au point de vue du nouveau, non. Il s'ensuit, en effet, que le fait à coordonner apparaît avec la coordination elle-même, qu'il est en quelque sorte porté par elle, plus encore qu'il est déjà coordonné en apparaissant, et par conséquent contenu dans ses antécédents. Il est rapproché d'autres termes, parce que ceux-ci conduisent à lui, et ceux-ci conduisent à lui parce qu'il est contenu en eux. Il est donc prévu, et, son analogue aurait-il été nouveau, il ne l'est pas lui-même. Non, le nouveau ne saurait entrer dans une coordination, et en conséquence la volition libre être un objet de science.

Envisageons les coordinations de la science au point de vue spécial de la causalité, et ce résultat apparaîtra avec plus d'évidence encore. Demander que la volition ne relève de rien de donné, ni de la part de son objet, ni de celle de son sujet, c'est demander pour elle un caractère d'indétermination qui la met aussitôt hors du principe de causalité. Il n'y a pas deux opinions possibles sur cette conséquence, s'il est vrai que toute détermination vient du dehors. Il serait contradictoire d'admettre à la fois l'indépendance de la volition envers ses motifs et son conditionnement par ces mêmes motifs. Mais, où chercher l'origine de sa détermination, sinon hors d'elle-même? On a bien soutenu que la détermination pourrait avoir une origine interne, mais il a fallu pour cela abuser du langage et confondre des notions pourtant bien distinctes. « Est-il nécessaire, pour qu'il y ait causalité, a demandé M. Janet, que tout être soit déterminé par une cause? Ne peut-il y avoir un être qui se détermine lui-même pour une cause? *Se déterminer pour* est-il plus contraire à la causalité qu'être *déterminé par?* » Que la volition soit déterminée *pour* ou *par*, peu nous importe ici : il n'y a là qu'une distinction de points de vue qui se fait à l'occasion de tout phénomène, selon qu'on considère le conséquent ou l'antécédent de ce phénomène, et qui n'a aucun rapport avec l'idée de liberté. La volition se détermine-t-elle elle-même? Voilà toute la question. Et comment la résoudre affirmativement, du moment que nous savons que la causalité suppose deux termes? Distinguerait-on, dans la volition, le résultat de l'agent? Mais l'agent ne peut être permanent sans compromettre l'indépendance du résultat, et s'il n'est pas permanent, comment se distinguerait-il du résultat? D'ailleurs la question se reporterait aussitôt avec toutes ses difficultés sur l'agent lui-même. Comment pourrait-il être à la fois cause et effet? En somme, tout ce que nous avons établi à propos de l'absolu s'oppose, et à ce que la volition libre tire d'elle-même sa détermination, et à ce qu'elle la reçoive du dehors. C'est que, comme l'absolu, elle échappe à la causalité.

Il va sans dire qu'elle est encore inacceptable si l'on se place aux points de vue subordonnés ou analogues à celui de la causalité : par exemple, à celui du principe des lois, et à celui de la constance de l'énergie. — L'indépendance de la volition libre à l'égard de ses motifs a pour conséquence l'ambiguïté du futur : comment l'ambiguïté du futur trouverait-elle sa place dans un monde soumis à un système de lois ? D'une part, la loi exprime la ressemblance dans les événements et lie le suivant au précédent ; d'autre part, l'ambiguïté exprime la possibilité du différent et délie le suivant du précédent. L'une ne serait-elle pas forcément mise en échec par l'autre ? Qu'on ne croie pas avoir répondu quand on a élargi la question, c'est-à-dire quand on a rattaché l'ambiguïté elle-même à l'intervention possible d'une autre loi. D'où viendrait, en effet, cette intervention ? Encore d'une autre loi ? Si oui, le principe des lois est respecté, mais l'ambiguïté finit par disparaître, et avec elle la liberté. — De même, au sujet de la puissance de mouvement. Comment serait-elle garantie de toute variation, alors que la nature des faits dont elle dépend ne l'est pas elle-même ? Les théories ingénieuses qu'on a proposées récemment n'ont pas réussi à l'expliquer.

Même restreintes au domaine moral, les coordinations scientifiques ne sauraient s'accommoder de la volition libre. Qu'on nous entende bien : nous continuons à traiter la question au point de vue de la science, et la science n'épuise pas toute la morale. Mais, en tant que la morale rentre dans les cadres de la science, elle devient étrangère et même opposée à la liberté. C'est ce que l'on peut remarquer, en particulier, au sujet de l'obligation et de l'idée de mérite et de démérite : l'une et l'autre peuvent être objets de science, et dans la même mesure, contrairement à l'opinion la plus accréditée, l'une et l'autre impliquent la dépendance de la volition. — Adoucissez à votre gré la nature contraignante de l'obligation ; distinguez-la de la contrainte physique; concevez-la, si vous voulez, comme un simple idéal s'imposant à l'esprit qui le forme et seulement dans la mesure où il le forme : encore devra-t-elle rester une obligation, c'est-à-dire un commandement. Or, comment appellerez-vous la volition qui est le résultat d'un commandement? Libre? En vérité, ce serait bien étrange. « Il est inutile, a écrit M. Janet, de dire : fais cela, à celui qui ne peut s'empêcher de le faire; et il est absurde de le dire à celui qui est dans l'impossibilité de le faire. » Inutile, non, car la chose nécessaire ne se ferait pas si le commandement n'était pas donné : la nécessité ne résulte que de la suffisance du commandement. Absurde, pas davantage, car la chose que des influences contraires rendent impossible, ne l'est pas au moment où le commandement est donné : l'impossibilité ne résulte que de l'insuffisance du commandement. Ce qui est inutile et absurde, c'est de commander une volition qui ne relève que d'elle-même. — Cependant si la volonté se donnait à elle-même son commandement moral, soit qu'elle le fît jaillir tout entier d'elle-même, soit qu'elle le créât sur une matière donnée, c'est-à-dire par l'acquiescement à un motif proposé, en quoi sa liberté serait-elle atteinte? En aucune manière assurément ; mais pourquoi parler alors d'obligation? De même qu'il ne peut se déterminer lui-même, un seul terme ne peut s'obliger lui-même. L'expression est admise dans le langage courant, mais elle ne présente aucun sens en philosophie. Au moins faudrait-il procéder à des dédoublements de la volonté ; et nous savons que les dédoublements ne font que reculer la difficulté. — Mais, ajoute-t-on, l'obligation morale est catégorique, universelle, et à ce titre elle ne saurait rester à la merci des influences qui s'exercent sur une volonté dépendante. « Otez la liberté, et à la loi qui me dit : sois juste, je répondrai : oui, si je le puis ; oui, quand il me sera possible. » Et avec la liberté, que répondrez-vous ? Ceci sans doute : oui, si ma résolution me porte dans le sens de la justice, ce que je n'ai aucune raison de prévoir, ce qui échappe à toute réflexion, ce qu'enveloppe un insondable mystère. Et il faut avouer que, si l'obligation était émoussée par la première réponse, elle le serait également par la seconde. Mais elle ne l'est point par la première. Qu'importe, en effet, pour l'universalité du commandement, que la réalisation de celui-ci soit soumise à des conditions ? Il n'en reste pas moins d'une valeur universelle. Or, c'est l'universalité de valeur, et non celle de réalisation, qu'il faut ici considérer. Bien plus, comment une universalité quelconque serait garantie à propos d'une volition qui doit ne pas être engagée par le passé, et qui, à moins de détruire après elle toute liberté, doit également ne pas engager l'avenir ?

On ne réussirait pas mieux à rapprocher la liberté du mérite et du démérite. — Que peuvent bien signifier ces mots appliqués à des résolutions libres? Est-il méritant l'acte qui sort « comme un coup de foudre d'une nuit impénétrable? » Il est ce qu'il est, ni bon, ni mauvais, ni rationnel, ni irrationnel, ni juste, ni injuste. Comme il provient d'une source qui n'a de rapport obligé avec rien, aucune mesure ne lui est naturellement applicable. Toute évaluation de sa nature serait donc arbitraire. Il est mystérieux, mais il n'est pas méritant. — A moins que la volition ne soit à elle-même sa mesure, répliquera-t-on. Mais autant vaudrait dire dès l'abord qu'il n'y a pas de mesure. Est-ce une mesure, celle qui ne se distingue pas de l'objet à mesurer? Est-ce une mesure universelle, ainsi qu'il doit y en avoir dans la science morale, celle qui ne peut s'appliquer qu'à un seul objet ?

Les volitions libres, s'il s'en produit, doivent en conséquence être cherchées hors de toute coordination scientifique. Où donc? On connaît la proposition de Kant, qui s'offre comme une suite naturelle à notre conclusion. D'après ce philosophe, la volition libre, impossible dans le monde de l'expérience, pourrait se produire dans le noumène, ou monde ultra-phénoménal, qui n'est pas soumis comme l'autre aux exigences de la science, particulièrement au principe déterministe de causalité. — Assertion gratuite. D'abord, il n'est pas encore prouvé que tout élément de liberté fasse défaut au monde phénoménal. La science, il est vrai, n'en accepte pas dans ses cadres; mais pourquoi n'en trouverait-on pas au dehors, et cependant dans l'expérience? Ensuite, il n'est pas permis de supposer tout ce que l'on veut dans l'ultra-phénoménal. Bien que ce monde soit un objet de croyance, et non de savoir, c'est autant que possible sur le modèle de ce que nous connaissons que nous devons l'établir. Si donc la liberté était exclue du monde phénoménal, de quel droit la placerions-nous au delà? — Assertion antiscientifique. La liberté ne serait plus seulement hors de la science, elle serait contre la science. Il faudrait, en effet, que la volition, bien que d'origine ultra-phénoménale, se manifestât dans le monde phénoménal, au moins qu'elle y exerçât son influence, qu'elle y eût son effet, et que cet effet fût indépendant des autres effets, comme elle le serait elle-même des autres volitions. Alors, de deux choses l'une : ou bien cet effet, soumis aux catégories de la pensée scientifique, apparaîtrait dépendant (c'est ce que Kant admet), et voilà une défiguration qui engendre aussitôt le scepticisme à l'endroit de la science ; ou bien cet effet apparaîtrait tel qu'il est, c'est-à-dire indépendant, et voilà la causalité contredite comme si l'on n'avait pas reculé la liberté dans le monde ultra-phénoménal. Dans les deux cas, le fondement de la science serait ébranlé.

On connaît une autre proposition indiquée par plusieurs philosophes contemporains, mais développée surtout par M. Boutroux. — Elle a le mérite, celle-ci, de ne pas nous forcer à sortir de l'expérience pour trouver l'indépendance de la volition. Elle entend que la liberté vienne « se mêler aux phénomènes et les diriger dans des sens imprévus. » Malheureusement, elle entend aussi que la liberté ait sa source au-dessus d'eux, qu'elle descende « des régions supra-sensibles. » L'expérience ne saisirait que des choses actuellement réalisées ; or, il s'agirait d'une puissance créatrice, antérieure à l'acte. Nous revenons ainsi à des idées plusieurs fois écartées, et dernièrement encore au nom de la liberté. — Cette proposition a un autre mérite, celui de contester hardiment la domination exclusive, dans le monde phénoménal lui-même, du principe de causalité, du principe des lois, et plus généralement de la science déterministe. C'est, en effet, le moyen le plus sûr de faire une place à la liberté. Malheureusement ce dégagement est ici excessif ; tel qu'il est conçu, il serait par trop nuisible à la science. « Les lois de la nature n'auraient pas une existence absolue ; elles exprimeraient simplement une phase donnée, une étape, et comme un degré moral et esthétique des choses. Elles seraient l'image, artificiellement obtenue et fixée, d'un modèle vivant et mobile par essence... L'être, pourrait-on dire, tend à s'immobiliser dans la forme qu'il s'est une fois donnée, parce qu'il la voit, tout d'abord, sous les traits qui participent de l'idéal ; il s'y complaît et aspire à la conserver. C'est ce qu'en l'homme on appelle l'habitude... Mais l'habitude n'est pas la substitution d'une fatalité substantielle à la spontanéité : c'est un état de la spontanéité elle-même [1]. » Certes, si la dépendance devait se ramener à la liberté, comme l'espèce au genre, les embarras seraient grands ; il ne serait pas plus facile de dériver

---

[1] *De la contingence des lois de la nature*, p. 192.

l'une de l'autre que de réduire le ressemblant au différent. Mais enfin la science aurait encore un objet dont elle pourrait à la rigueur se contenter. Or, ce n'est pas même le cas avec la conception qui nous est proposée. La dépendance n'est fondée sur rien de réel, elle est l'apparence qu'offrent certains phénomènes « vus du dehors. » Encore cette apparence doit-elle s'évanouir : « le triomphe complet du bien et du beau ferait disparaître les lois de la nature proprement dites, et les remplacerait par le libre essor des volontés vers la perfection. » La science, il va sans dire, se rabaisse dans la même proportion : elle devient, elle aussi, provisoire et étrangère à la réalité. Conséquence que nous aurions de la peine à accepter.

La proposition de M. Renouvier a les mérites de la précédente, et d'autres encore. Avec elle, nous ne devons sortir en aucune façon du monde phénoménal ; la liberté y a son origine aussi bien que sa réalisation. Nous pouvons aussi « croire qu'il y a des choses qui échappent aux lois, à la prévisibilité, et à la science possible, » sans toutefois réduire la dépendance réclamée par la science à une sorte d'illusion, ou à un dérivé de la liberté. Il suffit d'admettre que la liberté succède à la dépendance complète et coexiste avec la dépendance partielle. Au milieu de faits rigoureusement déterminés intervient « un motif automoteur [1] » qui constitue la volition libre : voilà pour la succession. Ce motif automoteur n'est pas sans lien avec les faits pré-

---

[1] *Psychologie rationnelle*, II, p. 72.

cédents ; il tire d'eux « sa qualification et sa raison d'être ; » il était contenu en eux avec d'autres motifs également possibles, mais qui ne se sont pas réalisés : voilà pour la coexistence. Ainsi s'établit une conciliation bien digne d'être prise en considération. Nous croyons cependant qu'il serait possible de respecter davantage les principes de la science, et cela sans restreindre la liberté, au contraire, en lui donnant une importance plus grande encore.
— On peut dire que les principes de la science ne sont pas respectés, quand il doit se produire des interruptions dans leur application. L'universalité, sans laquelle ils ne sont rien, est en effet aussitôt compromise. Nous déclarerions la science en péril, par exemple, si dans la série des causes et des effets, il se glissait un fait qui ne serait ni déterminé, ni déterminant. Ici, il est vrai, ce n'est pas exactement le cas. Tout fait est soumis au principe de causalité, même le motif automoteur ; et par conséquent il n'y a pas d'interruption complète dans l'application de ce principe. Mais il y en a de partielles, puisque le motif automoteur, d'une part n'est pas suffisamment déterminé par ses antécédents, et d'autre part succède à des faits entièrement déterminés. A certains moments, les principes scientifiques sont en présence « d'exceptions, » leur application souffre de l'imprévu, une restriction leur est imposée sans raison. Et cela même n'est pas acceptable pour la science. Que celle-ci soit limitée, son principe fondamental le tolère ; mais au moins faut-il qu'elle soit régulièrement limitée. Lui soumettre toute la réalité pendant un certain temps, puis la lui retirer en partie

tout à coup, sans pouvoir lui en donner l'explication, c'est l'exposer à des chocs qui la détruisent en théorie. Tout ce qui concerne la science, même sa limite, doit avoir son pourquoi intelligible, doit être l'objet possible d'une coordination à laquelle les exceptions se refusent. — Donc, au nom de la science, repoussons cette succession de la dépendance et de la liberté. Et, si nous gardons leur coexistence, la liberté elle-même y gagnera. En effet, pour éviter la succession critiquée, la liberté devra se trouver, non seulement dans certaines volitions, mais dans toutes les volitions, non seulement dans les volitions, mais encore dans tous les phénomènes.

Nous arrivons ainsi tout naturellement à la solution indiquée au point de départ de cette discussion. Elle donne pleine satisfaction, nous semble-t-il, aux prétentions légitimes des déterministes et des partisans de la liberté. Si l'on distingue deux faces dans les volitions, on peut dire sans contradiction qu'elles sont à la fois dépendantes et indépendantes à l'égard de leurs motifs. En outre, si l'on fait cette distinction régulièrement, pour toutes les volitions et pour tous les faits, on ne sacrifie ni la dépendance, ni l'indépendance. Le champ de celle-ci s'étend considérablement, sans que la science, qui s'appuie sur celle-là, doive renoncer à son développement normal. Dépendance et liberté ne sont pas fixées à l'avance dans leur étendue, mais elles le sont dans leur existence. Nous découvrons comme deux séries parallèles d'éléments, qui sont inséparables en réalité, et dont l'importance respective est très variable sans doute, mais qui permettent toujours aux coordinations scientifiques de s'étendre sans arrêt ni surprise. Enfin, si l'on rattache cette distinction à une distinction plus haute, on est autorisé : 1° à tenir la volition libre pour réelle et non pas seulement pour possible. Son correspondant plus élevé est fondé, en effet, sur la réalité. Le possible emporte dans ce cas le réel. 2° A tenir la volition libre pour positive de tout point, et non pas simplement pour négative de la détermination. On peut même y voir, conformément à une opinion fort répandue, l'action par excellence. Son correspondant plus élevé est, en effet, l'actif. 3° A tenir la volition libre pour pensable, sinon pour scientifiquement connaissable. Son correspondant plus élevé est, en effet, l'abstrait particulier, qui échappe à la science, mais non à la pensée.

VII

Il nous reste à rappeler la diversité du fini et de l'infini, qui a joué dans les questions de haute philosophie un rôle aussi important que celle de l'absolu et du causal, et qui donne lieu comme elle à une catégorie de la pensée.

Plusieurs fois déjà nous l'avons rapprochée du différent et du ressemblant.— N'avons-nous pas dit que les abstraits généraux, bien qu'achevés en eux-mêmes, sont des rapports ouverts à l'infini; que l'extension des classes et des lois dépasse tout nombre; enfin que l'élément commun des choses s'unit à une série illimitée de différentiels? Ces diverses propositions vont ensemble et se fondent toutes sur la correspondance du ressemblant et de l'infini. Les abstraits généraux s'offrent à autant de coordinations scientifiques qu'il y a de termes ressemblants entre les choses ; il y a autant de termes ressemblants que de choses concrètes; il y a autant de choses concrètes qu'il y a de différentiels. Et comme on ne peut s'arrêter dans la conception des différentiels, on ne peut davantage s'arrêter dans celle des choses concrètes et dans les coordinations d'abstraits généraux. Mais pourquoi ne peut-on s'arrêter dans la conception des différentiels? Parce que le ressemblant ne le permet pas. Le ressemblant persiste, alors que le fait concret disparaît, car il est le stable; et comme le ressemblant ne se suffit pas à lui-même, un différentiel vient aussitôt s'unir à lui. Arrêtez la production des différentiels, et non seulement vous supprimez toute réalité, mais encore vous transformez le stable en instable. La possibilité permanente d'existence doit être entendue comme une possibilité infinie d'existence. — N'avons-nous pas indiqué encore, à propos des abstraits particuliers, que le différent achève, ferme, finit les choses? On pourrait bien dire que le différent est infini, si l'on entendait par là simplement que le différent ne représente pas à lui seul quelque chose d'achevé, un tout, une unité, qu'il n'existe séparé que par la pensée; mais, dans ce sens, on pourrait appeler infini aussi bien le ressemblant. Et s'il s'agit de marquer ce qui pousse l'esprit toujours en avant, comme notre discussion actuelle le réclame, c'est du ressemblant seul qu'il peut être question. Le différent, lui, empêche toute coordination scientifique, retient l'extension de l'abstrait particulier au-dessous de tout nombre, arrête la pensée dans le concret qu'il sert à constituer. Après lui seulement, une nouvelle conception peut se produire, et c'est bien alors une nouvelle conception, car la dernière était rigoureusement achevée avant même la disparition du différent. Il y avait quelque chose de fini dans l'existence, quelque chose qui maintenant ne reviendra plus et sur quoi il n'y aura pas à revenir. — Enfin n'avons-nous pas constaté que, d'une part, on peut former l'abstrait général des différents, et que, d'autre part, celui des ressemblants est limité dans chaque terme auquel il s'étend? N'est-ce pas reconnaître qu'un rapport n'est jamais ni absolument fermé, ni absolument ouvert, qu'il y a entre le fini et l'infini une simple distinction de minimum et de maximum, finalement qu'ils ne sont pas plus des contradictoires que le différent et le ressemblant. — Il est donc permis, sans plus ample discussion, de les ramener à cette dernière diversité, et de les faire bénéficier de la définition qui en a été donnée. Le fini et l'infini marquent ainsi deux éléments inséparables, deux faces, de la réalité.

On remarquera combien était vaine la fameuse objection contre toute explication expérimentale de l'idée d'infini. Elle supposait en effet que, par voie expérimentale, on ne peut prétendre à tirer l'infini que de son opposé. Avec ce point de départ, sa conclusion était juste sans doute. Il est évident qu'avec du fini on ne fera jamais de l'infini. Qu'on additionne sans s'arrêter les éléments finis, ou qu'on en élimine ce qui les distingue les uns des autres, on restera toujours dans le fini. Mais il ne s'agit pas d'obtenir la transformation du fini en infini. L'abstraction découvre dans l'expérience des éléments des deux espèces, et il va sans dire que c'est sur l'élément infini que se fonde la notion abstraite de l'infini. — On remarquera aussi combien est vain l'étonnement que cette notion a suscité depuis longtemps dans l'esprit. Qu'y a-t-il de mystérieux dans la propriété du ressemblant de se prêter à l'union avec tous les différentiels possibles, et même d'en solliciter en quelque sorte toujours de nouveaux? En tout cas, si cette propriété nous étonne, pourquoi la propriété opposée du différent ne nous étonnerait-elle pas également? Sans doute, l'infini inquiète quelquefois la pensée en ne lui permettant pas d'établir une fois pour toutes ses coordinations; sans doute, nous n'hésitons pas à le mettre à l'origine de certains sentiments, comme le sentiment poétique, dont l'objet ne saurait être immédiatement saisissable. Mais le vague, l'indécis, le fuyant, du sentiment poétique est-il plus le mystérieux que ne l'est l'irrévocable, le définitif, du sentiment opposé? D'un côté, nous avons un objet qui se déroule sans fin à la pensée, mais qui se déroule, qui ne se laisse pas saisir du premier coup, mais qui se laisse pourtant saisir; d'un autre côté, nous avons une limite infranchissable qui s'impose avec le premier mouvement de la pensée et qui en fait par conséquent le dernier. Où est le mystère, s'il est quelque part ? A plus forte raison quand on considère l'infini en lui-même, et non dans ses effets, ne trouve-t-on pas justifié l'étonnement de la tradition à son égard. — On remarquera enfin combien est vaine la définition de la métaphysique par l'idée d'infini. Pas plus que celle d'absolu, l'idée d'infini ne doit intervenir dans la discussion des limites entre la métaphysique et la science. L'infini, comme l'absolu, se trouve dans le phénomène avant d'être projeté au delà. Ici encore, que les phénoménistes se gardent bien de ne voir qu'une face des choses par crainte de la métaphysique.

Mais ne parlerions-nous pas de l'indéfini en croyant parler de l'infini ? La distinction est fondée, mais n'a point ici d'à-propos. L'infini, dit-on, est à l'indéfini comme l'actuel au potentiel ; l'un marque l'illimitation achevée, l'autre l'illimitation possible ; le premier n'a rien de commun avec le fini, le second reste toujours fini, bien qu'il se prête à un accroissement infini. Pour nous, de deux choses l'une : ou l'indéfini est fini, et seulement fini ; ou il est infini et seulement infini. Cette nature mitoyenne qu'on prétend lui assigner est incompréhensible. Pour se prêter à un accroissement illimité, il faut être actuellement illimité. Ce qui est fini, loin d'avoir la possibilité de s'agrandir infiniment, ne peut s'agrandir en aucune façon. Posez une limite à un objet, et il restera ce qu'il est. On invoque l'exemple du nombre, qui est actuellement fini et qui a pourtant la puissance de s'accroître, de s'accroître à l'infini : mais justement, cette puissance n'est pas celle du nombre. Un nombre ne s'agrandit pas, il fait seulement place à un nombre plus grand. Ce qui s'agrandit, c'est la série que les nombres marquent successivement: chacun d'eux reste à tous égards ce qu'il est d'abord. Bref, l'infini ne devient pas; il est, ou n'est pas, d'emblée; et il n'y a pas lieu d'intercaler l'indéfini entre lui et le fini. C'est donc bien de l'infini que nous avons parlé jusqu'à présent.

L'infini ne sera donc pas placé sur la même ligne que l'absolu? Non, la correspondance de l'absolu avec le différent s'y oppose. Mais il n'y a pas lieu de s'en effrayer : les arguments que l'on pourrait invoquer pour la réunion des deux notions sont sans valeur. Ils se basent, en effet, sur cette proposition inacceptable : toute limitation est un conditionnement. Oui, sans doute, la limitation peut s'entendre comme une sorte de conditionnement, si elle vient du dehors ; non, si elle vient de l'être qui la subit. Mais comment un être consentirait-il à se limiter lui-même, demande Spinoza; comment supposer que, pouvant être plus, il se résigne à être moins? C'est que justement la limitation ne l'amoindrit pas. Au contraire, elle exprime son achèvement, et par cela même tout ce qu'il peut réaliser. Loin d'être une diminution de la réalité, la limitation en est la marque évidente. Il suffit, pour le comprendre, de se dégager de la notion mathématique du plus et du moins qui n'a point affaire ici. Mais encore, dira-t-on, comment l'être qui n'est pas se donnerait-il la limitation qui le fait être? Ce n'est pas possible assurément. Une limitation donnée à soi-même n'est pas plus intelligible qu'une *causa sui*. Aussi bien n'en parlons-nous pas.

puisque l'absolu est ici en question, nous disons, conformément à la nature de l'absolu, que l'être apporte avec lui sa limitation, qu'elle lui est inhérente, qu'elle fait partie de sa nature. Ainsi sommes-nous autorisé à affirmer que l'inconditionné peut être limité, et finalement que les notions d'infini et d'absolu ne s'appellent pas l'une l'autre.

D'autre part, l'infini va nécessairement avec le causal. Impossible de mettre une limite à l'application de la causalité. Quand on s'arrête, selon le conseil d'Aristote, c'est qu'on est fatigué, ce n'est pas qu'aucune puissance logique l'exige. Bien plus, l'arrêt ne saurait être que provisoire. Le dernier terme en demande toujours un autre, le dernier déterminant doit toujours être un déterminé, et réciproquement. Nous avons dit que l'absolu ne saurait être cause première, attendu qu'il y a opposition entre l'idée de cause et celle d'absolu : nous pouvons ajouter maintenant qu'il y a contradiction entre l'idée de cause et celle de terme premier. La cause première de la tradition n'est qu'un absolu posé par lassitude au travers de l'enchaînement causal. Or l'absolu ainsi posé, loin d'être un anneau nécessaire de la chaîne causale, en est la brusque et arbitraire négation. Pour la science déterministe, il y a des derniers termes obtenus, il n'y a ni dernier ni premier terme en soi. Qu'on ne dise pas que la causalité pourrait, sans se détruire, se restreindre à des séries partant d'un terme donné, ou bien comprises entre deux termes. Elle n'aurait même pas lieu de s'exercer. Ces deux termes étant des absolus, l'un devrait ne rien produire, l'autre n'être produit par rien : entre les deux serait le vide. Et puis, ne serait-ce pas contraire à la causalité, que de poser à tel moment un terme qui lui échapperait ? Aussi loin qu'on s'avance, les circonstances restent les mêmes pour la pensée : comment donc pourrait-elle changer de voie ?

Nous nous exposons, il est vrai, à l'objection du nombre infini. Admettre un enchaînement causal à l'infini, n'est-ce pas admettre, dans le passé, une série infinie de causes réelles, et par conséquent la contradiction d'un nombre infini ? On l'a prétendu à tort. D'abord la série des faits de conscience ne se déroule, à rigoureusement parler, que dans le sens du présent à l'avenir. Une fois produits, ils tendent à disparaître, et bientôt, en effet, ils ne sont plus. Le langage le dit fort bien, ils sont passés. Les découvrir, c'est les reproduire, ou du moins en produire d'autres que nous croyons analogues à eux. Tous les faits apparaissent donc dans le même sens ; ce n'est qu'à la suite d'un jugement, ultérieur lui-même à leur production, que quelques-uns sont disposés en sens inverse, et que la distinction entre l'avenir proprement dit et le passé s'établit. Or, personne ne prétend que la suppression de tout arrêt dans l'avenir doive aboutir à la contradiction du nombre infini. D'ailleurs, rien n'oblige à considérer comme un tout numérique les causes passées. Il n'y a de tout numérique qu'en tant que la pensée en forme ; d'autre part, la pensée n'est astreinte à en former que s'il y a lieu de le faire, c'est-à-dire si les conditions d'un tout sont réalisées ; or ici, elles ne le sont pas, puisque, en vertu de la loi d'infini, les parties ne sauraient jamais être toutes obtenues. Il n'est même pas nécessaire, en pratique, de dépasser les arrêts provisoires : il suffit qu'on les tienne pour ce qu'ils sont.

Cependant le réel, le réel proprement dit (car le possible, en un sens et au premier moment, est lui aussi réel), n'est pas donné en séries infinies. Dans chaque série, nous ne tardons pas à voir cesser les perceptions dites réelles. La division et l'agrandissement à l'infini nous transportent rapidement dans le pur possible. Si donc la science, par sa correspondance avec le causal et le ressemblant, est vouée à l'infini, l'harmonie entre elle et le réel n'est-elle pas compromise, et ne sommes-nous pas exposés à de légitimes attaques de la part du scepticisme? — Mais n'est-ce pas chose entendue que la science ne fait pas complètement face au réel? La réduction et la définition ne se produisent-elles pas dans l'abstrait, c'est-à-dire sur un seul élément des choses? Il est vrai que l'élément ressemblant, et l'abstrait qui se fonde sur lui, ne sont pas nécessairement le possible auquel entraîne l'infini. Ils en sont en tout cas l'origine. En effet, quand le réel cesse d'être donné, son élément ressemblant doit cependant persister. Persister, mais uni à un nouvel élément différent dans un nouveau fait, puisqu'il ne suffit pas à sa propre existence. Or, le réel ne fournit plus d'élément différent. Il faut donc que l'esprit en conçoive. Et ainsi nous arrivons nécessairement au pur possible. Ce n'est pas tout. Comment l'élément différent, quand il n'est pas donné dans le réel, est-il conçu par l'esprit? Il est évidemment élaboré comme un produit. Le véritable différent n'est pas un produit, il ne se forme pas, il ne s'élabore pas; mais le différent du possible, en tant qu'il n'est pas donné, ne saurait être un véritable différent. Et comment est-il produit? Au moyen de qualités déjà formées, en d'autres termes par des abstraits généraux. De la sorte, le possible est non seulement postulé, mais encore constitué par l'abstrait. L'infini ne fait donc pas entrer la science dans un monde nouveau. S'il y avait discordance entre elle et le réel, ce ne serait pas seulement ici qu'il faudrait s'en apercevoir. — Ensuite, entendons-nous sur les rapports du réel et de l'infini. Le réel ne nous est pas donné en séries infinies, c'est vrai, et pourtant nous ne pouvons être certains d'en avoir la fin dans une série. Logiquement, il n'y a jamais d'impossibilité à ce que le réel soit encore donné. On doit se tenir toujours dans le provisoire à son égard. C'est cette incertitude qui, jointe à la difficulté d'observer certaines perceptions pourtant réelles, condamne d'avance toute synthèse totale du monde. Il n'y a donc pas contradiction entre l'attitude que l'on doit prendre pour le réel et celle qui est imposée à la science. De part et d'autre, on ne saurait prétendre au définitif. — Enfin il nous reste toujours la ressource de distinguer entre le possible et le réel. Il est évident que, si on les laissait confondus, et si, comme Zénon d'Élée, par exemple, on basait des raisonnements sur cette confusion, comme lui on rendrait incompréhensible ce qui nous paraît le plus clair, et inacceptable même ce qui s'impose à nous avec force. D'autre part, on ne pourrait émettre aucune théorie, même provisoire (en aucun cas, on le sait, il ne saurait être question de théorie définitive), sur le commencement des choses. Il est permis sans doute de s'arrêter provisoirement dans l'enchaînement causal des possibles, mais on n'a aucune raison intellectuelle de le faire à tel moment plutôt qu'à tel autre : au contraire, dans l'enchaînement des causes réelles, le moment de l'arrêt est tout indiqué par la cessation même des perceptions réelles. Distinguez les deux cas, et la science peut, sans renier son principe, travailler à satisfaire les légitimes curiosités éveillées sur cette question. Serait-ce donc que cette distinction elle-même n'est pas au pouvoir de la science? Mais comment confondre la perception qui est donnée avec celle qui est élaborée, celle dont la nature et l'existence s'imposent en même temps, avec celle dont l'existence seule s'impose, et qui doit se tirer entièrement d'une combinaison d'abstraits déjà formés? N'est-ce rien de caractéristique que d'avoir d'un côté le différent inconvertible, et de ne pas le trouver de l'autre côté? Certes, nous reconnaissons sans peine que la distinction n'est pas toujours aisée en pratique : il suffit actuellement qu'elle soit rigoureuse en principe.

Ne perdons pas de vue notre sujet, et concluons que les Grecs avaient bien raison de déclarer infinie la matière, c'est-à-dire ce qui leur représentait la possibilité permanente d'existence. Ils auraient pu encore rapprocher l'infini du causal, du scientifique, bref de tout ce qui tient au ressemblant. Que de difficultés, que d'erreurs, auraient été évitées, si l'on n'avait pas tenté d'autres rapprochements!

Arrêtons là notre première étude. Nous avions à examiner, au point de vue de la réduction et à celui de la définition, une dernière diversité de l'expérience; en d'autres termes, nous avions, d'une part, à fixer une dualité immédiatement réductible à la conscience, et d'autre part, à expliquer ce qu'est cette dualité à l'égard de l'abstrait suprême ou de la conscience. Parmi les abstraits élevés, nous en avons remarqué deux, le différent et le ressemblant, et après les avoir étudiés de près, nous avons pu établir qu'ils sont fondés l'un et l'autre sur la réalité, ainsi qu'ils le paraissent au premier coup d'œil. A aucun point de vue on n'est autorisé à tenir leur fondement pour illusoire, car les sciences particulières, la science en général, et la pensée elle-même le supposent. De même, on n'est en aucune façon autorisé à les dériver l'un de l'autre, comme s'ils étaient inégalement élevés ; les idées de composition et de développement, idées inacceptables d'ailleurs quand il s'agit de la réalité dernière, ne sauraient rendre compte de l'un sans l'autre ; et, si le ressemblant se présente comme un moindre différent, le différent se présente aussi bien comme un moindre ressemblant. Fondés l'un et l'autre sur la réalité, dualité de termes finalement inconvertibles, ils sont en même temps dualité dernière. Non seulement ils dominent les sciences particulières, mais encore ils sont à l'origine de la pensée, qui ne saurait s'exercer sans eux. Enfin, puisqu'ils sont opposés, et non contradictoires, puisqu'ils sont conçus l'un et l'autre dans la conscience, ils sont réductibles à l'abstrait suprême. Mais que marquent-ils dans la conscience? Ils ne marquent ni deux espèces de faits, ni deux espèces de moments : pour plusieurs raisons, principalement parce que moments et faits ne peuvent se dire que de choses indépendantes, complètes, fermées, et que cette propriété est en contradiction avec l'union indissoluble dans la réalité du ressemblant et du différent. Ils marquent plutôt deux faces de la conscience, c'est-à-dire la coexistence, la simultanéité, de deux manières d'être nécessaires l'une et l'autre à la réalité, toujours inséparables, excepté dans la décomposition idéale de l'abstraction. Tel est le premier résultat de la philosophie générale, et il n'est pas permis de le juger de peu d'importance, surtout quand on rapproche le différent et le ressemblant de deux séries d'abstraits qui leur correspondent, — tels que l'actif, l'instable, l'agréable, le non scientifique, l'absolu, le fini, pour le premier, — et l'inactif, le stable, le non agréable, le scientifique, le causal, l'infini, pour le second. Il en résulte des conséquences bien appréciables, soit dans la définition de la métaphysique et de la science, soit dans la critique de bon nombre de doctrines philosophiques. Le champ de l'expérience en est considérablement agrandi, il comprend plusieurs éléments qu'on reléguait dans un monde prétendu supérieur aux phénomènes, il comprend même un élément inconnaissable à côté d'un élément connaissable, et ainsi sont condamnées deux séries opposées d'exclusions.

DEUXIÈME ÉTUDE

LES MOMENTS DU PHÉNOMÈNE

CHAPITRE I

Propositions

Portons maintenant nos regards sur la distinction des deux principaux groupes de sciences particulières : peut-être y trouverons-nous une autre dernière diversité, et par conséquent le sujet d'une nouvelle étude pour la philosophie générale. Les discussions modernes nous poussent vivement de ce côté. Le problème du psychique et du physique est bien le problème par excellence des dernières périodes philosophiques. Ce n'est pas à dire qu'il soit plus important que celui du ressemblant et du différent. Tous les deux s'imposent également à une philosophie compréhensive. D'ailleurs ils sont si étroitement liés qu'on ne saurait les traiter convenablement l'un sans l'autre. Maintes fois, dans l'étude précédente, nous nous sommes appuyé sur les solutions qui vont être établies, et, pour les établir, nous serons constamment appelé à regarder vers les solutions de l'étude précédente.

Lorsqu'il s'agissait du différent et du ressemblant, nous ne nous sommes pas demandé s'il était possible de placer entre eux un autre terme. Ici, au contraire, la question s'impose. N'y aurait-il pas, à côté du psychique et du physique, un terme intermédiaire, celui qu'on appelle improprement l'inconscient? L'inconscient, encore une fois, on ne saurait le trouver dans le monde de l'expérience. On ne connaît, on ne pense, on ne sent, que de la conscience, et ce qu'on place au delà, sous le nom de monde physique, n'est que de la conscience extériorisée. Comment la conscience peut-elle être dite physique, comment peut-elle s'extérioriser, et en quelque sorte se déconsciencier, nous le rechercherons plus tard; en attendant, tenons fermement pour fait de conscience tout ce que nous concevons, même ce qui semble au premier abord d'une autre nature. Mais n'y aurait-il pas, dans le domaine général de la conscience, un domaine d'un ordre intermédiaire entre l'ordre physique et l'ordre psychique? La conscience ne se présenterait-elle pas, à un certain moment, de telle manière que la classification reçue en deux ordres serait insuffisante à l'exprimer tout entière? Voilà un sens scientifiquement acceptable de la fameuse question de l'inconscient. Ainsi débarrassée de nombreux éléments qui en ont ordinairement compliqué la discussion, elle sera aisément résolue. A notre avis, cet ordre intermédiaire ne saurait être défendu par aucune considération sérieuse.

On remarquera d'abord qu'il n'a pas été invoqué en sa faveur de caractère vraiment distinctif. Aucune idée positive ne nous est donnée de sa nature. Il est question de ce qu'il n'est pas, et non de ce qu'il est. Et à l'égard de quoi, n'est-il pas ceci ou cela? A l'égard de deux termes, le psychique et le physique, qui se nient entièrement l'un l'autre, de telle sorte que tout ce qu'on supprime de l'ordre intermédiaire se trouve déjà également supprimé de l'un ou de l'autre. Il ne lui reste ainsi rien de propre, pas même à un point de vue négatif. Or l'irréductibilité ne s'établit que sur un caractère propre. — Mais suivons sur leur terrain les partisans de l'ordre intermédiaire. Ne pouvant le défendre directement, ils le considèrent au point de vue des deux autres ordres. Or voici, après notre transposition du problème, quels pourraient être leurs arguments.

Cet ordre serait nécessaire en premier lieu pour l'intelligence des rapports du psychique et du physique. — Rapports de nature. Comprendrait-on qu'entre deux termes aussi différents, il n'y eût pas de point de jonction ? Leibniz a dit vrai quand il a posé que « rien ne saurait naître tout d'un coup, la pensée non plus que le mouvement ». Il y a de la continuité dans les choses, il doit y en avoir entre le physique et le psychique, et il ne peut y en avoir que par un terme intermédiaire participant de l'un et de l'autre en même temps. — Rapports d'apparition. La détermination réciproque de deux termes si différents n'est-elle pas plus intelligible, si elle se fait par un terme intermédiaire? Ou bien encore : chaque fait psychique est déterminé par un groupe d'antécédents physiques, et, d'après le principe de causalité, chacun d'eux doit contribuer pour sa part à produire ce fait; or, examinez ce que chacun produit séparément : ce n'est pas psychique; il faut donc que ce soit d'une nature intermédiaire entre le physique et le psychique.

Réservons notre propre explication de la continuité dans la nature, ainsi que de la détermination réciproque du psychique et du physique, et qu'il nous suffise de dire que, au point de vue même qui vient d'être rappelé, l'ordre intermédiaire est ou bien inutile, ou bien insuffisant. — Inutile, si l'on ne demande qu'une continuité et une détermination approximatives. Il suffit, d'une part, d'admettre des dégradations nombreuses, sinon entre le physique et le psychique eux-mêmes, du moins dans l'accentuation physique et psychique des différents faits. Il suffit, d'autre part, de regarder comme des antécédents physiques s'ajoutant aux précédents, tous les effets qui n'aboutissent pas à un conséquent psychique. Ils ne sont pas perdus pour cela, et ne contribuent pas moins à l'apparition de ce conséquent. J'entends le bruit de la mer, disait Leibniz, et je ne remarque point le bruit de chaque vague; pourtant il faut bien que le bruit de chacune soit entendu, puisque c'est l'ensemble de tous ces bruits qui forme le bruit de la mer. Ce n'est pas nécessaire; il suffit que le mouvement de chaque vague ébranle l'organisme physique (pour parler comme tout le monde), qu'il contribue à le mettre au point où il peut déterminer une perception auditive. Certainement celle-ci n'aurait pas lieu, s'il n'y avait qu'une seule vague; mais pourquoi? Tout simplement parce que l'organisme ne serait pas en l'état voulu, en termes plus scientifiques, parce que les antécédents physiques nécessaires feraient défaut. Que les antécédents physiques se groupent dans le sens de la succession, ou qu'ils soient simultanés, l'explication peut être la même. En vain M. Taine prétend-il que si chaque dent de la roue dentée, si chaque vibration de l'éther, ne produisait une sensation élémentaire, un nombre quelconque de dents ou de vibrations successives de l'éther ne produirait pas une sensation consciente. Chaque mouvement physique, répondons-nous, laisse l'organisme dans un état qui le prédispose à être plus facilement et plus profondément ébranlé par les mouvements suivants; donc, on peut dire que chaque mouvement physique prépare, pour une part proportionnelle à sa puissance, l'apparition du conséquent. On évite d'ailleurs ainsi plusieurs difficultés, entre autres celle de réduire à un composé, à un total, le fait psychique.

Mais peut-être ne se contente-t-on pas de si peu; peut-être veut-on une continuité et une détermination rigoureuses. Alors le terme intermédiaire est moins qu'inutile, il est insuffisant. Loin de faire disparaître l'abîme que l'on voit avec raison entre le physique et le psychique, il en crée deux : c'est ainsi qu'en introduisant 1 $\frac{1}{2}$ entre 1 et 2, on se met dans l'obligation de combler deux intervalles aussi difficiles à combler que le premier, celui qui sépare 1 de 1 $\frac{1}{2}$ et celui qui sépare 1 $\frac{1}{2}$ de 2. Ce n'est pas un terme, c'est un nombre infini de termes qu'il faudrait introduire, et il n'y a pas de nombre infini. De même, le passage du conséquent intermédiaire au conséquent psychique reste inexpliqué, aussi bien d'ailleurs que celui de l'antécédent physique au conséquent intermédiaire. On ne tiendra pas, en effet, pour exactement conforme au principe de causalité que le physique produise un terme d'un ordre supposé irréductible à lui, et que la réunion de plusieurs intermédiaires non psychiques constitue un terme pleinement psychique. Il faudrait donc intercaler des deux côtés de nouvelles déterminations encore à l'infini, et comme l'infini ne s'épuise pas, l'inexpliqué subsisterait toujours.

Mais ce ne sont pas seulement les rapports du physique et du psychique qui nécessiteraient l'existence d'un troisième terme ; ce seraient aussi les deux premiers ordres considérés en eux-mêmes. De part et d'autre on trouverait des faits dont la cause prochaine ne saurait être ni physique, ni psychique. Ce serait le cas, du côté psychique, des faits de mémoire, d'association, d'inspiration artistique ou scientifique, ou encore de certaines variations dans les sentiments, de la remarque de certains contrastes, etc… Du côté physique, ce serait le cas de certains ébranlements nerveux, de certaines accommodations d'organes. — Il est vrai, répondons-nous, que la cause de ces différents faits n'est pas toujours facile à préciser. Quand nous cherchons à produire leurs analogues sans écart différentiel important (c'est en cela, on le sait, que consiste la recherche des causes), nous sommes obligés de passer par la conception d'un bloc d'antécédents très vaguement connu dans ses parties. Les faits nettement perçus ne suffisent pas à amener insensiblement l'analogue cherché ; il faut leur en adjoindre d'autres ; et comme nous ne pouvons saisir clairement ceux-ci un à un, nous les concevons réunis en un total qu'il nous est permis de considérer fermement. — Mais pourquoi la difficulté de saisir ces causes les rendrait-elles étrangères au physique et au psychique? Connaissons-nous donc clairement tout ce qui appartient à ces deux ordres? Tout ce qui leur appartient est sans doute dans la conscience, et tout ce qui est dans la conscience a un élément connaissable, mais nous verrons bientôt que cet élément est quelquefois singulièrement faible. « Nous avons, a dit Leibniz, de petites perceptions dont nous ne nous apercevons point dans notre état présent. Il est vrai que nous pourrions fort bien nous en apercevoir et y faire réflexion, si nous n'étions détournés par leur multitude, qui partage notre esprit, ou si elles n'étaient effacées, ou plutôt obscurcies par de plus grandes [1]. » Pour ces raisons, ou pour d'autres, la chose est vraie. Nous l'établirons dans l'ordre physique aussi bien que dans l'ordre psychique. Dès lors, pourquoi recourir à un ordre intermédiaire qui ne nous offrirait rien de nouveau, et ne nous dispenserait pas de l'indécision sur le détail, qui est d'ailleurs nécessaire à sa défense?

Ainsi, il n'y a pas plus de deux termes à la hauteur du psychique et du physique. Mais y en a-t-il deux? L'un des deux ne serait-il pas illusoire, ou seulement dérivé de l'autre, réductible à lui? — Illusoire, personne ne le prétend sérieusement. Pour tout le monde, la distinction subsiste jusqu'au sommet des

[1] *Nouveaux essais.* Livre 2, chap. IX.

sciences particulières, et se fonde sur la réalité. — Réductible, on le prétend de bien des côtés. N'avons-nous pas dit que, pour quelques philosophes, la psychologie n'est qu'un chapitre de la physiologie, le plus délicat, le plus embrouillé? Pour d'autres, les phénomènes de conscience ne sont-ils pas exclusivement des phénomènes psychiques? Si donc le physique connaissable doit, comme nous l'affirmons, rentrer dans la conscience, il ne peut y parvenir, d'après cette dernière théorie, qu'à titre de dérivé du psychique. — Cherchons si une telle réduction est possible.

Malheureusement cette enquête nous oblige à descendre dans les sciences particulières, pour en revoir les réductions supérieures. Celles-ci ne sont pas encore définitivement arrêtées, et pourtant c'est à elles que nous allons demander notre point de départ. Le meilleur moyen d'être renseigné sur la réductibilité du physique au psychique, ou du psychique au physique, n'est-ce pas de bien connaître les caractères distinctifs de ces deux termes? Et, pour connaître ces caractères, ne faut-il pas savoir sur quels abstraits immédiatement inférieurs ils s'élèvent, et quels sont les caractères de ces abstraits? Quand il s'agissait du différent et du ressemblant, nous avions une notion assez claire des termes du problème pour nous dispenser de cette recherche préalable. Il suffisait de montrer que l'un ne peut être le produit de la combinaison ou du développement de l'autre, et cela parce que tout développement et toute combinaison les supposent l'un et l'autre. Ici l'argumentation ne serait pas immédiatement évidente. Il faut auparavant déterminer avec précision ce que nous entendons par chaque terme et par ses subordonnés immédiats.

Commençons par les réductions supérieures de la psychologie : ce sont celles qui nous prendront le plus de temps, soit qu'elles laissent plus à désirer pour le moment que les autres, soit qu'elles aient, comme le veut l'usage, une portée plus directement philosophique. — Et avant d'aller plus loin, disons que nous ne songeons pas à considérer, dans la vie psychique, d'autres abstraits que les trois termes de la division devenue classique : l'intellectuel, l'affectif, et le volitionnel. Tous les autres méritent à peine d'être signalés. Le langage, les penchants primitifs, la faculté personnelle, etc., proposés par Jouffroy, se réduisent aisément à des termes plus généraux, au sein même de la vie psychique. Quant aux mouvements physiologiques, musculaires ou nerveux, qui ont été proposés dernièrement, ils n'ont d'autre titre à faire partie de la vie psychique que leur propriété de l'influencer directement et d'en être directement influencés : ce n'est assurément pas assez. La détermination elle-même des mouvements, ou faculté motrice, ne doit pas davantage subsister : elle n'a rien de spécialement psychique, à plus forte raison de spécialement volitionnel, comme on l'a souvent prétendu. Elle est la conséquence du différent, et c'est dans une autre direction qu'il faut la chercher. Il est presque inutile d'ajouter que nous ne devons pas nous arrêter devant ce qu'on a appelé les facultés de l'âme. Si ces facultés sont, comme l'a formulé M. Waddington, « des puissances intermédiaires entre l'essence plus ou moins cachée de notre être et ses modifications passagères », en tout cas si elles sont des réalités distinctes des phénomènes de conscience, elles appartiennent à la métaphysique, qui doit elle-même avoir beaucoup de peine à s'en accommoder. D'autre part, si elles rentrent dans le monde des phénomènes, c'est sans doute à titre d'abstraits, de classes, mais de classes et d'abstraits qui sont à former, qui marquent par conséquent le but à atteindre sans nous faire avancer d'un pas vers lui. — Contre la division classique elle-même, nous avons dès l'abord une forte présomption. N'avons-nous pas dit que tout abstrait plus large s'élève sur une dualité? Si donc l'on garde trois abstraits psychiques de même hauteur, c'est qu'on n'a pas poussé assez loin la réduction. Mais peut-être notre opinion sur les conditions de la réduction est-elle trop absolue. Et d'ailleurs, quel est celui des trois abstraits qui doit être dérivé de l'autre? C'est à un examen comparatif d'en décider.

La volonté joue un rôle très important dans la vie psychique. Elle éclate surtout dans les cas de délibération. Après la conception et la comparaison des motifs, il y a la volonté de faire ou de ne pas faire, ou encore d'ajourner l'action et la décision. Même pendant le cours de la délibération, la volonté peut s'exercer : par exemple, dans le choix des motifs, dans la durée et la netteté de leur comparaison, etc. Inutile d'insister. Il ne s'ensuit pourtant pas que la volonté forme un ordre distinct de l'intelligence et du sentiment. Peut-être, au contraire, est-il juste de la réduire à un de ces termes. A notre avis, il n'est pas impossible de triompher des objections que l'on a soulevées contre cette tentative.

Voyons d'abord les objections tirées des rapports d'apparition. — « Le plus grand nombre de nos pensées, d'après M. Rabier, n'est point pour nous l'occasion d'un acte de volonté. Les fonctions représentatives ou affectives s'exercent chez nous d'une façon presque continue; l'acte de volonté est intermittent. L'enfant nouveau-né, non plus que l'animal, n'a point de volonté; ni le vieillard retombé en enfance. Dans la vie même de l'homme fait, l'acte proprement volontaire est moins fréquent qu'on ne le croit. Ce qui nous fait agir la plupart du temps, c'est l'instinct, la passion, l'habitude... L'expérience nous fait constater en outre que l'énergie du vouloir n'est pas toujours proportionnelle à celle de l'intelligence ou de la sensibilité. Les esprits les plus ouverts ne sont pas toujours les plus résolus. Au contraire, cette faculté de voir en toute chose le pour et le contre, cette impartialité de jugement met souvent de l'indécision et de l'inconstance dans les volontés. D'autre part les hommes les plus passionnés n'ont pas non plus les caractères les plus fermes. La passion annihile la volonté ou la subjugue [1]. »

---

[1] *Psychologie*, p. 86 et 87.

N'insistons pas sur certaines dénominations (par exemple, celle d'hommes passionnés, destinée à indiquer ceux chez qui le sentiment domine), bien qu'elles donnent lieu à une fausse argumentation ; remarquons seulement que l'on peut signaler, entre des termes réunis sous un même abstrait, par conséquent entre les différentes fonctions intellectuelles ou les différents états affectifs, des séparations et des disproportions analogues à celles qui nous sont rappelées. Cela suffit à invalider la conclusion qu'on prétend tirer en faveur de l'irréductibilité de la volonté.
— Les fonctions représentatives ou affectives, est-il dit, s'exercent d'une façon presque continue. Entendons-nous : ce qui est continu, c'est la vie intellectuelle et la vie affective, et non chacune de leurs formes. Parmi celles-ci, les unes sont très fréquentes, c'est vrai, mais d'autres le sont beaucoup moins. Les formes fréquentes sont les formes élémentaires : ce sont les perceptions concrètes, ce sont les douleurs et les plaisirs organiques, ce sont les sentiments qui succèdent à une activité intellectuelle peu marquée. Au contraire, les sentiments délicats, ou d'ordre franchement idéaliste, tels que les sentiments esthétiques, moraux, scientifiques, religieux, ainsi que les opérations supérieures de l'intelligence, sont affectés d'intermittence comme les volitions ; ils sont loin de remplir toute notre vie, et dans certaines vies ils apparaissent rarement. Si donc la volonté faisait partie de l'intelligence ou du sentiment, elle se distinguerait à cet égard de quelques-unes de leurs formes, mais non de toutes. — La volonté, est-il dit encore, s'exerce en raison inverse de la pen-

sée et du sentiment ; en tout cas, elle ne leur est nullement proportionnelle. Mais les perceptions élémentaires de la vie intellectuelle sont-elles aussi abondantes et aussi vives qu'à l'ordinaire, lorsque l'esprit s'avance dans les spéculations supérieures? Les affections organiques, agréables ou désagréables, ne perdent-elles pas de leur importance, quand la vie psychique est dominée par une grande joie ou une grande douleur morale, ou même par un vif sentiment esthétique? Pourquoi une semblable disproportion n'existerait-elle pas entre la volonté, considérée comme une espèce d'intelligence ou de sentiment, ces autres espèces rentrant dans un de ces deux genres?

Laissons donc les rapports d'apparition, et considérons ceux de nature. — Ici, il faut commencer par se dégager d'une arrière-préoccupation de l'ultra-phénoménal, qui égare souvent l'esprit. Sous son influence, on persiste à croire, même lorsqu'on n'étudie la vie psychique que dans son existence phénoménale, que les phénomènes ne se suffisent pas. On fait deux parts dans la vie psychique : là, les matériaux à mettre en œuvre, et ici la mise en œuvre. Celle-ci se manifeste sans doute dans le phénomène, mais on lui accorde quelque chose d'ultra-phénoménal. Au lieu d'être inhérente aux matériaux eux-mêmes, d'en être inséparable, elle s'en distingue. Or, comme la volition semble correspondre à cette mise en œuvre des matériaux fournis par le sentiment et la pensée, on la sépare de ces deux ordres. Conclusion qui ne s'appuie pas sur des prémisses suffisantes. — D'ailleurs ce procédé indirect, analogue à celui que nous avons rencontré au sujet de l'ordre intermédiaire entre le psychique et le physique, est loin de nous satisfaire. Y a-t-il dans la nature de la volonté un caractère absent de l'intellectuel et de l'affectif? Voilà toute la question. Si ce caractère existe, l'irréductibilité est aussitôt assurée, mais elle ne l'est qu'à cette condition.

On attribue ordinairement à la volonté l'activité. « On reconnaît généralement, dit M. Janet, entre l'intelligence et le sentiment, une troisième faculté qu'on appelle activité ou puissance d'agir[1]. » — Certes, nous ne nions pas qu'il y ait de l'activité, et beaucoup d'activité, dans la volonté; mais nous nions que cela soit un caractère distinctif de la volonté. L'intelligence et le sentiment qu'on place à côté de l'activité, en sont eux aussi tout pénétrés. Dans toute réalité phénoménale il y a de l'actif, attendu qu'il y a du différent; or, le différent serait-il tout entier dans la volonté? Ne se trouverait-il pas également dans l'intelligence et le sentiment? — Mais peut-être l'activité de l'intelligence et du sentiment n'est-elle pas la véritable activité, l'activité complète? Peut-être la volonté est-elle seule à « renfermer tous les éléments de l'idée d'activité »? En vérité, nous ne connaissons qu'une activité, et nous ne voyons pas quel élément pourrait faire défaut à celle dont nous venons de parler.

Serait-ce la production du mouvement? « En un sens, dit

[1] *Traité de philosophie*, p. 273.

M. Janet, on peut dire que l'activité enveloppe et contient toutes nos facultés et qu'elle est le fond de notre être... En un sens plus spécial, on entend par activité la faculté de produire des actions, c'est-à-dire de mouvoir notre propre corps, et par le mouvement de notre corps de produire certains effets au dehors. C'est en ce sens qu'on oppose la pensée à l'action. » — A notre avis, les deux sens se confondent, ainsi que nous l'avons déjà donné à entendre. La production du mouvement est la conséquence naturelle de l'activité, puisque celle-ci est une source de changement, et que le mouvement n'est qu'un changement bien accusé. Disons, pour être plus rigoureux, que toute activité ne produit pas du mouvement, mais est de nature à en produire. La restriction provient du degré d'intensité, et non de l'essence de l'activité. — Et si l'on nous fait remarquer qu'il s'agit, non pas de la production d'un mouvement quelconque, mais de celle d'un certain mouvement, nous répondrons qu'ici encore il n'y a pas deux questions. On a comparé l'activité à « une source vive dont les eaux, d'abord contenues de toute part, s'échappent par toutes les issues qui leur sont ouvertes » : c'est à tort. La direction des eaux et leur issue particulière sont déjà déterminées, autant du moins qu'elles peuvent l'être, dans leur source même. Le changement n'est jamais un changement quelconque, mais un certain changement. L'état qui suit reste indéterminé par une face à l'égard de celui qui précède, mais là où il est déterminé, il l'est avec toute la précision que comporte sa nature. Demanderait-on davantage? Prétendrait-on faire reculer par la volonté l'indétermination dont il vient d'être question? Ce ne serait pas sans raison, mais ce serait abandonner, nous le montrerons bientôt, le point de vue strict de l'activité.

Est-il nécessaire d'ajouter que ce que nous venons de dire au sujet de la puissance de changement pourrait être répété au sujet de la tendance? Entre la tendance et la puissance de changement, nous ne voyons pas de différence. La disposition à passer d'un état à un autre se résout en la propriété d'entraîner du mouvement. Tout ce qu'on pourrait proposer de plus serait inintelligible et ajouté gratuitement. Donc, partout où il y a activité, il y a tendance, comme il y a possibilité de produire du mouvement.

Mais y a-t-il nécessairement aussi effort? Dans la volition, dit M. Rabier, on trouve « deux états, l'un réel, l'autre imaginaire, entre lesquels se place un effort pour passer de l'un à l'autre. » « C'est là l'essence de la volonté », dit de son côté M. Janet au sujet de « l'effort pour atteindre ». Est-ce aussi l'essence de l'activité, de toute activité? Nous le croyons. De même que toute activité est source de changement, de même toute activité enveloppe une résistance, une lutte, ainsi que nous l'avons établi plus haut. Or, si l'effort signifie quelque chose pour nous, c'est comme équivalent de la lutte. Impossible de concevoir en lui un autre caractère à la fois intelligible et distinctif. Donc, partout où il y a activité, il y a effort comme il y a tendance et changement. Que l'effort soit plus évident, plus intense, à tel moment qu'à tel autre, nous l'accordons, mais il ne fait jamais absolument défaut à l'activité.

Et la liberté? A entendre bon nombre de philosophes, la considération de la liberté suffirait, à elle seule, à établir l'irréductibilité de la volonté. Si la volonté n'existait pas comme puissance distincte, dit-on, on n'aurait pas à poser la question de la liberté. Qui songerait à attribuer la liberté au sentiment ou à la pensée? Si quelquefois il peut être question de liberté dans les mouvements de la pensée, ce n'est pas que la pensée soit libre, c'est que la volonté intervient dans ces mouvements. Rien de nécessaire comme la pensée, et l'histoire nous le montre bien par le spectacle des systèmes intellectualistes, qui ont été presque tous des systèmes déterministes. — A notre avis, cette réclamation n'est pas plus fondée que les autres. La liberté véritable, celle qui ne se confond pas avec un déterminisme subtil et compliqué, se trouve certainement dans la volonté. Elle marque alors, nous le verrons bientôt, une prédominance indéterminée donnée à tel objet, à tel rapport. Mais l'indétermination peut se produire également dans d'autres fonctions psychiques. Elle n'a rien de contraire à l'intellectuel. Sans doute, la pensée se borne à poser la liberté, et ne la comprend pas; mais ceci n'est pas actuellement en question. Il y a de la liberté dans la pensée, comme il s'y trouve de l'absolu, encore dans la mesure où il s'y trouve de l'actif. Il y en a aussi dans le sentiment, surtout même dans le sentiment. — Bref, la liberté n'apporte pas un élément nouveau à l'idée d'activité.

Partout où se montre l'activité, apparaît la liberté, de même que l'effort et le changement.

Ainsi, nous trouvons dans l'intelligence et le sentiment tous les éléments d'activité proposés jusqu'ici. Pour mieux dire, l'activité a divers degrés, elle n'a pas divers éléments. Il n'y a pas lieu de la déclarer complète ou incomplète : elle est, ou elle n'est pas, mais, quand elle est, elle est complète. Or, elle est partout où quelque chose existe. Donc, fonder l'irréductibilité de la volonté sur l'activité, c'est, ou bien déposséder sans raison de cette propriété les autres fonctions psychiques ou physiques, ou bien oublier qu'il ne saurait être question d'irréductibilité là où il ne se trouve pas de propriété rigoureusement propre.

Voici pourtant une propriété digne d'être remarquée : l'activité volontaire est une activité consentie. — Cette propriété est bien nouvelle. Toute activité enveloppe un effort et amène du changement, mais toute activité n'est pas consentie. Une activité consentie est un changement accepté à l'avance : or, il n'est pas nécessaire que le changement soit accepté à l'avance; il n'est pas même nécessaire qu'il soit prévu. — Cette propriété est bien psychique. Le consentement volontaire peut porter sur un objet du monde physique, mais il ne saurait prendre son origine dans ce monde. En d'autres termes, le résultat d'une activité consentie peut être physique, le consentement lui-même ne l'est pas. Inutile de le démontrer. — Enfin cette propriété est bien distinctive de l'acte volontaire. Le consentement est, en effet, incontestable dans la volonté. Toujours il y a adhésion, « bon accueil, connivence », pour l'avenir, à l'idée d'une chose, quand nous voulons cette chose. Et nous ajouterons que le consentement ne se trouve que dans la volonté, si l'on nous accorde que le désir rentre dans la volonté. Certes, on a eu raison de prétendre que le désir, même le désir dominant, pour parler avec Condillac, n'est pas identique à la volonté, mais on a eu également raison de l'en rapprocher. Nous en faisons une espèce de volonté. M. Rabier, entre autres, a fort bien démontré que le désir dominant peut, tout comme une volition, être borné au possible, du moins à l'illusion du possible, viser les moyens et non pas seulement la fin, se présenter indivisible, unique, opposé à d'autres désirs, être profondément empreint de personnalité, etc... Mais ne relevons qu'un caractère commun, celui qui se rapporte le plus directement à notre discussion : le désir enveloppe, ainsi que la volonté, un consentement pour l'avenir. Le consentement du désir est moins évident, moins complet, que celui de la volonté; il lui manque une dernière partie, la partie décisive, définitive : il est cependant appréciable. Il faut donc admettre que le désir est un commencement de volonté, si l'on veut définir celle-ci par l'activité consentie. Alors, la définition n'offre pas de difficulté. Il n'y a, en effet, que la volonté qui porte sur l'avenir de la même manière que le consentement.

Mais ce caractère nouveau, essentiellement psychique, distinctif de la volonté, n'est pas un élément constituant de l'idée d'activité. Il s'ajoute à elle, comme le ferait tout autre caractère. En outre, il ne nous oblige point à déclarer la volonté irréductible aux autres abstraits psychiques. Examinons-le de près, et nous verrons qu'il n'est qu'un caractère intellectuel. — Consentir, n'est-ce pas reconnaître préférable? Nous n'y voyons pas autre chose, pour notre compte. D'une part, on ne consent jamais qu'à ce qu'on reconnaît préférable. Même lorsque nous nous décidons à regret, et en sacrifiant d'autres perspectives bien séduisantes, c'est encore le préférable que nous acceptons. Le raisonnement à ce sujet de Socrate, de Leibniz, et de tant d'autres, est parfaitement juste, en dépit de certaines apparences. On peut se tromper en discernant le préférable, mais on ne peut agir que pour l'atteindre. D'autre part, il suffit de reconnaître le préférable pour y consentir. Quelquefois le consentement semble en retard : c'est que le préférable n'a pas été définitivement reconnu, ou encore qu'il y a lutte entre divers préférables et entre divers consentements. — Or, reconnaître le préférable, c'est incontestablement faire acte de pensée. Il n'y a pas deux manières de préférer, une intellectuelle et une autre. Cette autre, nous ne savons ce qu'elle pourrait bien être. « Autre chose, dit cependant M. Janet, est le choix, la préférence de l'intelligence; autre chose est le choix, la préférence de la volonté. » M. Janet l'affirme, mais ne le prouve pas. Que toute préférence de l'intelligence ne soit pas une préférence de la volonté, c'est indiscutable; que toute préférence de la volonté ne soit pas une préférence de l'intelligence, c'est incompréhensible. On ne saisira jamais dans la préférence que ce qui se trouve dans la pensée, à savoir la conscience d'un rapport. — Donc consentir, c'est faire acte de pensée, et la volonté reste dans le domaine intellectuel.

Encore une fois, rappelons que la vie intellectuelle a des manifestations diverses, et qu'on ne saurait l'opposer en bloc à la volonté. Elle est tour à tour perception, abstraction, affirmation, et ces fonctions ou degrés peuvent se distinguer par des caractères nettement marqués. Dans la perception, le sujet se met en rapport avec l'objet tel qu'il est donné, et par conséquent le saisit sous ses deux faces; dans l'abstraction, au contraire, où il y a séparation idéale de l'élément différent et de l'élément commun, le rapport ne s'établit que sous une face; dans l'affirmation, le rapport est rendu ferme, c'est-à-dire déclaré existant, et cela par un rapport nouveau avec ce qui représente l'existence en général, avec l'abstrait suprême. La perception, l'abstraction et l'affirmation n'en restent pas moins, au-dessus de leurs particularités, des opérations essentiellement intellectuelles. Pourquoi n'en serait-il pas de même de la volonté? Pourquoi, tout en gardant sa physionomie spéciale au sein de la vie intellectuelle, ne serait-elle pas réductible à la pensée, comme à un abstrait supérieur? Nous irons plus loin : pourquoi, avant d'être réductible à la pensée, ne le serait-elle pas à un des abstraits subordonnés, à une de ces opérations intellectuelles, que nous venons d'indiquer? A nos yeux, c'est là le vrai; voici comment nous l'entendons :

Affirmer, avons-nous dit, c'est rendre ferme; rendre ferme, c'est déclarer existant un rapport; déclarer existant un rapport, c'est le rapprocher de l'idée la plus large de l'existence, ainsi que l'indique le langage, c'est-à-dire de l'abstrait suprême. Cependant, il n'est pas nécessaire, pour cette opération, de se maintenir rigoureusement à l'abstrait suprême. Il suffit que le rapprochement se fasse avec l'abstrait suprême limité. Or, comme la limitation peut se faire diversement, on est autorisé à distinguer plusieurs espèces d'affirmation. Nous pouvons avoir, d'une part, les jugements : alors l'abstrait suprême est limité par l'idée de présent; d'autre part, les volitions : alors l'abstrait suprême est limité par l'idée de futur. Ne s'agit-il pas, en effet, du futur, dans le consentement volontaire ? N'avons-nous pas dit que l'activité consentie doit être entendue, non seulement comme l'acceptation, mais encore comme l'acceptation à l'avance, d'un changement? C'est même cette particularité de la volonté qui est pour quelques-uns le principal obstacle à la réduction proposée. L'idée d'affirmation comporte cependant l'idée de futur aussi bien que celle de présent. Le rapport peut être rendu ferme, déclaré existant, et pour le moment où le rapport s'établit, et pour le moment suivant. Sans doute, dans les deux cas, il disparaît : mais, dans le premier cas, il cède la place à un rapport qui peut être ou très ressemblant ou très différent, ou plus faible, ou plus fort ; tandis que, dans le second cas, il doit avoir pour successeur un autre rapport ne se distinguant de lui que par la force plus grande de ses termes. Si un rapport pouvait se maintenir après la disparition nécessaire de ses termes, nous dirions que le rapport de la volition ne fait que se renforcer après elle. C'est ainsi qu'il est rendu ferme, qu'il est affirmé pour l'avenir.

Mais, dira-t-on, comment une telle conséquence peut-elle être attendue d'une simple affirmation? Comment accorder à cette fonction intellectuelle la propriété de décider de l'avenir et de réduire l'élément différentiel des termes suivants à un degré supérieur d'intensité? — D'abord, nous ferons remarquer que l'affirmation-volition n'est pas la seule fonction qui décide de l'avenir. L'affirmation-jugement en décide, elle aussi, mais d'une autre manière. Le jugement ne vise pas le différentiel de l'avenir; il le laisse apparaître dans toute son indétermination. La volition, au contraire, vise ce différentiel et le détermine. Son rapport doit se maintenir en se renforçant : voilà le différentiel, le seul, à atteindre. Ce qui pourrait nous étonner, dans la volition, ce serait donc la propriété de déterminer l'avenir sur une aussi large étendue, mais non celle de déterminer l'avenir. — La question n'en est pas moins sérieuse, sans doute. Comment le différent peut-il être déterminé par la volition, lui qui ne dépend de rien et n'est prévu par rien? Il ne suffit pas, pour se tirer d'embarras, de rappeler que l'absolu est un moindre causal. Heureusement il nous est permis de recourir à l'idée d'une détermination du différent par voie indirecte. Le ressemblant, avons-nous montré dès le début, peut se substituer jusqu'à un certain point au différent dans les coordinations scientifiques : pourquoi, dans les déterminations volontaires, n'en serait-il pas de même? Pourquoi ne produirions-nous pas en une certaine mesure le différent par l'intermédiaire du ressemblant ? Il est vrai que le différent qui entre par substitution dans les cadres de la science, est donné, tandis que nous n'avons pas celui dont la volition doit produire le correspondant. Comment donc produire l'un, si nous ne connaissons pas l'autre? Mais justement le correspondant est indiqué par la volition même. En voulant, ne concevons-nous pas le renforcement des termes du rapport? Et cette conception n'est-elle pas une détermination? Maintenant, par quels intermédiaires la détermination s'achève, nous n'avons pas à le rechercher ici. — Nous sommes donc dans l'abstrait? Sans doute. La substitution du ressemblant au différent ne se fait jamais qu'à l'aide de termes déjà encadrés dans la science, et qui sont par cela même des abstraits généraux. Mais est-on certain que nous ne devrions pas quitter le réel, si nous nous placions au point de vue de l'irréductibilité de la volonté? Et puis, il ne faut pas oublier que les coordinations scientifiques n'empêchent pas l'existence du véritable différent. Pourquoi donc les déterminations volontaires s'y opposeraient-elles? Au delà de son substitut causal, tant que nous ne sommes pas dans le pur possible, le différent inconvertible doit se produire; et celui-ci nous fait passer tout à fait dans le monde réel. Mais la volonté n'a point de prise sur lui, il est imprescriptible, il est libre. De la sorte, remarquons-nous en passant, la liberté des volitions doit être cherchée en elles-mêmes, et non dans leurs effets. Ce que produit la volition libre est toujours déterminé. C'est seulement dans la mesure où la volition est impuissante, qu'une place est faite à la liberté.

D'ailleurs, qu'on ne croie pas que, pendant cette dernière discussion, nous ayons perdu de vue l'idée de consentement. Il suffit d'une courte analyse pour montrer qu'elle se concilie fort bien avec notre explication. — Consentir à un changement, c'est le produire, car on ne peut consentir qu'à ce qu'on connaît, et comment connaître l'avenir autrement qu'en lui donnant naissance? C'est le produire, non seulement en faisant place à un différent nouveau, mais en déterminant ce différent lui-même. En effet, le changement est marqué par ce différent, et pour consentir à l'un, il faut bien dominer l'autre. D'autre part, déterminer le différent, c'est le convertir en une combinaison de ressemblants, c'est le ramener au ressemblant. Enfin, ramener le différent au ressemblant, n'est-ce pas prolonger le plus possible ce qui était auparavant, n'est-ce pas rendre ferme pour le futur le rapport précédent, n'est-ce pas affirmer?

Mais ne nous attardons pas à ces développements psychologiques, et bornons-nous à nous demander si l'activité consentie elle-même suffit à caractériser l'acte volontaire. — Qu'est-ce qui ne serait pas suffisamment expliqué? Les effets de la volition? Il semble bien, au premier abord, qu'ils diffèrent d'elle plus que nous ne l'avons marqué. Mais précisons. Entre la volition et son effet, dites-vous, il doit y avoir au moins la distance de la conception à l'exécution, de l'idéal au réel. C'est bien ainsi que nous l'entendons. L'exécution, c'est ici le rapport fort succédant au rapport faible; le réel, c'est ici l'union du différentiel imprescriptible avec celui qu'on a idéalement obtenu. Demandez-vous autre chose encore? C'est que vous vous placez au point de vue inacceptable d'un hors-conscience. Entre le mouvement de mon doigt accepté à l'avance, voulu, et le mouvement réel qui lui succède, il peut n'y avoir pour la science que la distance d'un rapport faible à un rapport fort.

Quant à l'importance accordée à la volonté, elle s'explique encore suffisamment. On serait tenté, au premier abord, d'attribuer à cause d'elle à la volonté une place très élevée sur l'échelle abstractionnelle : ce n'est pas nécessaire. La volonté peut être subordonnée et cependant paraître capitale dans la vie psychique. Il n'est pas nécessaire non plus de croire avec tel philosophe que la volonté, prise dans sa plus haute complexité, est toujours la subordination des fins les plus proches, les plus spéciales, les plus directes, à une fin générale, lointaine, et indirecte : la volonté peut aboutir à une subordination contraire, tout en continuant à offrir ce qui a frappé le monde philosophique aussi bien que le grand public. Tel autre philosophe a cru devoir dire à ce sujet que la volonté marque la prédominance de l'idée de direction, de régularisation, ou encore la prédominance des motifs souvent répétés sur les motifs passagers, de telle sorte que ceux-là seraient ordinairement comme en sentinelle pour refuser ou accepter ceux-ci : c'est toujours confondre la volonté avec une de ses manifestations, et cela sans nécessité. Ce que nous avons proposé est suffisant. Par le fait même que la volonté est tournée vers la réalité future, à laquelle elle consent, et qu'elle prépare partiellement, elle semble supérieure aux fonctions qui se bornent à saisir la réalité donnée. Cette projection dans l'avenir paraît une sorte de création et donne au sujet la conscience d'une haute puissance. En outre, c'est parce que le rapport, ou objet de la volition, agrée au sujet, que celui-ci en prépare le renforcement : il n'est donc pas étonnant que la volition ait été considérée comme l'expression la plus haute de la personnalité.

Ainsi, il nous est permis de conclure que la volonté, n'ayant d'autre caractère distinctif que le consentement à l'activité, ne doit pas être déclarée irréductible aux autres abstraits physiques. Elle ne se confond ni avec la perception, ni avec l'abstraction, ni même avec le jugement, qui est pourtant une affirmation comme elle : elle n'en fait pas moins partie du domaine intellectuel.

Pouvons-nous pousser plus loin notre réduction, ou bien avons-nous atteint la plus haute dualité psychique ? Il faut le savoir, car la nature du psychique que nous cherchons à fixer en dépend. — Négligeons pour le moment les rapports d'apparition entre l'affectif et l'intellectuel : ils ne sauraient nous fournir aucune lumière. Comme au sujet de la volonté, on serait toujours en droit d'affirmer que, dans la même classe, les différentes fonctions peuvent et doivent se produire en raison inverse les unes des autres. Les rapports de nature suffisent d'ailleurs à éclairer la question.

Penser, a-t-on dit, c'est unir, c'est coordonner; disons plus largement, mais dans le même sens, c'est mettre en rapport. L'étymologie l'indique suffisamment. Peser, apprécier, discerner, voilà quelques-unes des notions qu'on trouve à l'origine des désignations de la vie intellectuelle, et tout cela suppose et exprime à la fois un rapport. L'examen détaillé de la vie intellectuelle le confirme. Il va sans dire que les opérations intellectuelles supérieures ne se comprennent pas hors d'un rapport ou d'un groupe de rapports. Un jugement, par exemple, suppose un sujet, un verbe, et un attribut étroitement rapprochés. Les abstraits enveloppent aussi un rapport, celui de l'élément sur lequel ils sont fondés et du sujet qui les dégage du concret. L'abstrait particulier lui-même ne fait pas exception, bien que son extension n'atteigne pas le nombre et par conséquent la pluralité supposée par le rapport. Prenons maintenant ce que la vie intellectuelle nous offre de plus rudimentaire, la perception : ce n'est pas sans raison que M. Janet l'a définie « l'application de l'activité de l'esprit au discernement des sensations », et qu'il a dit : « Il faut au moins deux sensations pour qu'il y ait perception. » La perception d'une certaine chaleur, par exemple, n'est telle que par comparaison avec une autre chaleur plus ou moins intense, donc que par rapport à un autre terme. La chaleur concrète peut bien exister sans cette comparaison comme fait de conscience, mais non comme perception intellectuelle. A supposer même que la perception ne fût pas encore ce qu'il y a de plus élémentaire dans la vie intellectuelle, et qu'il fallût descendre jusqu'à la sensation, nous devrions trouver le rapport dans celle-ci. S'il n'y était pas, qu'est-ce donc qui la caractériserait comme intellectuelle? A-t-on proposé une autre propriété de l'intelligence qui pourrait lui être appliquée? Non, il n'en est pas de plus large et de plus précise à la fois que celle de rapport; aussi en faisons-nous la condition essentielle de la pensée. C'est pour bien marquer cette condition que le criticisme phénoméniste a posé la relation comme la catégorie universelle, fondamentale, comme la loi des lois de la pensée, et jusque-là cette philosophie est dans le vrai. Elle n'y est plus, quand elle réduit toute réalité à des rapports; dans l'intelligence elle-même il faut chercher autre chose.

L'intelligence enveloppe le rapport, et par cela même elle le dépasse, elle le domine, elle le possède. — Un rapport serait-il, avons-nous déjà demandé, s'il n'était saisi? Son actualité ne dépend-elle pas du sujet qui en prend conscience? Qu'un rapport non saisi soit en virtualité entre deux termes, nous l'accordons; qu'il soit actuel, nous nous refusons à le comprendre, aussi longtemps que réalité reste synonyme de conscience. D'ailleurs, un rapport non saisi pourrait-il exister, que nous n'y trouverions pas encore l'intelligence. Celle-ci se présente toujours comme la conscience d'un rapport, et jamais comme un rapport sans conscience. On ne saurait le contester qu'en se plaçant au point de vue métaphysique de l'inconscient, et qu'en acceptant d'avance les témérités des Hegel, des Schelling, ou des Hartmann. — Or, cette prise de possession du rapport, comment la concevez-vous? Qui prendra possession? De quoi, à rigoureusement parler, sera-t-il pris possession? Le rapport suffirait-il à cette double tâche? C'est inadmissible. Un rapport ne peut, par lui-même, ni saisir, ni être saisi, parce que par lui-même il n'est rien. Ce sont ses termes qui le font ce qu'il est, il dépend d'eux, il n'est que par eux. C'est donc dans ses termes que se fait la prise de possession. Mais ses termes seraient-ils eux-mêmes des rapports? Nous nous trouverions alors dans la nécessité de chercher leurs propres termes; et comme nous ne pourrions, sans renoncer à la réalité de la pensée, reculer son point de départ à l'infini, il faudrait bien arriver à un non-rapport. — Ce raisonnement, dira-t-on, a servi à défendre la conception de la substance ultra-phénoménale. Raison de plus, puisqu'il est juste, de ne pas le négliger ici. Ce sera encore le meilleur moyen de nous garantir de cette inacceptable conception. Certainement, si le phénomène s'épuisait dans l'intelligence, et l'intelligence dans le rapport, la réalité ne pourrait s'épuiser dans le phénomène. Nous éviterons cette conclusion en montrant qu'il y a autre chose que de l'intelligence dans le phénomène; nous l'évitons déjà en plaçant, dans l'intelligence, du non-rapport à côté du rapport. Le rapport intellectuel lui-même l'exige.

Si, dans l'intelligence, il y a du non-rapport, dans le sentiment il n'y a pas autre chose. — Qu'on n'objecte pas l'origine du plaisir et de la douleur, à savoir l'activité riche ou pauvre, régulière ou irrégulière, laquelle suppose en effet un rapport : ce qui est vrai de l'origine d'un phénomène peut fort bien n'être pas vrai de ce phénomène lui-même. Qu'on n'objecte pas non plus la nature de la passion. Il est vrai qu'elle aussi suppose un rapport, « car alors la conscience, enveloppant à l'état confus le présent, le passé et l'avenir, est avant tout l'instinct d'une fin à atteindre[1]. » Mais la passion est-elle identique au sentiment ? Nous croyons, au contraire, qu'elle est un phénomène complexe où se succèdent non seulement l'affectif et l'intellectuel, mais encore plusieurs formes de l'intellectuel. En somme, ce qui la caractérise, ce n'est pas l'intensité du sentiment, c'est plutôt la direction du sentiment, laquelle dépend de l'intellectuel. Ce qui est vrai de la passion peut donc fort bien n'être pas vrai du sentiment. A plus forte raison devons-nous faire cette remarque au sujet de l'émotion, qui a été quelquefois confondue avec le sentiment, et qui n'en est pas même directement la conséquence physique. Qu'on renonce aux classifications vagues, qu'on pousse jusqu'au bout l'analyse, et notre thèse ne paraîtra pas, à ces différents égards, aussi contraire à la réalité qu'elle le semble au premier abord.

Cependant elle entraîne l'impossibilité de comparer nos plaisirs et nos douleurs, de les réduire à des unités abstraites, bref

---

[1] Renouvier, *Psychologie rationnelle*, I, p. 231.

de les connaître. Bien plus, il serait contradictoire d'affirmer l'existence du sentiment, puisque affirmer, c'est encore penser, et qu'on ne saurait penser, c'est-à-dire prendre pour objet de rapport, ce qui justement est hors de rapport. — Mais est-on bien certain que cette impossibilité ne soit pas conforme à la réalité? Bientôt nous établirons le contraire. Nos sentiments, dirons-nous, disparaissent comme phénomènes affectifs en devenant objets de pensée. Qu'importe, d'ailleurs, s'ils ont une sorte de substitut dans la pensée elle-même ? Qu'importe que le non-rapport ne soit pas posé lui-même, si l'on pose à sa place le rapport du non-rapport qui lui correspond? C'est le détruire dans la pensée, sans doute, mais c'est en même temps le laisser intact en dehors : pareillement, la science détruit pour elle-même le réel, qu'elle ne saisit que sous une face, tout en le supposant à son point de départ. — Dira-t-on qu'à ce compte nous ne devions nous refuser à accepter, ni le monde ultra-phénoménal, ni l'absolu opposé au relatif de certains philosophes? Le cas était pourtant bien différent. L'ultra-phénoménal ne saurait être rien pour la conscience, et par conséquent nous devions théoriquement ne lui attribuer aucune réalité. L'absolu, de son côté, ne saurait être rien pour la conscience que dans la pensée : lors donc qu'on nous le présentait comme réfractaire à la condition essentielle de la pensée, nous devions également ne lui attribuer aucune réalité. Le non-rapport du sentiment, au contraire, bien que placé hors des prises de la pensée, peut, d'après la thèse, rester quelque chose pour la conscience, même quelque chose d'important, à savoir plaisir ou douleur : il peut donc être réel. En outre, nous n'avions aucune raison de poser l'absolu en opposition avec le relatif, et point de raison intellectuelle de poser l'ultra-phénoménal à côté du phénoménal; tandis que nous avons des raisons, et des raisons intellectuelles, après avoir posé le non-rapport au-dessus du rapport dans la pensée, de dégager encore de tout rapport le sentiment.

Oui, ce n'est pas seulement possible, c'est aussi nécessaire. On peut arriver directement et indirectement à cette conclusion. — Considérons d'abord le sentiment lui-même. L'observation, il est vrai, ne saurait nous donner d'emblée des renseignements suffisants. En effet observer, c'est penser, et la pensée ne saisit pas le non-rapport. Cependant il est permis de constater que les choses les plus marquées en sentiment sont aussi celles qui se prêtent le moins aux classifications, et qui se présentent avec le plus de vivacité dans la conscience, ce qui revient à dire qu'elles sont les plus riches en différent. D'autre part, on peut se souvenir que le rapport use le différent en le mettant dans la nécessité de lutter. Et l'on est en droit de conclure qu'on s'éloigne du rapport à mesure qu'on se rapproche du sentiment. Mais n'est-on pas fondé à aller plus loin, et à dire que le sentiment, comme tel, est étranger au rapport?

Procédons ensuite comme nous l'avons fait au sujet de l'intelligence, considérons le rapport lui-même. Non seulement il suppose un non-rapport qui prenne possession de lui, mais encore il ne se comprend pas sans un non-rapport antérieur à lui. Le sujet, on s'en souvient, ne saisit pas hors de soi le rapport; à rigoureusement parler, ce n'est pas le rapport qu'il saisit, c'est lui-même qui se saisit en rapport, et cela en tant qu'il se sent nié. En outre, pour se sentir nié, il doit se sentir dans un état différent de celui qui précédait cette conscience. Cependant la différence ne peut porter, sans contradiction directe pour notre idée fondamentale du phénomène, sur l'état intérieur du sujet, sur ses qualités, sur son essence. Elle doit être une simple différence d'intensité due à une simple différence de circonstances. Et comment comprendre celle-ci, sinon comme le passage de l'état de non-rapport à celui de rapport? Car il ne servirait de rien de reculer la question, en disant que le passage peut se faire d'un état de rapport à un autre état de rapport. Le sujet du rapport étant réel, et par cela même ayant commencé, nous ne pourrions reculer à l'infini de rapport à rapport, il faudrait promptement arriver au non-rapport. Cherchez maintenant à quoi peut correspondre ce dernier état, et vous serez bien obligé de l'attribuer à l'affectif. L'intellectuel, devant envelopper le rapport, ne saurait lui être antérieur, et quant aux abstraits physiques, ils peuvent moins encore que l'intellectuel se dégager du rapport.

Cela suffit à établir l'irréductibilité de l'affectif et de l'intellectuel. — Est-ce le premier qu'on prétendrait dériver du second? C'est maintenant impossible. En vain dirait-on que l'affectif est un intellectuel confus, quelque chose de « placé sur la limite de la nature et de l'esprit », selon la formule des hégéliens, on ne résoudrait pas la difficulté. Cela n'expliquerait pas pourquoi le rapport intellectuel ne se trouve point dans l'affectif. Le vague des définitions dissimule les embarras, mais ne les fait pas disparaître. Un intellectuel confus est toujours un intellectuel ; donc, même à ce titre, l'affectif devrait avoir le caractère distinctif de l'intellectuel. De même, en vain se placerait-on à l'autre extrémité de l'échelle, et dirait-on avec Aristote que le plaisir est un surcroît s'ajoutant à l'acte, c'est-à-dire à l'intellectuel, « comme à la jeunesse sa fleur ». Non seulement la comparaison négligerait la douleur, qui est pourtant elle aussi un élément affectif, mais encore elle laisserait toujours inexpliquée l'absence du rapport intellectuel dans l'affectif. Comment un intellectuel à l'état d'épanouissement, de perfection, cesserait-il d'avoir le caractère essentiel à l'intellectuel ? A moins qu'il ne faille regarder « cette fin qui vient se joindre au reste » comme une addition du dehors plutôt que comme un épanouissement : mais, dans ce cas, nous abandonnons l'hypothèse de la réductibilité, sans bien comprendre, d'autre part, la nature et l'origine de l'affectif.

L'intellectuel ne dérive pas davantage de l'affectif. — « L'intelligence, d'après M. Fouillée, est de la sensibilité subtilisée qui arrive à saisir les changements les plus délicats, même quand les états entre lesquels ont lieu ces changements ont perdu leur vivacité agréable ou pénible ; nos pensées, ce sont des plaisirs ou des peines dont la pointe est émoussée et que nous effleurons en passant avec rapidité de l'un à l'autre, sans enfoncer[1]. » Il y a sans doute du vrai dans cette explication, et bientôt nous mettrons à profit les considérations sur lesquelles elle se fonde : en somme, elle est insuffisante. — D'abord la réalité propre de l'intellectuel y est trop effacée. « Lorsqu'on a vu pendant longtemps un objet où la lumière et l'ombre sont en un vif contraste, dit M. Fouillée, si ensuite on regarde l'ombre avec les yeux fatigués, on voit de la lumière, et vice-versa... De même pour l'intelligence. On peut dire qu'elle est une image négative des choses, dans laquelle ce qui était tout lumineux de plaisir, de douleur, de sensibilité, en un mot, a pris la teinte de l'indifférence; au contraire, les rapports et les contours des choses y ressortent en pleine lumière et frappent presque exclusivement la conscience. » Nous réclamons autre chose pour caractériser l'intelligence. Ce ne sont pas seulement les contours des choses qu'elle représente, ce sont encore leurs rapports. On nous l'accorde bien, mais en reconnaissant qu'il y a loin des uns aux autres. Les premiers, dont il est d'ailleurs impossible de parler rigoureusement ici, ne marquent point comme les derniers la nature, l'essence des choses. Ils sont extérieurs, qu'on nous passe cette comparaison, tandis que les autres peuvent être, et sont ici, intérieurs. Par conséquent l'explication qui vaudrait pour des contours, ne suffit pas quand il s'agit de rapports. — Ensuite, si l'intellectuel était l'« image négative » de quelque chose, ce ne serait point de l'affectif. Comment les rapports, n'étant pas dans les sentiments, peuvent-ils être dans

---

[1] *Revue des Deux Mondes*, 1883.

les pensées ? Ou mieux, pour ne pas changer notre procédé de discussion, comment le non-rapport, qui distingue l'affectif et constitue un caractère aussi positif que le rapport, ne se trouve-t-il pas dans l'intellectuel ? Telle est la difficulté insurmontable contre laquelle vient se heurter toute tentative de réduire le second terme au premier. Dans l'hypothèse inverse, nous ne comprenions en aucune façon la disparition du rapport dans le dérivé de l'intellectuel : nous avons maintenant les mêmes raisons de ne pas comprendre la disparition du non-rapport dans le dérivé de l'affectif.

Ainsi, nous en restons à deux abstraits psychiques irréductibles l'un à l'autre : d'une part, l'affectif, étranger à tout rapport ; d'autre part, l'intellectuel, enveloppant un rapport, et par cela même le dépassant. L'examen comparatif du psychique et du physique nous confirmera bientôt dans cette conclusion. — Est-il utile maintenant de montrer que ces deux abstraits sont immédiatement réductibles au psychique, et qu'ils ne sauraient dériver l'un et l'autre, par exemple, de la sensation ? La sensation, a-t-on dit très souvent, est à la fois affective et intellectuelle. C'est admissible ; mais il ne s'ensuit pas qu'elle soit placée plus haut que nos deux termes sur l'échelle abstractionnelle. Comme elle ne représente le phénomène psychique qu'avec des antécédents sensoriels immédiats, elle ne saurait être au-dessus de l'intelligence et du sentiment, qui le représentent aussi avec des antécédents sensoriels médiats. Disons qu'elle les coupe en travers, sans les dominer. Par conséquent, elle ne saurait constituer une unité intermédiaire entre eux et la vie psychique. — Passons aux réductions supérieures de la vie physique.

Éliminons d'abord, comme nous l'avons fait dans l'ordre psychique, les abstraits qui ne nous semblent pas devoir être pris ici en considération. Ainsi, celui de force. — La force a ses défenseurs dans les sciences physiques, comme en psychologie la volonté, à laquelle on la fait à tort correspondre. Pour ne parler que des contemporains, M. Magy a écrit un ouvrage tendant à démontrer que toutes les idées fondamentales de la nature se réduisent à deux : l'étendue et la force. Spencer, de son côté, traitant des idées dernières de la science, envisage successivement la matière, l'espace et le temps, et déclare « que leurs conceptions sont édifiées avec des expériences de force, ou qu'elles en sont tirées par abstraction[1]. » Enfin des savants ont prétendu que la notion de force est la condition de toute explication complète des phénomènes physiques. — En vérité, nous ne songeons nullement à contester la valeur de cette notion, nous nous sommes suffisamment expliqué à cet égard lorsqu'il s'agissait du différent. Mais le fait même de l'avoir déjà légitimée est justement une raison pour que nous ne la trouvions pas à sa place ici. Il en est d'elle comme de l'idée de liberté : elle ne saurait être ni un abstrait physique,

[1] *Premiers principes*, p. 147.

ni un abstrait psychique, parce qu'elle se forme dans une autre direction. Assurément, on a raison de dire que, sans la force, le monde physique serait inexplicable; mais le monde psychique le serait-il moins? — Cependant ne peut-on donner à ce mot un autre sens que celui qui vient d'être rappelé? Oui, on peut cesser de regarder la force comme une puissance de changement, et ne voir en elle que le changement lui-même, ou encore qu'un certain changement. Dans ce cas, même lorsqu'on la définit avec M. de Saint-Robert « la pression ou la tension qui agit sur un corps pour en modifier l'état de repos ou de mouvement », elle ne doit être elle-même que mouvement ou repos. Alors, sans doute, elle se rapproche davantage du physique, on peut la dire spécialement physique, nous en donnerons bientôt la raison. Mais, en revanche, elle se confond avec des termes à côté ou au-dessus desquels il s'agissait de lui assigner une place.

Il en est à peu près de même de la vie. — Est-elle conçue comme une puissance d'organisation? Dans ce cas, elle n'est pas spéciale à la vie physique. Nous ne dirons assurément pas qu'il faille la rapporter, comme beaucoup le demandent, à une puissance ultra-phénoménale : ce serait renoncer à nous occuper d'elle, et nous ne le devons pas. D'ailleurs, pourquoi cette explication s'imposerait-elle pour la vie, plutôt que pour autre chose? Nous affirmerons seulement qu'elle doit être cherchée dans une autre direction, encore dans celle où nous avons trouvé la force. La puissance d'organisation se trouve dans tout phénomène parce que dans tout phénomène il y a du ressemblant et du différent. Il en est de la vie comme de la science : ce que nous disons de l'une à ce sujet, nous pouvons le dire de l'autre. Il n'y a qu'une seule différence entre elles, c'est que la science coordonne des abstraits, tandis que la vie est une coordination de concrets. De part et d'autre, nous avons un système « dont toutes les parties se correspondent mutuellement et concourent à la même action définitive, par une action réciproque » ; de part et d'autre, nous avons une hiérarchie se marquant par la subordination de certaines parties ; de part et d'autre, nous avons une sorte de nutrition et de génération. Qu'on y regarde de près, et le parallélisme s'établira sur tous les points essentiels. Or, qu'est-ce qui constitue la science? Le ressemblant et le différent. Comment choisir, coordonner, renouveler, si tout se ressemble, ou bien si rien ne se ressemble ? L'organisation est tout aussi éloignée de l'invariabilité que de l'anarchie. Et d'autre part, ainsi que nous aurons l'occasion de le montrer, il suffit que le ressemblant et le différent se présentent, pour que l'organisation se produise. Ils constituent donc la vie. (La difficulté que la science est obligée de tourner au sujet du différent, remarquons-le, n'existe même pas pour la vie : ce qui échappe à des réductions tendant à un terme supérieur, peut fort bien entrer dans des coordinations aboutissant seulement à un composé.) — La vie est-elle conçue comme l'organisation elle-même? Alors, elle est bien spéciale au monde physique, en un sens, il est vrai, qui n'est pas le sens couramment accepté et que nous devrons préciser ; alors, ce n'est que par métaphore qu'on peut l'attribuer au monde psychique. Mais, loin de nous fournir un abstrait supérieur distinct, elle se ramène au groupe, qui suppose lui-même le mouvement et le repos.

Après l'élimination des idées de vie et de force (nous ne parlons pas d'autres idées évidemment secondaires), nous nous trouvons devant celles de matière et de mouvement. Voilà, cette fois, de véritables abstraits physiques. — Quelquefois, il est vrai, dans la philosophie ancienne, le mouvement a reçu une signification plus large, celle de changement en général, que nous devrons repousser. Mais ici nous n'avons pas à nous en occuper, car le changement, pris dans son actualisation, est toujours physique. Si nous ne craignions pas d'agiter trop tôt certaines questions, voici le raisonnement que nous développerions à ce sujet : — Le changement ne peut être saisi au sein des faits, car ce serait contraire à la loi fondamentale du phénomène. Il se montre seulement dans la production de faits nouveaux ou de circonstances nouvelles. Ainsi, il suppose la comparaison au moins de deux faits, et par conséquent leur coexistence. Or, la coexistence est le germe de l'espace, et l'espace est exclusivement la catégorie du monde physique. Donc, même dans le cas d'une extension exagérée, le mouvement ne donne lieu qu'à un abstrait physique. Ce n'est encore que par métaphore qu'on peut l'attribuer au monde des pensées et des sentiments.

Voilà aussi des abstraits irréductibles l'un à l'autre. — Certains philosophes s'expriment, il est vrai, comme si la matière elle-même se réduisait, en dernière analyse, au mouvement. Est-ce pure forme littéraire? Est-ce véritable pensée? Ce doit être quelquefois véritable pensée. Par exemple, cette conclusion de M. Taine le donnerait à entendre. L'esprit, d'après lui, arrive « à concevoir le corps comme un mobile moteur, en qui la vitesse et la masse sont des points de vue équivalents. De cette façon, tous les événements de la nature physique sont des mouvements, chacun d'eux étant défini par la masse et la vitesse du corps en mouvement, et chacun d'eux étant une quantité qui passe de corps en corps sans jamais croître ni décroître [1]. » Quoi qu'il en soit, nous ne croyons pas la réduction possible, et pour des raisons analogues à celles que nous avons fait valoir contre la réduction de l'affectif à l'intellectuel.

Il y a, en effet, dans le mouvement quelque chose qui n'est pas dans la matière, et réciproquement. — Dans le mouvement, il y a évidemment un rapport. Encore une fois, pour qu'il y ait changement, il faut qu'il y ait comparaison, donc rapport. Certains métaphysiciens pourraient contester la nécessité pour le rapport d'être saisi par la conscience, mais personne ne nierait la nécessité du rapport lui-même. — Au contraire, la matière peut et doit être conçue hors de rapport. Il suffit, pour le démontrer, d'une part de rappeler qu'un rapport n'est que par ses termes, et que ses termes ne peuvent être eux-mêmes

---

[1] *L'Intelligence*, II, p. 57.

des rapports; d'autre part de remarquer qu'un rapport physique doit avoir des termes physiques comme lui. Spencer, par exemple, devrait bien expliquer quand il définit la matière « des positions... », comment des positions, c'est-à-dire des rapports, peuvent exister indépendamment de termes posés; et quand il détermine ces positions comme « coexistantes... », comment des positions coexisteraient si leurs termes ne coexistaient pas; enfin quand il ajoute que ces positions coexistantes « opposent de la résistance », comment des positions résisteraient si leurs termes ne résistaient pas. Tout cela est inintelligible, à moins qu'on ne recule avec Spencer dans l'ultra-phénoménal, ce qui accumulerait d'insurmontables difficultés à d'autres égards. — Donc, avec le rapport, il faut accepter, dans le monde physique, le non-rapport, qui ne peut être que la matière; et, comme conséquence, il faut tenir la matière et le mouvement pour deux abstraits irréductibles l'un à l'autre.

Ajouterons-nous que ce sont des abstraits supérieurs? Au sujet de la matière, il ne saurait y avoir de doute. Quant au mouvement, nous le regardons comme subordonné. C'est ici que doit être contestée l'identification du changement avec le mouvement. Tous les deux sont physiques, mais le changement est plus élevé que le mouvement. Il y a toute une série de changements qui se ramènent au repos. « Du repos, a dit avec raison M. Delbœuf, on ne tire pas le mouvement »; « c'est le mouvement, a ajouté à tort le même auteur, qui finit par le repos. » En aucun sens, la réduction ne nous semble rationnelle. Le repos et le mouvement ne dérivent pas l'un de l'autre, parce qu'ils sont nécessaires l'un à l'autre. Les corps ne se présentent en mouvement que par opposition à ceux qui sont en repos, et réciproquement. D'autre part, le repos, à moins de n'être pas un rapport physique, doit être un changement. Il s'ensuit que le changement n'est pas épuisé par le mouvement. Le mouvement n'est qu'un changement avec prédominance du différent, et le repos un changement avec prédominance du ressemblant. Au-dessus de l'un et de l'autre, se place le changement lui-même.

Matière et changement, tels sont donc les deux abstraits supérieurs du monde physique. Mais nous dirons plutôt : matière et forme. La forme ne se sépare pas du changement, ni le changement de la forme. De même que vous ne pouvez vous représenter un monde physique qui ne serait pas en mouvement ou en repos, vous ne pouvez en concevoir un sans forme. Et la forme est donnée par le changement. Les choses sont étendues, figurées, colorées, sonores, selon le mouvement ou le repos auquel donne lieu la réalité. D'autre part, le mot de forme a l'avantage d'exprimer, conformément à la pensée d'Aristote, comme l'effectuation dernière, comme l'achèvement du changement. Ici d'ailleurs il n'a pas l'inconvénient que nous avons signalé dans un autre cas; en effet, il n'est question ni d'un fond apte à revêtir plusieurs formes, ni même d'un fond distinct d'une forme. A plus forte raison n'est-il pas question d'un ultra-phénoménal qui aurait pour forme la conscience. Nous ne reproduisons pas non plus exactement la distinction péripatéticienne. La forme n'est pas pour nous l'essence, la perfection, la cause motrice, par opposition à une matière inerte et imparfaite. Elle n'est pas davantage l'être par opposition au non-être de la matière. Tandis que la matière représente les choses elles-mêmes, la forme marque les rapports des choses ; et, comme il s'agit uniquement de rapports physiques, on peut dire qu'elle marque le mouvement ou le repos des choses.

Cette dualité correspond évidemment à la dernière dualité psychique. De part et d'autre, la réalité se présente hors de rapport — c'est alors l'affectif et le matériel ; de part et d'autre, la réalité se présente en rapport — c'est alors l'intellectuel et le formel. On l'a dit avec justesse, « l'affirmation que la science ne connaît plus que des mouvements qui ne se distinguent pas des corps mus, s'est bien produite chez quelques modernes ; mais c'est là une rêverie philosophique éclose dans des esprits enivrés de la théorie de Hegel[1]. » Il n'y a, en effet, ni plus, ni moins de raison de réduire la matière au mouvement que de réduire, comme Hegel, le sentiment à la pensée. — Mais cette correspondance est-elle une équivalence? Si nous en restions là, on pourrait le croire. Or, il ne doit pas en être ainsi. Le psychique et le physique seraient-ils réductibles l'un à l'autre, il faudrait encore marquer entre eux une différence.

[1] E. Naville, *La logique de l'hypothèse*, p. 267.

— Regardons de plus près, et nous trouverons aisément celle qui nous permettra de trancher rapidement même la question de réductibilité.

On a prétendu que les phénomènes de l'ordre physique se produisent « sans que notre volonté puisse en changer l'ordre, ni en régler l'apparition », et que ceux de l'ordre psychique dépendent, au contraire, de la volonté. C'est à tort. Dans les deux ordres, il y a des résistances, parce que dans les deux ordres il y a du différent qui reste finalement indépendant de la volonté. Et si la volonté est capable de modifier quelque chose, par la substitution du ressemblant au différent dont il a été question, elle en est capable dans les deux ordres. En introduisant certains antécédents, je puis changer aussi bien la nature des objets visuels, par exemple, que celle des sentiments. Je n'ai qu'à regarder à travers un verre coloré pour qu'un spectacle sensiblement différent se produise aussitôt. Les objets en eux-mêmes, dira-t-on, n'en sont pas pour cela changés : pour la métaphysique, peut-être ; pour la science, qui ne distingue pas les objets en eux-mêmes de leurs manifestations, ils le sont certainement. Changés, c'est-à-dire autres que les précédents. Serait-il bien paradoxal d'ajouter, contrairement à la distinction proposée, que la volonté a plus de prise sur les phénomènes physiques que sur les autres? Ceux-là, en effet, sont moins riches en différent que ceux-ci, et par conséquent ne doivent pas réclamer autant d'intermédiaires pour la substitution du ressemblant au différent qu'opère la volonté. Ce qui est vrai, dans la distinction proposée, c'est que la volonté est d'ordre psychique et non d'ordre physique. Mais nous le savions déjà, et cela ne nous avance en aucune manière dans la distinction essentielle des deux ordres. — Il en est ainsi de plusieurs autres distinctions, que nous passerons sous silence.

Nous avons déjà rencontré et combattu l'opinion d'après laquelle le psychique représenterait le conscient, et le physique l'inconscient. Que la pensée vulgaire ne la mette point en doute, c'est compréhensible ; que les savants s'en accommodent, c'est acceptable encore dans la plupart des cas ; que des philosophes ne la repoussent pas énergiquement, nous ne pouvons l'admettre. Encore une fois, tous les phénomènes sont conscients, qu'ils soient d'ordre physique ou d'ordre psychique. — Mais il est permis de les distinguer en inconscienciés et déconscienciés : qu'on nous passe ces néologismes, ils permettent de retenir un élément vrai de la distinction courante. Il est incontestable que les phénomènes sont tantôt projetés hors de la conscience, et tantôt identifiés à la conscience. Dès que nous voulons nous représenter un fait physique par opposition à un fait psychique, nous l'extériorisons, nous le déconsciencions. Dites que c'est à tort, plus encore, dites que c'est illusoire, vous le pouvez, et nous vous y encourageons : il n'en est pas moins vrai que l'opération s'impose à la pensée, aussitôt que celle-ci abandonne les réflexions philosophiques. D'autre part, bien que la déconscienciation soit censée aboutir à l'inconscience, il y a entre elles une différence importante dont il faut tenir compte. Ce n'est certainement pas la même chose que de poser l'inconscient à titre d'existence réelle et primitive, et que d'y arriver comme à un simple produit d'une opération ultérieure. — Cependant, nous ne nous contenterons pas de cette distinction pour caractériser le psychique et le physique. Elle ne peut que nous mettre sur la voie de la distinction définitive. Ou bien la déconscienciation doit être rigoureusement entendue : et alors elle n'est, théoriquement, ni justifiable ni possible. Ou bien elle marque simplement une perte de conscience : mais à quel degré? Est-ce au point de former une opposition véritable avec l'inconscienciation? Nous ne le savons point. Dans les deux cas, nous n'obtenons pas une distinction satisfaisante : peut-être en trouverons-nous une meilleure en avançant.

Pourquoi déconsciencions-nous le physique et inconsciencions-nous le psychique? Est-ce parce que l'un est objectif et l'autre subjectif? — Il y a certainement une étroite correspondance entre ces deux distinctions. Tout terme de conscience, à moins de contradiction, doit prendre conscience. La conscience n'est pas seulement un état, elle est une prise de possession de cet état. Tout terme doit donc être sujet. Dans la mesure où s'efface le sujet, doit s'effacer la conscience. Le pur objectif serait l'absolument déconsciencié. — D'autre part, on emploie couramment l'un pour l'autre, dans le langage ordinaire, les mots d'objectif et de physique, ainsi que ceux de subjectif et de psychique. Et ce n'est pas sans raison, si l'on donne à la distinction de l'objectif et du subjectif son vrai sens, et si, en outre, on n'accorde qu'une valeur relative à sa correspondance avec la diversité du physique et du psychique. Il va sans dire que, pour nous, les notions de subjectif et d'objectif doivent se dégager de toute idée métaphysique. Il va sans dire que nous ne concevons pas le sujet comme ce qui existe sous la conscience, ni l'objet comme ce qui est étendu devant la conscience. Nous nous refusons également à voir avec Kant dans le sujet la pensée consciente d'elle-même, et dans l'objet la chose en soi s'offrant à la pensée, mais restant distincte de la pensée, ainsi que de la conscience. Objet et sujet se trouvent dans la conscience, et dans tout rapport de conscience. L'objet, c'est d'abord ce dont il est pris conscience dans le rapport, et ensuite ce qui, par une négation infligée au sujet, a occasionné le rapport; le sujet, c'est ce qui prend conscience dans le rapport. Or, puisqu'il y a des rapports dans le monde physique et dans le monde psychique, les deux termes doivent se trouver dans l'un comme dans l'autre. Cela bien établi, la correspondance ordinairement acceptée n'est pas sans raison. Le sujet se trouve dans le monde physique, mais il n'y est pas en évidence ; il se pose, au contraire, très nettement dans le rapport psychique. En sens inverse, l'objet est effacé dans le monde psychique, et en évidence dans le monde physique. — De la sorte, la distinction de l'objectif et du subjectif fortifie celle du déconsciencié et de l'inconsciencié, mais ne nous fournit pas encore une caractéristique suffisante du psychique et du physique. Ce que nous avons dit de l'une peut être dit également de l'autre. Si nous lui donnons une signification rigoureuse, elle est fausse ; si nous y voyons une distinction de simple accentuation, et non de nature, elle est trop indécise. Essayons donc encore d'aller plus loin. Pourquoi le physique est-il déconsciencié et objectif? Pourquoi le psychique est-il inconsciencié et subjectif?

Une nouvelle distinction se présente, à laquelle on peut rapporter les précédentes, mais qui ne nous fait pas sortir de l'alternative dont nous désirons nous dégager. C'est celle du faible et du fort. — Ici encore, nous sommes obligé de contredire la pensée vulgaire, et avec elle Spencer et autres philosophes, qui tiennent pour physiques les manifestations fortes, et pour psychiques les manifestations faibles de la réalité. Nous proposons une distinction contraire. La force des manifestations, la force de la réalité, qu'on ne l'oublie pas, n'est que la force de la conscience. Or, ne voyez-vous pas la force de la conscience diminuer proportionnellement à l'éloignement du psychique ? Qu'y a-t-il de plus marqué en conscience qu'un sentiment? Dans quelle mesure un phénomène vous semble-t-il vif, sinon dans celle où s'exerce la pensée, ou mieux encore dans celle où le plaisir et la douleur sont intenses? La conscience est-elle forte en tant qu'elle représente une matière qui la laisse presque indifférente, ou bien en tant qu'elle représente une riche succession de sensations variées ? On nous dit avec raison que le souvenir est moins fort que la perception dite actuelle, et l'idée moins forte que le souvenir. Mais qu'est-ce qui autorise à faire correspondre le physique à la perception actuelle, et le psychique au souvenir et à l'idée ? Un souvenir est sans doute, en un sens, quelque chose de psychique, mais, en un autre sens, il peut être aussi quelque chose de physique ; de même, une perception actuelle peut être considérée également à l'un ou à l'autre point de vue. Il s'agit donc ici de savoir, non pas si le souvenir est plus ou moins fort que la perception actuelle, mais si, dans le souvenir et la perception actuelle, l'élément physique est plus ou moins fort que l'élément psychique. Posée en ces termes, la question est aussitôt résolue conformément à notre thèse. — Celle-ci est nécessaire d'ailleurs pour justifier l'objectivation et la déconscienciation du physique. Si le physique était l'ordre fort, pourquoi le déconsciencierait-on ? Au point de vue vulgaire, cela pourrait bien s'expliquer ; à celui de la science, ce serait absurde. C'est plutôt en raison de sa faiblesse, que le physique est réduit à un simple obstacle, à un terme de négation, à un objet, et que finalement il est effacé de la conscience. Malheureusement, comme nous ne pouvons affirmer ni son extinction complète, ni son extinction à un degré quelconque, nous en restons à une distinction insuffisante. Ne trouverons-nous donc pas une distinction de nature ? La voici.

Le psychique est fort, subjectif, inconsciencié, parce qu'il reste au-dessus du rapport, et le physique est faible, objectif, déconsciencié, parce qu'il est engagé tout entier dans le rapport. — Mais cela n'est-il pas en contradiction avec des conclusions précédemment établies ? Au premier abord, oui ; à la suite d'une nouvelle analyse, non. Nous n'oublions pas sans doute que, du côté psychique, l'intellectuel enveloppe un rapport comme le formel, et que, du côté physique, le matériel est un non-rapport comme l'affectif. Mais il est permis de ne pas confondre le rapport du deuxième degré, qui est celui du formel, avec le rapport du premier degré, qui est celui de l'intellectuel, et par conséquent le non-rapport provisoire du physique avec le non-rapport définitif du psychique. En d'autres termes, il y a deux rapports à considérer dans le physique, et il n'y en a qu'un dans le psychique. C'est ainsi que la matière peut être dite un non-rapport, et en même temps n'être pas hors de rapport ; à l'égard du second rapport, elle est un non-rapport, mais elle ne l'est pas à l'égard du premier ; à rigoureusement parler, elle n'est pas le non-rapport véritable, définitif. Celui-ci ne se trouve que dans l'intellectuel et l'affectif. Il n'y a donc pas contradiction à dire que, dans le physique, rien ne subsiste en dehors du rapport, tandis que la plus grande partie du psychique, à savoir tout l'affectif et l'élément subjectif de l'intellectuel, se maintient en dehors.

Cette distinction donnera lieu à une heureuse disposition des abstraits actuellement étudiés, et ainsi seulement elle se légitimera entièrement à nos yeux. Déjà cependant, nous trouvons quelques raisons en sa faveur. Pour ce qui concerne le psychique, il n'y a qu'à rappeler ce qui a été dit : on ne peut reculer de rapport en rapport à l'infini, il faut s'arrêter à un non-rapport définitif, et celui-ci s'harmonise fort bien avec les observations faites sur les phénomènes à prédominance psychique. A l'égard du physique, on peut remarquer deux choses. — D'abord le monde où il est prédominant se prête beaucoup mieux à la comparaison, à la classification, bref à la connaissance, que celui où règne le psychique. On y est donc beaucoup plus près du rapport. Or, comme le rapport est ou n'est pas, comme il ne souffre pas de plus ou de moins, s'il tient plus de place dans le physique, c'est qu'il y est deux fois. — Ensuite, ce qui n'est, à rigoureusement parler, ni psychique ni physique, mais qui est donné avec la même nature dans l'un et l'autre monde, à savoir les qualités elles-mêmes de la réalité, se présente faiblement dans le physique et en relief dans le psychique. Qu'est-ce à dire, sinon que ces qualités ont passé par le psychique avant d'être données dans le physique, et que celui-ci est postérieur à celui-là ? La réalité condamnée à la lutte s'affaiblit et s'efface; elle ne se fortifie jamais. Et comme, d'autre part, les qualités sont liées à des rapports, ne faut-il pas conclure que le rapport du formel a pour point de départ le rapport intellectuel, et finalement qu'il y a deux rapports à considérer dans le physique ?

C'est aussi une raison en faveur de cette distinction, que la possibilité de la rapprocher aisément des précédentes. Ce qui disparaît, c'est le différent, c'est ce qui lutte ; et la lutte ne se comprend pas sans le rapport. Il s'ensuit que le rapport use, efface, éteint la différence, et par cela même la conscience, qui n'est réelle que par l'union du différent au ressemblant. Plus le rapport tient de place dans le phénomène, et plus le phénomène doit perdre de sa vivacité. Si donc le physique s'absorbe dans le rapport, il est naturel qu'il soit plus faible, partant plus déconsciencié, plus objectif que le psychique, qui domine le rapport. Ainsi, la distinction nouvelle fortifie les autres, et en est fortifiée en même temps.

Mais, cette fois, nous n'avons pas besoin d'aller plus loin. La distinction a cessé d'être indécise, elle porte sur l'absence ou la présence d'un caractère. Précédemment nous n'arrivions pas à une véritable opposition, maintenant nous avons une contradiction. Le physique n'est pas un moindre psychique, car il n'a en aucune mesure ce qui caractérise le psychique, à savoir la domination du rapport. Un moment il a semblé l'avoir ; c'est que notre analyse s'était trop tôt arrêtée. Il est donc le contraire du psychique. — En conséquence, toute tentative de ramener un terme à l'autre doit être abandonnée. Comme lorsqu'il s'agissait de la réduction des abstraits subordonnés à ceux-ci, nous disons : ce qui est dans le terme plus large, doit se trouver dans le terme moins large, et ce n'est pas ici le cas. — Nous pouvons dire encore que l'élément ajouté pour former l'abstrait moins large, doit ne pas être en contradiction avec l'abstrait plus large. Il ne faut pas, en effet, que le limitant détruise le limité. Or, c'est ce qui aurait lieu ici. La domination du rapport, par exemple, qui serait ajoutée au physique pour former le psychique, détruirait le caractère essentiel du physique, qui est la non-domination du rapport. — En voilà assez pour placer à la même hauteur les deux termes, et pour nous dispenser de réfuter les théories qui feraient dériver l'un de l'autre par développement ou par combinaison.

Qu'y a-t-il encore à chercher ? Est-il urgent de montrer que cette dualité est placée le plus haut possible sur l'échelle abstractionnelle ? Personne ne le conteste. En général, on serait disposé à trop élever un des termes plutôt qu'à le rabaisser, à l'identifier avec l'abstrait suprême, et non à l'en trop éloigner. Il en était de même au sujet du ressemblant et du différent. Bornons-nous donc à remarquer rapidement, comme nous l'avons fait pour cette dernière diversité, que le psychique et le physique, sans échapper à la pensée, ont leur fondement au delà de la pensée. — Sur le premier point, il n'y a de difficulté qu'au sujet du psychique, et encore avons-nous déjà montré le moyen de nous tirer d'embarras. La pensée ne saisit pas directement le psychique, c'est évident : étant au-dessus de tout rapport, même du rapport que l'intelligence enveloppe, comment pourrait-il entrer à titre d'objet dans le rapport intellectuel ? Mais qu'importe, si la pensée saisit le psychique indirectement ? — Sur le second point, il n'y a de difficulté d'aucun côté. La domination du rapport est plus large que la pensée, puisqu'elle est intellectuelle et affective à la fois. Et il en est de même de la non-domination qui s'étend sur les abstraits physiques du matériel et du formel. Nous avons donc affaire à une dernière diversité.

Est-il urgent, d'autre part, de montrer que cette dernière

diversité n'est pas la même que celle de notre première étude ? Certes, elles sont étroitement liées. Sans différence et ressemblance, point de rapport : donc point de moyen de distinguer le physique du psychique. De même, sans ce moyen, donc sans rapport, point de possibilité pour le différent et le ressemblant de se montrer tels. Mais solidarité n'est pas équivalence. Le ressemblant et le différent, bien qu'inégalement distribués dans le psychique et le physique, peuvent être aussi bien du second ordre que du premier. Et, en réalité, ils sont des deux. Il faut donc changer de point de vue pour découvrir le psychique et le physique. Nous avons ainsi affaire à une nouvelle dernière diversité.

Y aurait-il enfin quelque hésitation sur la possibilité de réduire les deux termes à l'abstrait suprême ? On peut craindre une objection. Le psychique et le physique, étant des contraires, n'ont rien de commun : comment donc les ramener à une unité supérieure ? Faudrait-il abandonner ici notre théorie de la réduction, et lui substituer quelque chose comme la théorie hégélienne ? Ce n'est pas nécessaire. Il suffit de remarquer que la contradiction du psychique et du physique peut laisser la conscience intacte, tout en se produisant à son sujet. C'est qu'elle porte sur les circonstances de la conscience, et non sur la conscience elle-même. Si les deux abstraits contraires exprimaient des propriétés essentielles, en quelque sorte intérieures, ainsi que le ressemblant et le différent, ils s'opposeraient à la réalité de la conscience. Une existence ne saurait être le contraire d'elle-même. Disons, si l'on préfère, qu'il y aurait deux consciences, sans autre point commun que le nom, et même sans justification de ce nom. Mais, si nous sommes en présence d'abstraits marquant les propriétés en quelque sorte extérieures de la conscience, ses manières d'être, non en elle-même, mais au dehors d'elle-même, son isolement ou son rapprochement, nous aboutissons à une tout autre conclusion. Alors, la conscience n'est pas divisée contre elle-même; la lutte n'est pas en elle, mais hors d'elle; elle reste ce qu'elle est dans les deux cas contradictoires. En fait de différence intrinsèque, une différence d'intensité et de subjectivité se fait seule remarquer, laquelle correspond sans doute à une contradiction, mais n'enveloppe pas une contradiction, et ne suffit même pas à constituer une différence de nature. Le psychique et le physique peuvent donc avoir la conscience pour terme de rapprochement : non pas un point dans la conscience, mais la conscience tout entière. C'est ainsi que nous trouvons dans le deuxième terme des qualités existant dans le premier; c'est ainsi qu'ils sont réductibles à l'abstrait suprême.

L'œuvre de réduction est achevée. Nous savons maintenant avec assez de précision à quelle diversité nouvelle nous avons affaire, et ce qui la justifie.

CHAPITRE II

Dispositions

L'œuvre de définition, dans cette deuxième étude, sera facilitée par les réflexions que nous avons eu l'occasion de faire sur la signification des divers abstraits limitants, et par certains rapprochements qui nous ont permis de pressentir au moins les abstraits auxquels il ne faudra pas recourir.

C'est ainsi que nous serons rapidement en mesure d'affirmer qu'il ne saurait être question de l'idée de face. — D'abord, cette idée ne peut servir une seconde fois. Distinguer plus de deux faces dans la réalité primitive, ce serait lui attribuer plusieurs dimensions. D'autre part, les dimensions ne sauraient s'appliquer qu'aux groupes, car, ainsi que nous le montrerons, elles supposent des comparaisons entre des faits distincts. Or, cela nous transporte dans un monde qui n'est plus celui de la réalité primitive, dans le monde du composé, qui n'est pas encore en question. Du reste, nous savons que les deux faces seraient elles-mêmes inadmissibles, si on ne les dégageait préalablement de toute représentation spatiale précise.

Mais il y a contre l'idée de face une raison spéciale au psychique et au physique. — Deux termes opposés peuvent et doivent coexister, tandis que deux termes contraires ne le doivent, ni ne le peuvent. Les premiers se supposent pour constituer la réalité, les derniers n'arrivent à la réalité que par leur exclusion réciproque. Ou le psychique, ou le physique, mais pas tous les deux à la fois. — Dira-t-on que dans l'intellectuel et le formel coexistent des éléments qu'on peut tenir pour contradictoires, à savoir un rapport et un non-rapport? Ce serait oublier que le rapport n'est rien par lui-même, et ne saurait, ni contredire le terme dont il dépend, ni coexister avec lui. Ce qui est vrai, c'est que l'intellectuel et le formel sont des contraires de l'affectif et du matériel, attendu que les premiers enveloppent un rapport auquel les autres sont étrangers. La contradiction porte alors sur le fait d'envelopper ou de ne pas envelopper un rapport, et elle n'est pas au sein de chaque terme. Il n'y a donc pas d'inconséquence à nous reprocher à cet égard.

Ainsi tombe une hypothèse célèbre dans la philosophie contemporaine, et digne de l'être à bien des égards, celle que M. Taine a proposée et résumée en ces mots : — « La nature a deux faces, et les événements successifs et simultanés qui la constituent peuvent être conçus et connus de deux façons, par le dedans et en eux-mêmes, par le dehors et l'impression qu'ils produisent sur nos sens. Les deux faces sont parallèles, et toute ligne qui coupe l'une coupe l'autre à la même hauteur. Vue d'un côté, la nature a pour éléments des événements que nous ne pouvons connaître qu'à l'état de complication suprême, et qu'en cet état nous nommons sensations. Vue de l'autre côté, elle a pour éléments des événements que nous ne concevons clairement qu'à l'état de simplicité extrême, et qu'en cet état nous nommons mouvements moléculaires. Au premier point de vue, elle est une échelle d'événements moraux, successifs et simultanés, dont la complication va décroissant, si l'on part du sommet dont nous avons conscience, pour descendre jusqu'à la base dont nous n'avons pas conscience. Au second point de vue, elle est une échelle d'événements physiques, successifs et simultanés, dont la complication va croissant, si l'on part de la base que nous concevons clairement, pour aller jusqu'au sommet dont nous n'avons aucune idée précise. Tout degré de complication d'un côté de l'échelle implique de l'autre côté un degré de complication égal[1]. » — Cette hypothèse est exposée à des objections de plusieurs espèces. On pourrait la mettre en contradiction avec une théorie scientifique de la connaissance. Ne descend-elle pas au-dessous du phénomène, vers un inconscient que la métaphysique elle-même aurait de la peine à justifier, pour trouver l' « événement moral » élémentaire, ainsi que tous les événements physiques ? Ne s'appuie-t-elle pas sur l'opposition entre la connaissance expérimentale par la conscience et la connaissance expérimentale par les sens, comme si l'expérience sensible était autre chose qu'une connaissance par la conscience ? Ne

---

[1] *De l'intelligence*, I, p. 365.

suppose-t-elle pas que tels faits sont connaissables par le dedans et tels autres par le dehors, alors que tous le sont des deux manières, ou ne le sont d'aucune ? On pourrait encore demander pourquoi la différence de l'extérieur et de l'intérieur se traduit en une progression en sens inverse quant à la clarté de la connaissance. — Mais il suffit, en ce moment, d'objecter que le psychique et le physique ne sauraient constituer deux faces de la nature, si, par nature, on veut bien entendre exclusivement le monde de l'expérience.

Le plus souvent, ce n'est pas à l'idée de face, mais à celle de fait, qu'on a recours. Le psychique et le physique seraient donc deux espèces de réalités se suffisant à elles-mêmes, en coexistence ou en succession, mais toujours séparées dans leur existence. C'est encore une théorie dont il sera facile de montrer la vanité.

Toutes les raisons invoquées dans la première étude ne peuvent être reprises, il est vrai. Ainsi, l'idée de fait n'est pas en contradiction avec la nature de nos deux termes, comme avec celle du ressemblant et du différent. Il n'y a aucune impossibilité logique à ce que le psychique et le physique constituent des touts fermés, indépendants, achevés. Ce qui domine le rapport, ainsi que ce qui est absorbé par le rapport, peut fort bien être séparé de toute autre chose. Il suffit que le rapport et ses termes soient contenus dans chaque fait ; et pourquoi ne le seraient-ils pas ? Le rapport n'est-il pas où sont ses termes, et les termes du rapport, à savoir le sujet et l'objet, ne sont-ils pas, à rigoureusement parler, dans la même réalité? — Cependant, on peut invoquer ici comme précédemment la difficulté de conserver à certaines catégories leur caractère nécessaire d'universalité. Il s'agit maintenant du temps et de l'espace. Ces catégories, nous le verrons, sont en contradiction réciproque, comme le psychique et le physique auxquels elles correspondent. Par conséquent, acceptez l'idée de fait, et vous aboutissez à la distinction inacceptable en réalités étrangères au temps et en réalités étrangères à l'espace. Le dualisme cartésien est justifié, mais les catégories sont condamnées. — Nous pouvons invoquer encore l'impossibilité d'établir entre les deux termes des rapports de causalité qui devraient pourtant être établis.

Est-il besoin de rappeler l'influence réciproque des réalités physiques et des réalités psychiques? — N'a-t-on pas montré maintes et maintes fois que les variations de l'organisme physique déterminent des variations psychiques correspondantes ; qu'il faut, pour expliquer l'esprit d'un peuple, d'un siècle, tenir compte de l'influence du climat, de l'alimentation, et, pour expliquer celui d'un individu, considérer l'âge, le sexe, le tempérament, la santé, et mille autres phénomènes du corps et du milieu environnant; qu'il y a un rapport très étroit entre la quantité, la forme, la qualité du cerveau et la nature ou la richesse de l'intelligence? — En sens inverse, qui ignore que les émotions et les idées ont leur contre-coup sur les fonctions corporelles, qu'elles se marquent sur la physionomie, se trahissent par le mouvement des organes vocaux, et, à la longue, produisent des modifications bien sensibles dans l'économie générale de l'être physique ? N'a-t-on pas signalé des traces de cette influence là même où on ne se serait pas attendu à en découvrir : par exemple, « des mouvements de l'organe du toucher, du globe de l'œil et de quelques-unes de ses parties, des parties internes de l'oreille, et aussi un commencement d'excitation des organes de la voix », à la suite de simples perceptions ; ou bien « les mouvements d'articulation auxquels sont associées les idées comme à des symboles » ; ou bien des modifications dans le mouvement des organes sensoriels ou du cerveau sous l'empire d'un jugement ? Ainsi s'expliquent les nombreux cas d'illusion sur la grandeur ou la forme des objets, les curiosités du pendule explorateur, des tables tournantes, etc... Nous ne dirons pas à ce sujet, avec quelques-uns, que « l'idée tend à se réaliser »: locution deux fois inexacte, puisqu'elle suppose, d'une part que l'idée est moins réelle que le mouvement physique, d'autre part que l'idée est en devenir; mais nous affirmerons que les réalités psychiques et les réalités physiques sont en étroite réciprocité d'influence.

Comment l'expliquer, si le psychique et le physique marquent deux espèces de faits ? — Cette influence, il va sans dire, n'est autre chose qu'une détermination causale. Impossible de la résoudre en une simple correspondance entre deux séries parallèles et indépendantes, comme celle dont on a parlé dans l'école cartésienne. Ce serait condamner gratuitement la science à se retirer devant la métaphysique, qui devrait intervenir, soit pour rendre compte des traces laissées par une série sur l'autre, soit pour expliquer l'harmonie préétablie des deux séries. On est d'ailleurs suffisamment renseigné sur les défauts de cette explication. — Or, admettrait-on que les faits psychiques soient avec les faits physiques en rapport de causalité? Deux faits simplement opposés ne peuvent y être: comment deux faits contraires s'y trouveraient-ils? Ou bien notre conception de la cause est radicalement fausse, ou bien il faut renoncer à tenir le psychique pour la cause du physique, et réciproquement.

Il y aurait aussi des objections nouvelles. — Ainsi, il nous est impossible de comprendre le physique, si le physique n'est pas rapporté à la même existence que le psychique. Une fois produit, rien ne l'empêcherait logiquement de former un tout séparé, mais, envisagé dans sa production, il ne saurait être séparé du psychique. N'avons-nous pas dit que toutes les qualités constatées dans le monde physique se trouvent également dans le monde psychique? N'avons-nous pas déjà conclu que le rapport du formel a pour point de départ le rapport intellectuel, et qu'il y a deux rapports à considérer dans le physique? Comment en rendre compte, si le physique et le psychique marquent deux existences distinctes? Il est évident que le rapport et les qualités ne peuvent se transmettre d'un fait à l'autre. Ils se trouvent où sont leurs termes, et leurs termes ne sauraient être transmis, puisque ce sont eux qui constituent les faits. — On ne comprend pas davantage le psychique séparé d'existence du physique. La difficulté n'apparaît pas immédiatement, il est vrai. Mais il suffit, pour l'apercevoir clairement, de porter la question à un degré inférieur, sur le matériel et le formel. Si le physique et le psychique marquent deux espèces de faits, il n'y a pas de raison pour que l'affectif et l'intellectuel, d'une part, le matériel et le formel, d'autre part, n'en marquent pas deux espèces subordonnées aux précédentes. On l'entend bien ainsi d'ordinaire, et c'est évidemment dans l'esprit de l'hypothèse. La forme serait donc un fait, et la matière en serait un autre. Par cela même il y aurait des réalités physiques qui devraient être conçues indépendamment de toute forme, et d'autres indépendamment de toute matière. Est-ce admissible? Pour nous borner au premier cas, toute réalité physique n'est-elle pas nécessairement en repos ou en mouvement? Sans doute. Mais, si l'on se refuse à accepter cette séparation, il faut aussi repousser celle du non-rapport affectif et du rapport intellectuel, et finalement celle du non-rapport psychique et du rapport physique.

Pour nous, nous n'hésitons pas à prendre, de préférence aux idées de fait et de face, l'idée de moment. Elle ne convenait pas à la diversité du ressemblant et du différent, mais elle est toute désignée pour définir celle du psychique et du physique, ainsi que les diversités subordonnées à celle-ci.

Considérée en elle-même, elle se présente dans de meilleures conditions que précédemment. Quand il s'agissait du différent et du ressemblant, elle se serait difficilement dégagée de l'idée inacceptable de transformation : ici, au contraire, elle peut s'en dégager complètement. Ici, en effet, les moments accusent un changement, non pas dans les qualités du phénomène, mais dans ses circonstances, dans sa manière d'être en quelque sorte extérieure. Tantôt il est au-dessus du rapport, et tantôt il est tout entier dans le rapport : mais ce qu'il est dans un cas, il ne cesse de l'être dans l'autre cas. Il ne devient pas ceci ou cela, il l'est toujours ; seulement, il se pose différemment par suite des circonstances où il se trouve. Il est vrai que ce changement de circonstances influence son être au point de vue de l'intensité, mais nous avons déjà fait remarquer qu'il n'en résulte pas un changement de nature. Le différent s'efface, se restreint, mais reste le même. Ainsi, il n'y a pas transformation.

En outre, l'idée de moment a, dans cette étude, les mêmes avantages que l'idée de fait sur l'idée de face. L'exclusion réciproque à laquelle sont condamnés le psychique et le physique empêche de regarder ces termes comme deux faces de la réalité, mais non comme deux espèces de faits. Elle permet également de les regarder comme deux moments. Faits et moments ne supposent pas, en effet, la coexistence. Les moments en sont même la négation directe.

Enfin, l'idée de moment n'a pas les inconvénients de celle de fait. — Avec elle, l'universalité des catégories de temps et d'espace, précédemment compromise, reste intacte. Chaque catégorie est restreinte, il est vrai, à un seul moment des choses, mais,elle s'applique, d'autre part, à toute chose. — Avec l'idée de moment, on s'explique de même mieux que précédemment la persistance dans le physique de qualités saisies dans le psychique. Les qualités qui sont au premier moment doivent se trouver au point de départ du second, et même persister dans le second, puisqu'il n'y a qu'une seule existence aux deux moments. Il faut aussi, puisque les deux moments sont également nécessaires, que toute réalité se présente à la pensée avec les propriétés de l'un et de l'autre, et il n'est pas étonnant que l'on ne puisse concevoir, par exemple, une réalité physique sans mouvement ni repos. — Avec cette idée, enfin, on évite la nécessité de soumettre les deux termes à une impossible détermination causale. Si la dualité du psychique et du physique portait sur la nature essentielle du phénomène, l'idée de moment n'aurait pas d'avantage à cet égard sur celle de fait. Alors même que la succession des deux termes aurait lieu au sein d'une même existence, le principe de causalité devrait leur être appliqué, parce qu'ils formeraient en réalité deux choses distinctes et indépendantes. Or, comment mettre le psychique et le physique, qui représentent des contraires, en rapport de causalité ? Mais, encore une fois, il n'est question que d'un changement de circonstances ; la réalité reste la même à ses deux moments ; il n'y a jamais qu'une seule chose. Donc, il n'y a pas lieu de marquer au sein du phénomène une succession de cause et d'effet. Et le changement de circonstances, ne faut-il pas l'expliquer ? Sans doute, mais non pas à titre d'effet supposant un antécédent déterminant. Effet et cause sont des termes distincts d'existence, se suffisant une fois produits, tandis que les circonstances ne sont rien par elles-mêmes. Une circonstance s'explique, non par une autre circonstance, mais par un autre terme correspondant. Quand un nouveau terme apparaît, un nouveau rapport, une nouvelle circonstance, se produit, et le physique prend ainsi naissance. Dira-t-on que le nouveau terme lui-même relève, en tout cas, de la causalité? Nous le reconnaissons, mais comme il n'entre pas dans la dualité du psychique et du physique, la distinction des moments ne le concerne point. La difficulté est donc complètement écartée. Renonçons-nous donc à admettre ce qu'on appelle l'influence réciproque du psychique et du physique? Nullement; il faudra seulement s'entendre sur le point où elle porte. Notre distinction entre les faits à accentuation psychique et les faits à accentuation physique nous permettra de tout arranger.

Mais nous pouvons dès à présent cesser de défendre notre choix, et exposer directement comment nous comprenons cette succession de moments dans la conscience.

Le premier, c'est le moment psychique. Avant le double rapport, il faut placer le rapport unique. D'ailleurs, nous savons que le rapport est une cause d'affaiblissement pour la conscience : si donc la conscience est forte au moment du psychique, c'est qu'elle est antérieure à l'absorption dans le rapport. — Mais, pour bien comprendre comment le psychique précède le physique, il sera bon de descendre encore une fois à un degré inférieur de l'échelle abstractionnelle, et de chercher la succession des abstraits subordonnés. Nous aurons ainsi à considérer quatre moments se groupant deux à deux.

Le phénomène commence par être hors de rapport. Son premier moment est celui de sa plus grande indépendance. Il y a bien un milieu pour lui, il est bien avoisiné par un autre fait, celui dont il va prendre la place et qui n'est pas tout à fait éteint; mais il n'en a pas encore conscience. Son existence reste intérieure et isolée. Il possède autant de différent qu'il peut en avoir, il est fort, donc il est en lui-même, il se suffit. C'est son moment affectif. Oui, de même que le psychique, dont l'intensité n'a pas été diminuée par le second rapport, doit être antérieur au physique, qui a subi une double influence destructrice, — de même l'affectif, qui est complètement étranger au rapport, doit précéder l'intellectuel et le rapport que celui-ci enveloppe. D'ailleurs, sans cette antériorité, comment expliquer le rapport intellectuel lui-même? Celui-ci n'est-il pas donné dans le contraste avec un état précédent, et cet état précédent serait-il autre chose qu'un non-rapport? C'est donc au premier plan que se placent les douleurs, les joies, les sentiments de toute sorte.

Cependant cette existence purement intérieure ne peut durer. Le fait précédent — appelons-le A — est encore là, et résiste au nouveau venu — appelons celui-ci B — en raison même de leur différence. Cette résistance, qui est une négation, doit être sentie par B. Il suffit pour cela de l'affaiblissement produit en lui par la résistance même. (Qu'on ne se hâte pas de dénoncer ici un cercle vicieux qui s'effacera plus tard.) Alors, B sort en quelque sorte de ses profondeurs, passe à sa circonférence, et se sent en lutte avec quelque chose qui n'est pas lui ; alors le rapport devient actuel pour B, de virtuel qu'il était ; alors le moment intellectuel arrive. On le voit, la théorie précédemment repoussée de M. Fouillée peut ici être mise à profit. Il y a sans doute dans l'intellectuel autre chose que des contours, qu'une « image négative » des sentiments ; cependant cette comparaison exprime assez bien l'affaiblissement du phénomène et l'existence jusqu'à un certain point extériorisée, qui sont la condition de l'intellectuel.

Comment, de ce simple changement, peuvent naître les perceptions, les abstractions, les affirmations, bref toute la connaissance, on n'aura pas trop de peine à le comprendre, si on ne se laisse pas influencer par les habitudes de la pensée vulgaire, qui est toute imprégnée d'une métaphysique foncièrement matérialiste. Que voudrait-on de plus ? Une autre chose qui prendrait possession du rapport ? — Mais à cela le fait B suffit. En douter, c'est avoir encore une arrière-pensée sur l'ultra-phénoménal, en tout cas c'est oublier que les phénomènes ont, non seulement une nature propre, mais aussi la conscience de cette nature. Il faut se garder de raisonner sur eux comme sur quelque chose de physique au sens métaphysique et matérialiste du mot, c'est-à-dire d'inconscient. Ils sont prise de conscience, aussi bien qu'états de conscience. Ces deux termes n'en font qu'un en réalité. — Nous dirons plus : toute autre chose que les faits dont il a été question serait incapable de prendre possession du rapport. Le sujet, a-t-il été établi, ne sort jamais de lui-même : qu'est-ce à dire, sinon que le rapport n'est saisi que par un de ses termes? Supposez le sujet intellectuel hors du rapport, et alors, fût-il un fait de conscience, il ne serait plus nié, il ne sentirait plus en lui autrui, et finalement, comme il ne pourrait sortir de lui-même, aucune connaissance ne se produirait. A plus forte raison aboutissons-nous à cette conclusion, si le sujet intellectuel n'est pas conçu comme un fait de conscience. Oui, le substantialisme spiritualiste et le substantialisme matérialiste sont également impuissants à rendre compte de la connaissance. L'âme du premier n'est pas plus apte que la substance nerveuse du second à saisir un rapport dans lequel elle ne serait pas engagée, et comment pourrait-elle s'engager, elle qui est étrangère à toute comparaison avec la conscience, justement dans un rapport avec un terme de conscience? — Au contraire, si le sujet intellectuel est un phénomène, et si ce phénomène est un des deux termes du rapport, la difficulté s'évanouit. Sans sortir de lui-même, le fait-sujet saisit le rapport, parce que le rapport c'est la négation de lui-même par le fait-objet, auquel il ressemble et dont il diffère à la fois, et qu'il doit en s'affaiblissant sentir cette négation.

Eh quoi! n'y a-t-il pas des opérations intellectuelles qui supposent autre chose? La mémoire, par exemple, ne réclame-t-elle pas l'identité du sujet pensant, donc un terme autre que le fait de conscience dont la survivance a été déclarée impossible?

C'est revenir sur la question si souvent jugée de l'ultra-phénoménal : mais ne craignons pas de montrer que c'est y revenir gratuitement. — Voudrait-on que nous rendissions compte du souvenir pris au sens vulgaire ? Mais, en vérité, il est impossible, en toute hypothèse, d'en rendre compte. Se souvenir, c'est penser, personne ne le conteste : or, peut-on penser un objet qui a été, mais qui n'est plus ? Pour qu'il y ait rapport intellectuel, ne faut-il pas la présence de l'objet aussi bien que celle du sujet ? Il importe donc de modifier l'opinion vulgaire, d'admettre au moins que l'objet, bien que passé, peut devenir présent, qu'il n'a point complètement disparu, qu'il a été conservé à l'état latent, et comme en un dépôt d'où l'activité intellectuelle le fait sortir au moment opportun. — Est-ce le souvenir ainsi entendu que nous devrions expliquer ? En toute hypothèse, dirons-nous encore, c'est impossible. A notre point de vue, il va sans dire que ni l'objet ni le sujet ne sauraient se conserver au delà du rapport actuel. Pour le substantialisme spiritualiste, le sujet est toujours présent ; mais l'objet l'est-il également ? Non, puisque souvent il est censé avoir été fourni par un hors-conscience physique dont le sujet pensant s'est éloigné. Il faudrait donc au moins lui donner le substitut proposé dans la théorie des idées-images. Mais, comme l'idée-image est un rapport, comme un rapport ne saurait être conservé que par l'union persistante de ses deux termes, et que cette union entraîne une prise de possession également persistante, la conservation se résoudrait en une prolongation dont on ne comprend bien ni la nature ni la possibilité. — S'agirait-il simplement d'une reproduction des rapports passés? La théorie semble plus acceptable, et pourtant elle ne l'est pas. Une reproduction quelconque est-elle possible? Non. Qu'on ait ou non recours à un terme ultra-phénoménal, il ne faut pas oublier la loi du différent qui fait de toute existence un *novum* par une face, et s'oppose en conséquence à la réapparition du passé. Si l'on ne cherche dans la reproduction qu'une analogie, on évite cette difficulté, mais on se heurte à une autre. Comment l'analogie serait-elle garantie? Aucune hypothèse ne donne de réponse satisfaisante à cette question, que provoquent d'ailleurs également les théories de la conservation et de la reproduction stricte. La garantie ne saurait venir que de la comparaison de l'ancien au nouveau : or l'ancien n'est plus. Hume disait au sujet de la correspondance des perceptions avec les corps : « l'esprit n'atteint jamais en lui que des perceptions, et il ne peut par suite faire l'expérience de la connexion de ces perceptions avec les objets qu'il n'atteint pas. » Nous pouvons en dire autant de la connexion des rapports actuels, les seuls qui soient saisis, avec des rapports anciens qui ne sont jamais saisis. On peut reculer la difficulté, en comparant le présent avec un autre terme que l'on tient pour analogue à un ancien ; on ne la fait jamais disparaître. Ce second terme est-il, en effet, tel qu'on le croit? Pour s'en assurer, une nouvelle comparaison est nécessaire, suivie encore d'une nouvelle comparaison, et ainsi de suite, sans espoir d'arriver à une conclusion définitive. —

Il ne nous reste qu'à faire entrer la croyance dans le souvenir. Nous croyons, sans en être théoriquement assurés, que certains rapports (on peut d'ailleurs en former scientifiquement la classe) sont analogues à d'anciens rapports : voilà la seule hypothèse que nous soyons disposé à accepter à un point de vue strictement phénoménal, et elle suffit. Nous aurons en tout cas l'occasion de montrer qu'elle ne risque pas de faire perdre « la notion même du passé [1]. » Dès lors, quel besoin de recourir à un autre terme que les deux faits de conscience engagés dans le rapport ? La mémoire ne s'explique-t-elle pas comme toutes les autres opérations intellectuelles ?

Ce n'est pas à dire que nous prétendions dissiper toute obscurité au sujet de ces opérations. La pensée a un cours si riche, si complexe, elle se développe en des combinaisons si subtiles, elle comporte des entrecroisements si rapides de termes et de points de vue, elle entraîne tant de substitutions délicates, la suppression de tant d'intermédiaires, qu'il est impossible de l'expliquer, et même de la suivre, dans le menu détail. La pensée ne saurait se représenter entièrement à elle-même. Mais qu'importe ? L'impossibilité de se représenter tous les mouvements cérébraux correspondant aux faits psychiques empêche-t-elle les psychophysiologistes de tenir pour résolu le problème des rapports de succession entre la vie psychique et la vie physique ? « Une cause d'obscurité pour la philosophie, a dit Hegel, est

---

[1] *Revue philosophique*, 1887. n° 2, article de M Bouillier.

dans la prétention de vouloir saisir dans la conscience les pensées et les notions sous forme de représentation. » En prenant le mot représentation dans le sens que nous avons indiqué, Hegel aurait eu raison. Il ne faut pas se perdre dans l'application trop minutieuse d'un principe. Dans le cas actuel, qu'il nous suffise de savoir que la connaissance se produit nécessairement et suffisamment par l'entrée en rapport de deux faits, et de renvoyer, pour rendre compte de son étendue, aux explications de la psychologie contemporaine, par exemple à celle de la substitution du mot au rapport que M. Taine a si bien mise en lumière. La question du nombre des termes qui entrent en rapport demande encore, il est vrai, un éclaircissement, mais nous allons la retrouver tout à l'heure.

Au moment intellectuel, le fait B se sent en rapport, parce qu'un changement s'est produit dans ses circonstances. La négation venant du fait A n'arrivait pas jusqu'à lui, et maintenant elle y arrive, à la suite de l'usure occasionnée par la lutte. Le passage d'une circonstance à l'autre marque quelque chose de nouveau pour le phénomène. De là, la conscience du rapport ; de là, la pensée. — Que, d'une part, il ne se produise point d'autre changement de circonstance ; que, d'autre part, l'usure mentionnée s'avance, et la conscience du rapport se perdra. Comment se maintiendrait-elle, si le différentiel, par lequel le fait B encourait la négation, disparaît? Comment se reproduirait-elle, s'il n'y a pas de contraste nouveau, de négation nouvelle, pour la provoquer? Le rapport subsistera sans doute, et par conséquent la conscience même du rapport, mais non en claire et distincte conscience. Ce sera, peut-on dire, la conscience d'un rapport ne se sentant point telle. Et il n'y a rien de contradictoire dans cette affirmation, car, si l'on a raison de prétendre que la conscience est ce qu'elle se sent, et se sent ce qu'elle est, c'est au point de vue de ses qualités, et non de ses circonstances. Sur ces dernières, l'illusion est possible et fréquente. Est-ce que l'erreur, contre laquelle lutte la science, ne vient pas justement de ce que les rapports sont mal établis ou restent inaperçus? Il y a donc pour la conscience en rapport possibilité de se croire en non-rapport. — Or c'est ce qui doit arriver après le moment intellectuel.

En effet, les conditions signalées s'y rencontrent. — De négation nouvelle, il ne saurait en être question de la part du fait A. Deux négations ne sauraient venir du même fait, car elles n'auraient pas de raison de différer l'une de l'autre, et la conscience d'une négation ne se sépare pas de celle d'une différence. — Quant à la première négation, elle supposerait, pour se maintenir, la persistance de la différence entre A et B. Or, cela ne peut avoir lieu. La différence ne survit pas au rapport intellectuel, car où serait pour celui-ci la raison de disparaître? D'autre part, celui-ci doit disparaître, en raison même de l'usure qu'il entraîne dans l'élément différent. Il peut bien survivre à la différence proprement dite, grâce à l'abstraction, à laquelle suffit la différence minime enveloppée dans la ressemblance; mais cette survivance n'est pas longue, attendu que l'objet ressemblant doit donner lieu à un nouveau fait et échappe ainsi bientôt à l'abstraction elle-même. — Il est donc vrai que B est condamné à ne plus se distinguer de A, et en conséquence à perdre la conscience claire de son état de rapport. C'est ainsi qu'arrive le troisième moment, le moment matériel, moment de non-rapport pour une analyse provisoire, et point de départ d'un rapport nouveau.

Ce rapport nouveau se produit à l'apparition du fait C. Si B s'est usé au moment intellectuel, A s'y est usé bien plus encore. Il avait, avant sa lutte avec B, supporté le choc d'une autre lutte; il est donc usé par la rencontre avec deux différents, tandis que B ne l'est encore que par un seul. On peut en conclure que A n'a plus de raison d'exister, qu'il disparaît. Mais il ne peut disparaître sans qu'un autre fait prenne sa place. Son élément ressemblant doit persister, et pour cela, s'unir à un nouveau différent dans un nouveau fait. C fait ainsi son apparition, et rencontre B, comme B a rencontré A. Mais, avant de se sentir nié par B, C existe, comme B a précédemment existé, d'une existence intérieure, étrangère au rapport, affective. Avant cela même, C demeure effacé par B, dont l'existence arrive à un nouveau moment. En effet, B n'est pas encore assez usé pour ne plus sentir de négation. S'il n'en a pas senti au moment matériel, c'est qu'il avait perdu conscience de la première, et que A ne pouvait lui en faire subir une seconde. Il sentira maintenant celle de C. C'est le dernier résultat appréciable de son activité subjective. Avant d'entrer dans l'ombre où il a lui-même relégué A et où il maintient C, avant de devenir surtout objet, il se sentira encore une fois en rapport. Et naturellement, c'est le contraste entre la première négation et la seconde qui le lui permettra.

Naturellement aussi, ce second rapport ne sera que faiblement établi. Qu'on ne l'oublie pas, nous sommes à un moment où l'activité subjective de la conscience est peu intense. Tandis que précédemment, au moment intellectuel, le fait-sujet était fort en présence d'un fait-objet faible, maintenant le fait-sujet est faible en présence d'un fait-objet fort. Tout ce que B peut saisir, c'est en quelque sorte l'extérieur de la différence, ce qui concerne la situation. Disons, si l'on veut, que le rapport se restreint maintenant aux « contours », à condition sans doute que les contours ne soient pas conçus en dehors de la conscience. Y a-t-il sur ce point-là un changement bien marqué, nous avons le mouvement. Y a-t-il un changement peu marqué, nous avons le repos. Dans les deux cas, nous avons le moment formel de la conscience, moment de double rapport, moment qui met fin au physique, comme le moment intellectuel a déjà mis fin au psychique.

Insistons sur ce dernier rapprochement pour dissiper l'apparence d'un cercle vicieux auquel il a été fait allusion. On se souvient que l'intellectuel succède à l'affectif grâce à l'affaiblissement du phénomène et à la conscience du rapport qui en résulte. Mais comment l'affaiblissement se produirait-il, sinon à la suite d'une lutte, et comment y aurait-il lutte sans conscience de la différence, c'est-à-dire sans conscience d'un rapport? Si donc l'intellectuel épuise la conscience de ce rapport, il ne peut succéder à un affaiblissement dont il est lui-même la condition. Mais justement la conscience du rapport d'où sortira l'intellectuel peut précéder celui-ci. Elle a lieu au moment formel du fait précédent, et avec ce fait pour sujet. Le moment intellectuel est bien le premier moment du rapport où B est engagé comme sujet, mais, avant d'être sujet, B a été objet. Ainsi s'expliquent sans contradiction l'affaiblissement de B avant le moment intellectuel, et la succession de celui-ci au moment affectif.

Ce n'est pas la seule difficulté que nous soyons maintenant en mesure de dissiper. — Ainsi, nous pouvons rendre compte d'un mot glissé dans la discussion sur la causalité, et qui est resté peut-être incompris. La cause proprement dite d'un fait, avons-nous expressément déclaré, est le dernier fait disparu. Il ne serait pas juste, en effet, de désigner simplement le fait précédent comme cause. Le fait précédent ne peut être cause de rien, tant qu'il existe. Du moment qu'un même élément se trouve dans la cause et l'effet, ceux-ci ne sauraient coexister. La cause doit disparaître pour laisser son élément ressemblant s'unir à un autre différentiel et donner ainsi naissance à l'effet. C'est donc le fait A, et non le fait B, qui est cause du fait C. Il en résulte un entrecroisement de cette sorte :

$$\ldots A - C - E - G \ldots$$
$$\ldots B - D - F - H \ldots$$

Qu'on n'admette pas cependant

deux séries parallèles et indépendantes. En effet, sans B, D, F, H, la détermination de C par A, de E par C, etc., n'aurait pas lieu, car A, C, etc., persisteraient avec leur différent. Plus encore, selon l'étendue du différent dans B, D, F, l'apparition de C, E, G, et par conséquent leur détermination causale, est retardée ou avancée. Enfin, pourquoi un des éléments de A est-il un élément de détermination pour C, sinon parce qu'il est le ressemblant d'un élément de B, avec lequel il a eu l'occasion de se comparer ? Et ainsi de suite.

Encore à propos de la causalité, nous sommes en mesure de donner quelques explications nouvelles sur les rapports du mouvement et du plaisir. Jusqu'ici, nous avons parlé de l'un comme de la condition de l'autre, et l'on pouvait objecter que ce qui tient au différent ne saurait être ni conditionnant ni conditionné. Maintenant on comprendra qu'il n'était pas question d'un conditionnement causal, lequel serait en effet impossible, mais d'un conditionnement logique. Dans l'ordre physique, il n'y a pas de plaisir sans mouvement, et pas de mouvement sans plaisir, parce que l'un et l'autre marquent le même différent dans le même changement. Ce n'est pas le mouvement qui produit le plaisir, ni le plaisir qui produit le mouvement. Tous les deux doivent être rapportés au différent du fait nouveau. Le mouvement est sans doute antérieur au plaisir, car s'il doit être rapporté au différent du fait C, c'est pourtant dans le fait B qu'il a son sujet, tandis que le plaisir a son sujet en C ; mais cette antériorité ne constitue pas un antécédent déterminant pour le plaisir. — Insistera-t-on en disant qu'il y a quelquefois détermination causale du mouvement par le plaisir? « Je ne suis cause de mouvements, au sens empirique du mot cause, dit M. Fouillée, que parce que je suis susceptible de sentiments agréables ou pénibles. Je ne me meus que pour conserver le plaisir et écarter la douleur[1]. » Mais c'est oublier les intermédiaires. Si le plaisir peut être mis à l'origine du mouvement dans un autre sens que celui qui vient d'être fixé, c'est indirectement, par la volonté. Il n'y a en effet que la volonté qui puisse décider du différentiel futur auquel le mouvement est lié. Comment la substitution du ressemblant au différent, qui permet cette détermination, serait-elle au pouvoir du sentiment? Et ainsi, même dans ce cas, il ne saurait être question de conditionnement causal entre le mouvement et le plaisir. — Ajoutons, à l'occasion de la citation précédente, que l'on ne saurait étendre au sentiment en général les rapports constatés entre le mouvement et le plaisir. Sans doute, on se meut pour écarter la douleur comme pour conserver le plaisir; mais c'est à condition qu'une représentation claire ou obscure de plaisir précède la volonté. La volonté ne détermine le mouvement qu'après l'agrément de la conception du mouvement : il faut donc que cette conception soit agréable. Curieux entrecroisement, la volonté de conserver le plaisir n'arrive au mouvement que par l'intermédiaire du ressemblant, c'est-à-dire de la douleur, et, d'autre part, la volonté d'écarter la douleur ne se produit que par l'intermédiaire du plaisir.

[1] *Revue philosophique*, 1883, II, p. 35.

Enfin, le raisonnement indiqué au sujet du caractère physique du changement reçoit maintenant quelque lumière. Il se produit bien un changement dans le monde psychique, de l'affectif à l'intellectuel, et ce changement est même la condition du rapport intellectuel. Mais, en réalité, il n'est que secondaire. Ce n'est, en effet, qu'un changement de circonstances. Or, pourquoi se produit-il une circonstance nouvelle ? Parce que la lutte a affaibli le fait. Et la lutte, pourquoi se produit-elle ? Parce qu'un fait différent s'est produit, donc parce qu'un changement a été saisi au moment formel du fait précédent. Ainsi, le changement qui a eu lieu dans le monde psychique n'est que la suite et comme l'application du changement physique, qui reste le véritable changement.

Tels sont les quatre moments qui représentent l'affectif, l'intellectuel, et, en se groupant deux à deux, le psychique et le physique. — Il va sans dire qu'ils ne sauraient être distingués directement : directement on ne distingue qu'à grand'peine un fait au sein du bloc où il est engagé, et ici nous sommes en quelque sorte au delà du fait, dans un domaine où la perception n'a point d'objet. De là les difficultés que nous avons rencontrées, et la nécessité de recourir à des hypothèses qui nous font côtoyer sans cesse la fantaisie et ses dangers. Il est possible cependant de n'y point succomber. Il suffit pour cela de ne perdre jamais de vue, d'une part les deux termes qui ont été l'objet de la première étude et dont la nature décide en partie de la succession des moments, d'autre part les réductions supérieures des sciences particulières qui fournissent un moyen constant de contrôle. C'est ce que nous croyons avoir fait. — Il va sans dire aussi que ces quatre moments ne sont point mesurables dans leur durée et leur importance : la mesure suppose la quantité, et la quantité, ayant pour point de départ le fait, ainsi que nous l'établirons, n'atteint point ce qu'on distingue dans le fait ou au delà du fait. Cependant on peut leur attribuer approximativement une plus ou moins grande importance. — Enfin, nous avons procédé comme si les quatre moments se produisaient nécessairement pour chaque face, et pour toutes les catégories de faits, et nous croyons avoir eu raison. Cependant, on peut dire qu'ils ont plus ou moins d'importance, selon la face et la catégorie de faits.

Certes, nous ne voyons pas comment une des deux faces pourrait disparaître avant le dernier moment du fait, puisque ressemblant et différent sont également nécessaires à la réalité. Le différent entre B et A disparaît sans doute avant le moment physique, mais il reste le différent entre B et C. On ne s'expliquerait pas non plus qu'il y eût des exceptions à marquer pour certains faits. D'une part, un fait qui en rencontre successivement deux autres, doit subir successivement deux négations, doit en prendre successivement conscience, bref doit entrer deux fois en rapport, une fois en se distinguant du rapport, une autre fois en s'y absorbant. Et comme il n'y a pas de rapport sans non-rapport préalable, ce fait doit être deux fois en non-rapport, une fois absolument, une fois relativement.

D'autre part, tout fait doit en rencontrer successivement deux autres. Pour que cela ne fût pas, il faudrait que le ressemblant se perdît, ou que le différent se conservât. Dans le second cas, plusieurs faits pourraient coexister sans s'user dans leur différent, et la rencontre n'aurait pas besoin d'être successive. Dans le premier cas, un fait disparaîtrait sans donner naissance à un nouveau fait, et la rencontre pourrait n'avoir lieu qu'avec un seul fait. Mais, dans les deux cas, l'hypothèse est inadmissible. Donc, il faut admettre que tout fait doit en rencontrer successivement deux autres, et par conséquent passer par les quatre moments indiqués.

D'ailleurs, il n'est pas impossible de confirmer cette conclusion par une autre argumentation. Pour nous en tenir au psychique et au physique, n'est-il pas permis de déclarer, d'après une observation attentive, que toute réalité se ramène à l'un et à l'autre de ces deux abstraits? Aidons-nous de la double catégorie d'espace et de temps que nous ferons plus tard correspondre exactement au psychique et au physique : il n'est point de phénomène qui ne soit, et localisé dans l'espace, et placé dans le temps. Considérez, par exemple, une perception d'odeur ou de saveur, ou encore une douleur, même une douleur morale : au premier abord, vous vous demanderez peut-être ce qu'il peut y avoir de matériel, de physique, dans ces phénomènes évidemment psychiques ; mais vous le découvrirez bientôt, si vous remarquez que ces phénomènes sont placés dans tel pays, dans telle ville, dans tel organisme physique, bref qu'ils sont localisés et par conséquent rendus physiques. La perception d'odeur ou de saveur est même projetée dans un objet prétendu étranger à la conscience, comme si cet objet était en lui-même sapide ou odorant. Et ce n'est pas seulement parce que « les lois de l'association des idées ont pour effet de produire une union locale apparente de l'inétendu avec l'étendu[1] » ; c'est aussi et surtout (dans bien des cas où il ne saurait être question d'association) parce que tous les phénomènes, même ceux qui semblent le plus éloignés du monde physique, relèvent de l'espace, et ont en eux quelque chose de physique. Il n'en est pas non plus qui ne soit placé dans le temps. Essayez de vous représenter le monde, avant l'apparition de l'homme, ou des êtres sensibles, comme exclusivement physique, sans aucun sentiment, sans aucune pensée : malgré tous vos efforts d'élimination, ce monde aura pour vous une histoire, une succession, il s'étendra dans le temps, il se présentera avec quelque chose de psychique. — Or, on ne saurait dire qu'il y ait du psychique dans le physique, et réciproquement, étant acceptée la contradiction de ces deux termes. Dans le physique, nous avons bien trouvé des qualités communes aux deux mondes, mais nous avons averti que ces qualités ne sont ni psychiques, ni physiques, qu'elles ne portent ni sur l'absorption, ni sur la non-absorption dans le rapport, et qu'en passant d'un monde à

[1] Rabier, *Psychologie*, p. 420.

l'autre, elles ne transportent pas avec elles le premier dans le second. — Il reste donc à conclure que toute réalité passe nécessairement par les deux moments, et par conséquent qu'il n'y a d'exception à faire à cet égard, ni pour telle face, ni pour telle catégorie de faits.

Cependant les divers moments ne sont pas également importants pour les deux faces, et il n'est pas absolument faux de faire correspondre le psychique, par exemple, à une face plutôt qu'à une autre. Le différent se trouve tour à tour dans le monde psychique et dans le monde physique, mais il tient évidemment plus de place dans le premier que dans le second. Au contraire, le ressemblant tient plus de place dans le physique que dans le psychique. De là la tendance déjà signalée, chez les philosophes exclusivement occupés du côté physique des choses, à sacrifier l'élément de différence à celui de ressemblance; de là aussi la confusion où s'est égarée la philosophie grecque entre la matière et ce qui peut tout devenir, l'infini, le ressemblant. Et cette correspondance peut se prolonger jusqu'aux moments subordonnés. Au moment intellectuel, le différent est moins marqué qu'au moment affectif, et au moment de l'abstraction moins qu'au moment de la perception.

De même pour les faits. L'expérience peut se diviser en faits à accentuation psychique et faits à accentuation physique. Et en rapprochant cette distinction de la précédente, on est autorisé à dire que les faits d'intensité moyenne, c'est-à-dire offrant une étendue moyenne de différent, constituent la deuxième catégorie. Ce n'est pas que le psychique soit quelquefois plus faible que le physique ; nous maintenons entièrement nos déclarations précédentes sur ce point. Ce qui est vrai, c'est que les faits particulièrement faibles ou forts au moment psychique ne parviennent qu'obscurément au moment physique, et que, pour avoir un moment physique bien marqué, il faut des faits se présentant dès l'abord avec une intensité moyenne. Supposez B très faible au moment psychique : évidemment il ne lui restera qu'un différent minime, après l'usure par le rapport avec A, et en conséquence il ne saurait avoir, au moment physique, qu'une conscience minime de lui-même et de son rapport avec C. Supposez-le, au contraire, très fort : il se sentira à peine nié par A, et il lui restera un différent trop intense pour que l'absorption dans le rapport, avant ou pendant la rencontre avec C, soit bien caractérisée. Voilà pourquoi, d'une part, les grandes douleurs (elles correspondent, nous le savons, à un différent non tempéré) ne se prolongent pas dans le physique à un degré appréciable. Voilà pourquoi, d'autre part, les perceptions appelées souvenirs, étant moins fortes que les perceptions dites actuelles, sont moins facilement considérées comme physiques. Voilà aussi pourquoi il peut y avoir des faits à peine pensés, ceux qu'on nomme improprement inconscients, et qui ne sont que des faits trop faibles pour entrer en rapport précis, et pour être un objet d'observation prolongée.

C'est grâce à cette distinction dans l'accentuation que nous pouvons admettre ce qu'on appelle l'influence réciproque du physique et du psychique. Cette influence devant être une détermination causale, avons-nous dit, ne peut se concilier avec la contradiction où se trouvent le physique et le psychique l'un à l'égard de l'autre. Mais elle s'explique fort bien si nous négligeons le physique et le psychique comme tels, pour ne considérer que les faits à accentuation physique ou psychique. Cette dernière distinction n'enveloppe pas une différence de caractère, mais de degré. Pourquoi donc un fait à accentuation physique ne serait-il pas cause ou effet d'un fait à accentuation psychique? Le physique et le psychique n'étant pas en question dans cette détermination causale, quelle difficulté pourrait-il s'élever? Inutile d'ajouter que nous n'aurions pas bénéficié de cette distinction, si nous nous en étions tenu à l'idée de fait pour la définition de nos deux termes.

Il reste pourtant une question à ce sujet. Qu'un fait à accentuation psychique soit cause de celui qui apparaît après lui, alors même que celui-ci serait d'accentuation physique, on le comprend; mais pourquoi y aurait-il alternance entre faits de différentes accentuations? En vérité, nous ne le savons pas. La distinction d'accentuation venant d'une distinction dans l'étendue du différent, et le différent étant finalement inaccessible à la science, il est impossible d'affirmer à priori la nécessité de l'alternance. Nous ne pouvons même pas l'affirmer à titre de loi fondée sur l'observation. L'observation ne fournit à cet égard que des données insuffisantes. Aurait-on recours à l'expérimentation la plus délicate, on ne saurait s'assurer qu'entre les deux termes de la prétendue alternance, ne s'intercalent point d'autres termes trop minimes pour être retenus et fixés. En outre, l'alternance nécessaire serait jusqu'à un certain point la mise en échec de la loi de changement. Nous devons donc n'affirmer rien de rigoureux à cet égard. Tout ce que nous sommes autorisé à dire, c'est que la vie de la conscience est assez riche et assez variée, c'est qu'il se produit des faits des deux espèces en nombre suffisant, pour que ceux de l'une soient toujours dans le voisinage rapproché de quelques-uns de l'autre. Mais cela suffit, du moment que la détermination causale n'est pas troublée dans sa régularité. Qu'importe que les traces d'un fait se transmettent immédiatement ou par des intermédiaires ? L'essentiel, c'est qu'elles se transmettent. Or, c'est ce qui doit avoir lieu par la persistance de l'élément ressemblant. Ainsi s'éclaire la question des rapports d'apparition entre l'affectif et l'intellectuel, que nous avons réservée précédemment. Il suffit d'appliquer à ces deux termes les remarques faites sur le psychique et le physique.

Il était bon d'indiquer ces distinctions après celle des moments. N'oublions pas cependant que cette dernière est la seule rigoureuse, et que les autres doivent lui être constamment subordonnées. Ne l'oublions pas, en particulier, dans les applications qui vont suivre.

CHAPITRE III

Applications

Les applications doivent varier avec chaque étude. Les diversités qui correspondent au psychique et au physique ne sont pas en effet exactement les mêmes que celles qui correspondent au ressemblant et au différent. Il peut y en avoir cependant qui appartiennent à l'une et à l'autre direction. Nous en connaissons une, en tout cas, qui a été déjà rencontrée et qui sera ainsi légitimée et éclairée à un nouveau point de vue. Commençons par elle.

I

C'est celle du scientifique et du non scientifique. Le scientifique, avons-nous établi, correspond au ressemblant, ainsi que le non scientifique au différent, et par conséquent la réalité est à la fois inaccessible et accessible à la science, comme elle est à la fois différente et ressemblante. Le scientifique, allons-nous rappeler maintenant, correspond au physique, le non scientifique au psychique, et par conséquent la réalité est tour à tour inaccessible et accessible à la science, comme elle est tour à tour psychique et physique. Rappeler, disons-nous : nous avons eu, en effet, l'occasion de le remarquer, et il suffira d'y attirer de nouveau l'attention.

Pourquoi la science ne s'établit-elle que dans le monde des abstraits généraux? Parce que ceux-ci sont les seuls qui se prêtent à des coordinations étendues, et que ces coordinations constituent la science. Mais comment coordonner, sinon en faisant entrer en rapport? Comment opérer des coordinations étendues sans des combinaisons de rapports et de rapports de rapports? Il s'ensuit que l'idée de science est étroitement liée à celle de rapport, et que le domaine scientifique par excellence est celui où tout s'absorbe dans les rapports? Or, nous savons que ce domaine n'est pas celui du psychique, et qu'il est, au contraire, celui du physique. Le scientifique correspond donc au physique, et le non scientifique au psychique.

N'est-ce pas conforme aux résultats de l'observation appliquée à des faits de différentes accentuations? De l'avis de tout le monde, les faits à accentuation affective ne sont-ils pas plus rebelles à la science que les faits à accentuation intellectuelle, et ceux-ci que les faits à accentuation physique? Songez à la difficulté de caractériser une douleur, ou une sensation agréable, même en recourant à des comparaisons ; songez à l'insuffisance des classifications psychologiques jusqu'ici proposées ; songez aux lenteurs de la psychologie pour s'établir comme science, alors que la physique est parvenue depuis longtemps à des résultats incontestés. Et n'est-il pas rationnel que cette différence arrive jusqu'à la contradiction, quand on considère le psychique et le physique en eux-mêmes ?

Ce n'est pas à dire, d'ailleurs, que la réalité s'offre toute entière à la science, une fois parvenue au moment physique. Le physique permet la science, mais ne constitue pas lui-même un objet de science. Cet objet est toujours et exclusivement dans le ressemblant. Si donc il reste du différent dans le physique, et nous savons qu'il doit en rester, par cela même il y reste de l'inaccessible à la science.

Ce n'est pas à dire non plus que la réalité ne puisse en aucune manière être étudiée telle qu'elle se présente au moment psychique. Elle le peut indirectement. Nos sentiments, il est vrai, disparaissent comme phénomènes affectifs en devenant objets de pensée, et nos pensées disparaissent comme phénomènes intellectuels en devenant objets de science ; mais, comme la nature essentielle des phénomènes reste la même à travers cette sorte de transposition, nous n'avons pas à nous inquiéter de celle-ci. Il suffit de la faire suivre d'une transposition en sens inverse qui nous donne idéalement l'intellectuel dans le physique, et l'affectif dans l'intellectuel. Idéalement, disons-nous, ainsi que la définition donne le particulier. Il n'en résulte jamais, en effet, qu'un correspondant, qu'un substitut du psychique et de l'affectif, de même qu'il ne résulte de la définition qu'un substitut du particulier. Mais n'est-ce pas assez pour la science? Du moins, si l'on s'en contente pour elle à un point de vue, pourquoi ne s'en contenterait-on pas à un autre?

Est-il besoin d'ajouter que le caractère non scientifique du psychique ne rabaisse point sa valeur? « Ce qui ne peut être nommé, ni communiqué, a dit Hegel, les sentiments et les sensations, n'est pas ce qu'il y a de plus important et de plus réel : c'est plutôt un accident sans valeur et sans réalité[1]. » Au point de vue intellectualiste de ce philosophe, cette assertion serait à peine admissible; à notre point de vue plus large, elle ne l'est en aucune façon. Nous dirons même que l'affectif nous paraît devoir garder la prédominance sur l'intellectuel, et l'intellectuel sur le physique. Sans oublier que l'exclusivisme nous est défendu, nous pouvons mettre à la place d'honneur le moment où la réalité se présente avec la plus grande intensité. Or, n'est-ce pas le premier moment? Celui-ci n'est pas le moment scientifique, mais pourquoi la valeur des choses se mesurerait-elle à leur caractère scientifique?

Enfin, pas plus maintenant que la première fois, la distinction du scientifique et du non scientifique ne fournit une raison et un point de départ à la métaphysique. Ce que la science n'atteint pas dans la succession des moments de la conscience, la métaphysique ne saurait l'atteindre. Point de moyen ultra-scientifique de connaître le pur affectif, le pur psychique, non plus que de

[1] *Logique*, trad. Vera, I, p. 250.

connaître le pur différent. Dans le domaine de la conscience, les choses sont connues scientifiquement, ou ne sont pas du tout connues. Ce n'est que pour s'aventurer dans un monde ultra-phénoménal que la métaphysique doit intervenir, et encore ne peut-elle se soustraire absolument aux conditions de la science. Or, du moment que nous concevons la réalité comme successivement psychique et physique, dominant le rapport et s'absorbant en lui, nous devons la concevoir également comme successivement inaccesssible et accessible aux opérations de la science. Encore une importante restriction aux prétentions du dogmatisme.

II

De même que le non scientifique et le scientifique, le moi et le non-moi correspondent au psychique et au physique, et doivent, dans la mesure de cette correspondance, représenter deux moments du phénomène.

Placer le moi au-dessous des faits de conscience, ou l'identifier à eux : voilà deux tentatives fréquentes et également illégitimes. Par la première, on fait sortir le moi de la réalité connue, et par la seconde on en fait sortir le non-moi. Or, comme les deux termes ne sont que par leur opposition réciproque, ils sont, dans l'un et l'autre cas, supprimés tous les deux de la science et de la pensée. C'est inadmissible. Le moi et le non-moi sont supposés par toutes nos connaissances, on ne peut les bannir ainsi. Il faut assigner à l'un et à l'autre une place dans la conscience, et l'usage nous indique assez clairement comment nous devons nous y prendre.

Le moi correspond au psychique. Nous ne voyons pas au nom de quoi on pourrait déclarer les pensées et les sentiments étrangers au moi, ou insuffisants à le constituer. On rapporte ordinairement au moi, il est vrai, des faits d'accentuation physique, ceux dont le groupement forme notre organisme corporel. Mais pourquoi? Parce qu'ils sont plus étroitement unis que d'autres aux faits d'accentuation psychique. Ma tête se lève sans retard appréciable après une volition correspondante, et un mouvement brusque de cette tête détermine aussitôt une douleur : je dis cette tête mienne. Au contraire, cet arbre ne cède pas immédiatement à la volonté, et ses états ne déterminent des sentiments qu'après plusieurs intermédiaires physiques : je le déclare non mien. En outre, la vie psychique ne se sépare pas de ma tête, tandis qu'elle se sépare fort bien de l'arbre : raison de plus pour que le premier groupe soit dit mien, et que l'autre ne le soit pas.

On a parlé, il est vrai, de l'unité du moi, et c'est avec raison. Le moi est toujours un, même lorsqu'une projection a été faite hors de lui d'un autre moi lié au même groupe physique que lui. Le dément qui se croit double n'a jamais qu'un moi à la fois; il en admet plusieurs en coexistence, seulement il doit les adopter successivement. Mais qu'importe pour notre explication? Le psychique, lui aussi, n'est-il pas un? Il y a bien deux faits en coexistence dans le rapport psychique que l'idée du moi implique, mais il n'y a qu'un sujet, qu'une prise de possession du rapport, et cela suffit pour rendre compte de l'unité du moi.

On a parlé également de l'identité du moi, et c'est encore avec raison, si l'on dégage le mot identité de son sens rigoureux. La véritable identité ne se trouve nulle part, du moins dans le monde accessible à notre pensée, et en outre elle n'est pas impliquée dans l'idée du moi. Évidemment il se produit des modifications dans notre moi, seulement nous prétendons retrouver en lui un même fond à différents moments. Le dément lui-même, qui projette dans le passé un autre moi lié au même groupe physique que son moi actuel, tient l'un et l'autre pour permanents aussi longtemps qu'il a affaire à eux. Mais le psychique nous offre cette permanence. Il n'y a pas de rapport psychique où le sujet ne se trouve en ressemblance avec l'objet; il n'y a pas de comparaison avec les états psychiques projetés dans le passé qui ne puisse faire conclure à la stabilité de la vie psychique. Objecte-t-on qu'il y a aussi de la différence et de l'instabilité, et que le moi ne saurait s'en accommoder? On n'a qu'à faire abstraction de ce dernier élément. Il n'est pas nécessaire, en effet, que le moi se confonde avec le psychique; il peut n'être que le psychique à un certain point de vue, sous une certaine face. Disons-le expressément : le moi est la conscience considérée sous sa face ressemblante, stable, et à son moment psychique.

Enfin on a parlé du moi comme cause. L'idée du moi, a-t-on dit, « c'est l'idée d'un être déterminé par certains pouvoirs. » Et pourquoi ne l'admettrions-nous pas ? C'est la conséquence de notre définition précédente, puisque le stable est aussi le causal. Hume avait raison, même à son point de vue phénoméniste, d'unir, à propos du moi, les deux idées de causalité et d'identité. Sans doute, le moi ne peut être cause de toute la vie psychique, mais il doit se retrouver comme cause dans toute la vie psychique. « La marque personnelle, pourrions-nous dire avec M. Ribot, n'est pas surajoutée, mais incluse, elle fait partie intégrante de l'événement. » Il est même permis de considérer le moi comme une sorte de substance ; il suffit de donner à ce dernier mot la signification phénoménale que nous fixerons bientôt.

Le non-moi correspond au physique. Impossible encore d'en douter. Si l'on a cherché le non-moi dans l'inconscient, c'est qu'on avait identifié l'un et l'autre au physique. Quelquefois, il est vrai, on place dans le non-moi le psychique, par exemple les sentiments et les pensées des autres hommes, mais en rapportant ce psychique aussitôt après au moi. C'est ainsi que se pose la multiplicité des moi ou des personnalités. Opération qui implique le transport hors de la conscience de ce qui se passe dans la conscience; donc opération métaphysique que nous n'avons pas à étudier ici, bien qu'elle s'impose à nous dans la vie pratique. Il suffit de remarquer que, loin d'être contraire à la correspondance proposée entre le physique et le non-moi, elle la confirme.

Ordinairement on réserve l'unité et l'identité au moi. La manière dont nous concevons ces caractères nous permet de les attribuer avec autant de justesse au non-moi. Est-il besoin de rappeler que le monde physique est le monde par excellence du ressemblant, et qu'il y a un élément stable dans le renouvellement moléculaire du tourbillon vital, à plus forte raison sous les changements des groupes inorganiques, enfin dans l'ensemble du monde physique? Est-il besoin de rappeler que, dans le rapport physique comme dans le rapport psychique, il y a un seul sujet, une seule prise de possession du rapport? Cela suffit pour accorder au non-moi l'unité et l'identité. Et ainsi la contradiction du non-moi et du moi se pose avec précision en correspondance avec celle du physique et du psychique.

Par cela même, cette contradiction reste purement logique. En effet, le physique et le psychique se succèdent dans le même fait, et n'entrent pas en lutte. Les faits à accentuation psychique peuvent trouver de la résistance de la part des faits à accentuation physique, et réciproquement, mais cette différence d'accentuation n'y est pour rien. La résistance vient exclusivement de la rencontre des faits, et se mesure à leur différence de nature intrinsèque. C'est dans ce sens qu'il faut interpréter ou rectifier les déclarations de notre Introduction au sujet de la rencontre du moi et du non-moi.

III

Voici maintenant les catégories de temps et d'espace. — Certainement l'opinion courante nous pousserait à les rapprocher du psychique et du physique. Mais jusqu'à quel point? Longtemps le psychique a été tenu pour étendu, bien que d'une nature plus subtile que le physique. Aujourd'hui encore, ils sont rares ceux qui le dégagent complètement de l'espace. Il ne saurait donc être question, pour la plupart des esprits, d'un rapprochement exclusif entre le psychique et le temps. D'autre part, Kant a écrit : « le temps est la condition à priori de tout phénomène en général, la condition immédiate des phénomènes intérieurs, et par là même, la condition médiate de tous les phénomènes extérieurs [1]. » Il ne saurait donc être question pour Kant d'un rapprochement exclusif entre le physique et l'espace. Et pour nous? — Nous croyons à une correspondance plus rigoureuse. Si les faits psychiques sont localisés en une certaine mesure, et si les faits physiques sont placés dans le temps, c'est qu'il n'y a pas de faits exclusivement psychiques ou physiques. En tant que psychiques, ils ne relèvent que du temps; en tant que physiques, ils ne relèvent que de l'espace. Telle est notre thèse.

[1] *Critique de la raison pure*, trad. Barni, I, p. 89.

Comme le psychique et le physique, le temps et l'espace forment une dualité de contraires. Se comprennent-ils l'un sans l'autre, et ne s'excluent-ils pas l'un l'autre? Le successif n'est-il pas le non coexistant, et le coexistant n'est-il pas le non successif? — On a essayé, il est vrai, de dériver l'espace du temps. La tentative de Spencer est connue. « Dans les deux cas, a-t-il dit, il n'y a rien qu'une séquence d'états de conscience. Comment donc l'un des deux rapports vient-il à se distinguer l'un de l'autre? Simplement par ceci : c'est qu'on trouve que les termes de la seconde séquence ne peuvent être conçus dans un ordre inverse avec une égale clarté, tandis que pour la première, on ou le peut. On trouve pareillement que, tandis que certains états de conscience peuvent se suivre avec une facilité et une clarté égales dans une direction ou dans la direction contraire, AB ou BA, d'autres ne le peuvent pas; de là résulte la distinction du rapport de séquence et du rapport de coexistence[1]. » Cette tentative, qui vise la coexistence même, « élément primitif à l'aide duquel est construite notre connaissance de l'espace », est la plus sérieuse que nous connaissions. Cependant nous la croyons vaine.

Et d'abord elle suppose, à son point de départ, ou l'inadmissible ou l'ultra-scientifique. Comment le renversement de la série peut-il se produire avec réapparition intégrale des états de conscience apparus dans le premier sens? Il n'y a que deux

---

[1] *Principes de psychologie*, II, p. 284.

manières de l'expliquer. Ou bien ces états correspondent à de véritables coexistants situés hors de la conscience, lesquels fournissent, en vertu de leur coexistence, les mêmes antécédents dans les deux sens. Ou bien ces états se conservent dans la conscience, et peuvent se présenter de nouveau à la pensée, non pas à titre de souvenir, de reproduction affaiblie, mais de réalité qui n'a pas cessé d'être actuelle. Spencer a dû se mettre au premier point de vue, puisqu'il parle de l'espace comme d'« une forme de non-moi à nous découverte par l'expérience », et que son non-moi est un hors-conscience. Par cela même, il s'est placé hors de la science : en effet, nous n'avons plus à démontrer que la science ne reconnaît rien hors de la conscience. Mais il n'aurait pas mieux réussi en se mettant au dernier point de vue, car nous n'avons pas non plus à démontrer qu'aucune réalité n'est à l'abri du changement, de la mort, que rien ne se conserve absolument au sein de la conscience.

Nous remarquons ensuite que la contradiction entre le temps et l'espace n'est pas supprimée. D'une part, on nous indique une possibilité; de l'autre, une impossibilité. C'est toujours le oui et le non qui s'excluent. Comment donc réduire un terme à l'autre? A moins qu'on n'entende s'élever à un terme supérieur à tous les deux, en réduisant à la fois l'espace et le temps à la simple séquence, à la séquence sans détermination dans aucun sens. Mais cela même n'est pas admissible. Si l'espace dérivait de la séquence, comment aurions-nous l'illusion de la coexistence?

Nous aurions la représentation de la séquence avec séries renversables; ce ne serait pas encore celle de la coexistence. On dit bien que la succession prend quelquefois l'apparence de la coexistence, par exemple dans le cercle formé par un certain mouvement du charbon enflammé. Mais en serait-il ainsi, si l'on n'avait préalablement la représentation de la coexistence? De même qu'il n'y a pas d'hallucination de la vue pour un aveugle-né, il n'y aurait pas d'illusion de l'espace pour une conscience qui n'aurait jamais saisi que du successif.

Enfin, nous tenons la coexistence pour aussi nécessaire que la succession. Sans coexistence, point de rapport; donc point d'usure, point de disparition, et par cela même point de succession. « S'il est vrai, a dit M. Bouillier, que nulle différenciation ne peut être saisie par la conscience, sans que par là même elle ne retienne simultanément pour un temps, quelque court qu'il soit, les deux états qu'il différencie, sans qu'elle garde quelque chose du premier, tout en passant au second, il faut bien admettre qu'elle comporte la simultanéité sans nul préjudice de sa simplicité, et que tout en elle n'est pas successif[1]. » Le rapport, dirons-nous pour arriver à la même conclusion, implique la négation d'un terme par l'autre; cette négation suppose une résistance, et cette résistance deux existences simultanées. C'est faute de n'avoir pas approfondi l'étude des conditions de la pensée, à un point de vue strictement phénomé-

---

[1] *La vraie conscience.*

nal, qu'on a cru pouvoir dériver le coexistant du successif. Ces deux termes sont à égale hauteur sur l'échelle abstractionnelle, ils forment une dualité, et une dualité de termes contraires, comme le physique et le psychique. Première raison de les poser en correspondance rigoureuse avec ces derniers.

En voici une seconde tirée de la nature du psychique et du physique. Si le rapport implique la coexistence, la coexistence, de son côté, implique le rapport. La coexistence n'est qu'à la condition d'être saisie, et comment serait-elle saisie, sinon dans un rapport? Or, quel est le moment que le rapport caractérise? Le moment physique. Aux deux moments, il est vrai, nous avons signalé le rapport, mais au premier moment quelque chose reste hors de lui, tandis que tout s'y absorbe au second. En définitive, c'est en tant qu'il y a du non-rapport dans le psychique que celui-ci s'oppose au physique. La coexistence caractérise donc celui-ci, comme la non-coexistence ou la succession caractérise celui-là. Remarquons que cette raison nous fait comprendre pourquoi les perceptions se localisent plus facilement que les sentiments. En tant qu'elles appartiennent à la vie intellectuelle, et qu'elles enveloppent un rapport, elles doivent être moins étrangères à la coexistence.

Il resterait sans doute à élucider quelques questions importantes, si nous voulions faire une étude approfondie de ce rapprochement. Par exemple, il faudrait montrer comment la coexistence s'étend des deux termes du rapport à un plus grand nombre de termes. Il est incontestable, en effet, que l'espace ne se restreint pas à la coexistence de deux faits. Pourrions-nous ici avoir recours à une théorie déjà repoussée, et dériver dès à présent l'espace du temps? Certainement. Autre chose est de former de toutes pièces la représentation de la coexistence, autre chose de lui donner plus d'extension que n'en comporte la réalité. Cependant, même avec cette transposition, nous ne prendrions pas sans modification la théorie de Spencer. Au lieu d'expliquer l'extension de la coexistence par la possibilité d'un renversement des séries (lequel n'est en aucun cas acceptable), nous l'attribuerions à l'existence des groupes. Dès qu'un groupe se forme, et aussi loin qu'il s'étende, nous croyons avoir affaire à des coexistants. Et pourtant le groupe est en réalité composé de faits en succession. Il est donc lié à l'extension illusoire de la coexistence. Pourquoi? La raison qui nous semble la plus plausible, c'est que, dans le groupe, la succession se produit sans écart différentiel considérable, et les faits sont en harmonie relative. Dans de telles conditions, l'esprit ne change ni de direction, ni de cadre, il persiste dans son premier mouvement, et par conséquent le rapport de coexistence, par lequel il a débuté, continue à dominer les différentes perceptions.

Il faudrait également montrer comment les dimensions de l'espace peuvent sortir de la coexistence vraie de deux termes et de la coexistence illusoire des suivants. A ce propos, il ne serait pas inutile d'observer que la question concerne le temps aussi bien que l'espace. Comment, avec une simple succession de deux termes, arrivons-nous à poser les trois sous-catégories du présent, du passé et de l'avenir? Et si cette dernière distinction s'explique, pourquoi l'autre ne s'expliquerait-elle pas? Ensuite, on pourrait ramener l'une et l'autre à une distinction dans l'intensité des faits coexistants ou successifs. Le passé ne s'associe-t-il pas à moins de force dans les perceptions, c'est-à-dire à moins de différentiel, que le présent, et à plus de force que l'avenir? Les productions du souvenir, auxquelles nous arrivons par association d'idées, au moyen d'intermédiaires ménageant les transitions, donc avec peu de différent, ne nous représentent-elles pas des analogues affaiblis de ce que nous croyons avoir été présent? Ces analogues sont cependant moins faibles que les prévisions, ou analogues de ce que nous croyons devoir être présent, auxquelles nous arrivons par une combinaison de possibles, c'est-à-dire d'abstraits généraux dégagés de tout différent. De même, le plus et le moins fort se traduisent comme le moins et le plus éloigné dans l'espace, et les dimensions de l'espace correspondent assez exactement au moins et au plus éloigné. Peut-être y a-t-il autre chose à l'origine de ces diverses distinctions; nous nous demandons s'il y a quelque chose de plus important.

On trouverait encore la question de l'extérieur et de l'intérieur. Souvent on la confond avec celle de l'espace, et certainement elle lui est étroitement liée. L'extérieur suppose l'espace, mais autre chose encore. Quoi? « Nous voyons, dit M. Bain, un objet étendu, par exemple un champ où quelques vaches paissent à l'intérieur de clôtures, tandis que d'autres restent en dehors, nous comparons des expériences de ce genre, et nous acquérons l'idée d'extériorité [1]. » L'extériorité et l'intériorité se réduiraient ainsi à un éloignement plus ou moins grand, à partir du sujet, que celui d'une ligne tracée. Cela ne nous semble pas suffisant. L'intérieur, ce n'est pas seulement le moins éloigné, c'est aussi le fermé, le séparé, et jusqu'à un certain point l'inaccessible. Or, cette nouvelle idée est fournie par celle de fait que nous étudierons bientôt.

Mais laissons ces questions secondaires, et concluons que le temps et l'espace marquent deux moments de toute chose, comme le psychique et le physique, auxquels ils correspondent exactement, à titre de catégories de la pensée.

IV

Le psychique et le physique se retrouveraient-ils, comme le différent et le ressemblant, dans le fini et l'infini, soit directement, soit par l'intermédiaire du temps et de l'espace? Certaines apparences seraient en faveur d'une réponse affirmative, mais ces apparences sont trompeuses.

Il ne saurait, en tout cas, être question que de l'infini, à propos du temps comme à propos de l'espace. L'un et l'autre sont

---

[1] *Les sens et l'intelligence*, p. 640.

au même titre devant lui. Si la limitation est impossible dans un sens, elle l'est également dans un autre. Personne ne le conteste. Nous ne trouvons donc pas, comme précédemment, une correspondance entre deux diversités. Et cela empêche de rapprocher l'infini lui-même de l'espace et du temps, attendu que l'infini, n'étant rien sans son corrélatif, ne peut être rapproché d'un terme que si le fini est en même temps rapproché du terme opposé. D'ailleurs, nous ne voyons pas ce qu'aurait de commun l'infini, soit avec l'espace et le temps, soit avec le physique et le psychique.

Il y a de l'infini dans le ressemblant, parce qu'il pousse la pensée à concevoir sans fin des termes nouveaux ; et il pousse ainsi la pensée, parce qu'il n'est pas lui-même une réalité achevée, qu'il ne se suffit pas, et que pourtant il doit survivre à la destruction inévitable du différent ; quand la réalité ne lui donne pas le différent dont il a besoin, la pensée doit le lui fournir au moyen d'une combinaison d'abstraits généraux. Rien de pareil avec le rapport ou le non-rapport de la seconde diversité. En quoi le non-rapport pousse-t-il à de nouveaux termes? Il serait plutôt fini, s'il pouvait y avoir du fini sans infini. Quant au rapport, il s'arrête aux termes entre lesquels il est établi, il n'en laisse point en suspens, il n'en sollicite point d'autres. Le moment formel en suppose, il est vrai, un nouveau. Mais quelle nécessité y a-t-il que le moment formel arrive? La nécessité pour la conscience de ne point finir. Nous revenons ainsi au ressemblant et à sa stabilité. Et qu'on ne croie pas que la considération de l'espace et du temps soit plus favorable que celle du physique et du psychique à une autre conclusion. Il suffit de deux termes pour qu'il y ait coexistence et succession, et s'il en faut davantage pour les sous-catégories de l'espace et du temps, il n'en faut pourtant pas à l'infini.

Est-ce donc sans raison que Leibniz a dit : « le temps et l'espace marquent des possibilités au delà de la supposition des existences »? Non. Le temps et l'espace permettent la conception à l'infini de nouveaux termes. D'aucun côté, la pensée ne trouve d'obstacle. Mais elle n'y trouve pas non plus l'obligation d'aller de l'avant. Du moment que l'on conçoit des termes à l'infini, et qu'il faut les placer dans le temps et l'espace, ceux-ci doivent sans doute intervenir infiniment, mais il n'y a en eux rien d'infini. Ce n'est ni le temps ni l'espace, c'est la série des termes placés en eux, qui est sans limite.

Repassons rapidement le chemin parcouru, dans cette dernière étude. Nous avions à chercher si, outre la diversité du différent et du ressemblant, le physique et le psychique ne constituaient pas une autre dernière diversité de l'expérience, croisant en quelque sorte la précédente. Un coup-d'œil attentif jeté sur l'ensemble des phénomènes nous a convaincu d'abord que les deux termes forment bien une dualité. On ne saurait accepter un terme intermédiaire correspondant à ce qu'on nomme improprement l'inconscient. On ne saurait non plus réduire un des deux termes à l'autre, car ils sont non seulement distincts, non seulement opposés, mais contraires : en effet, l'un marque l'absorption et l'autre la non-absorption dans le rapport. Nous avons reconnu ensuite que cette dualité est la plus élevée qu'on puisse établir dans cette direction, attendu que ses termes, sans échapper absolument à la pensée, ont leur fondement au delà de la pensée. Enfin elle peut être déclarée réductible à l'abstrait suprême, bien que ses termes soient contraires, car leur contradiction ne porte que sur les manières d'être extérieures, sur les circonstances de la conscience, et laisse intacte la conscience elle-même qu'elle suppose à d'autres égards. Mais que sont les deux termes pour la conscience? Ils ne marquent en elle, ni deux faces, ni deux espèces de faits : pour plusieurs raisons, principalement parce que leur nature de contraires s'y oppose. Ils marquent plutôt deux moments, c'est-à-dire la succession de deux circonstances qui s'excluent, et qui sont pourtant inséparables l'une de l'autre. Tel est le deuxième résultat de la philosophie générale. Non seulement il permet d'expliquer d'une manière satisfaisante les illusions de la pensée vulgaire au sujet de l'expérience physique et de fortifier ainsi la position que nous avons dès l'abord assignée à la science; non seulement il jette de nouvelles lumières sur les abstraits de la dernière diversité et sur leurs subordonnés; mais encore il a son retentissement dans les discussions sur le scientifique et le non-scientifique, sur le moi et le non-moi, sur le temps et l'espace. Il doit aussi se retrouver dans l'étude de la question métaphysique. Le champ de l'expérience, pouvons-nous dire comme précédemment, en est considérablement agrandi; il comprend plusieurs éléments qu'on reléguait dans un monde prétendu supérieur ou extérieur aux faits de conscience. Mais cet agrandissement nouveau de l'expérience n'est pas plus profitable à la science que le premier. Ici encore, la science trouve un élément d'obscurité à côté d'un élément de lumière.

TROISIÈME ÉTUDE

LES FAITS DU PHÉNOMÈNE

CHAPITRE I

Propositions et Dispositions.

Y a-t-il une autre dernière diversité à fixer et à définir? D'autre dernière diversité portant sur la nature intrinsèque, essentielle, de l'expérience, nous n'en voyons pas : tout se ramène, à cet égard, à celle du différent et du ressemblant. De dernière diversité portant sur les circonstances de l'expérience, nous ne voyons que celle dont nous venons d'achever l'étude. Mais il est possible de se placer à un autre point de vue, de mettre en cause l'existence même de l'expérience, et de se demander si l'être et le non-être ne forment pas une diversité de même hauteur que les précédentes.

Ainsi, la philosophie générale reprend encore le cours des discussions antiques un peu interrompu par l'étude du psychique et du physique que les Grecs avaient peu approfondie. Il n'est pas besoin pour cela d'être infidèle au programme de la science. Bien que le non-être soit un non-conscience, on peut s'occuper de lui sans sortir du phénomène. Il suffit qu'il n'exprime pas quelque chose de positif, d'indépendant, quelque chose qui serait réellement le contraire de ce que l'expérience donne, quelque chose par conséquent qui constituerait un hors-conscience. Considéré comme un terme de pure négation, il nous fait avancer sans doute jusqu'à la limite du domaine scientifique, il nous permet cependant de rester en deçà.

Est-il vrai, d'abord, que la diversité qu'il contribue à former nous soit offerte par l'expérience? La question, remarquons-le bien, n'est pas la même que celle qui a été posée dans la première étude. Le différent ne s'identifie pas au non-être, ainsi que l'ont cru Parménide et Platon. L'un concerne la qualité, l'essence, la nature du phénomène; l'autre, son existence. A la hauteur abstractionnelle où nous devons actuellement nous placer, une telle distinction est assurément légitime. Le différent et le non-être sont si loin de s'identifier que, si nous avions à marquer une préférence entre le différent et le ressemblant, au point de vue de l'existence comme au point de vue de l'essence, nous n'hésiterions pas à le faire en faveur du différent. Le différent n'a-t-il pas la tendance à s'affirmer? Ne se prononce-t-il pas constamment dans une sorte de combat pour l'existence?

Il nous semble bien, dans le courant de notre expérience, être en présence de morts et de naissances qui pourraient supposer l'être et le non-être. Mais ces morts et ces naissances ne portent pas sur la réalité primitive, elles n'accusent d'interruption que dans l'existence des groupes, dans ce qu'on appelle la vie des êtres particuliers. De là au non-être qui est ici en cause, il y a loin. Il nous semble bien aussi que la conscience est discontinue, que, pendant le sommeil et les états morbides, elle peut disparaître, par conséquent que la réalité expérimentale souffre des interruptions. Mais rien ne nous le garantit. Si l'on tient compte de la réalité obscure, minime, rapide, inaccessible à l'observation attentive, bon nombre des exemples et des arguments en faveur de la discontinuité de la conscience perdent leur valeur. La discontinuité n'est pas nécessaire, par exemple, pour expliquer la jonction presque immédiate des événements du réveil à ceux de la veille, ou bien l'évaluation illusoire de la durée du sommeil. Tout un monde de phénomènes peut s'être produit dans l'intervalle, et compter à peine pour la pensée. Plus encore, cette sorte de discontinuité de la conscience entraînerait l'affirmation latente d'un hors-conscience existant pendant que la conscience disparaît, attendant son réveil, et permettant de mesurer la durée de sa disparition : ce qui est inadmissible à notre point de vue. Pour la science, le passé n'existe que comme une projection du présent, et par conséquent il n'y a pas d'intervalle à franchir pour unir le présent au passé, pas d'interruption, pas de non-être à cet égard. Il faut donc que la philosophie générale prenne ailleurs ses informations.

Le plus sûr, c'est de se tourner vers les dernières diversités déjà étudiées. Leur conception entraîne, en effet, celle de l'être et du non-être. Le différent ne se distingue du non-être que pour en être à la fois la conséquence et la condition. Pour qu'il y ait du différent, il faut de l'indétermination à l'égard de ce qui précède, et cette indétermination suppose que, dans ce qui précède, quelque chose a disparu, qu'il y a eu du non-être. D'autre part, pour qu'il y ait du non-être, il faut de l'instable, et l'instable suppose le différent. Mêmes remarques au sujet du psychique et du physique. L'idée de rapport, qui entre comme élément fondamental dans la distinction de ces deux abstraits, implique celle de deux existences séparées, et nous ne concevons pas une séparation d'existence qui n'envelopperait pas le non-être. En sens inverse, la disparition qui aboutit au non-être suppose l'usure, la lutte, le rapport des existences séparées.

Prétendra-t-on que la séparation d'existence peut se concilier avec le voisinage immédiat des deux termes? Ainsi Descartes croyait n'avoir pas besoin du vide pour admettre la division de la matière et le mouvement des corps. Mais, de deux choses l'une : ou ce voisinage est rigoureusement immédiat, ou il ne l'est pas. S'il ne l'est pas, il y a du non-être; s'il l'est, il n'y a pas de séparation. Sans intervalle, enseigne M. Renouvier, point de limite, car la limite ne saurait subsister par rapport à rien, c'est-à-dire sans rapport à d'autres limites, et cela nous ramène à un intervalle quelconque. Sans interruption, disons-nous à notre tour et dans le même sens, il n'y a pas de séparation, car l'existence séparée ne saurait subsister que par rapport à une autre existence séparée, et cela nous ramène à une interruption quelconque. On aura beau rapprocher les deux termes, encore faudra-t-il que l'un ne soit pas la prolongation de l'autre; encore faudra-t-il que quelque chose du premier se perde, et que quelque chose du second commence. Or cela implique le non-être.

Invoquera-t-on, d'autre part, la nécessité d'avoir du permanent dans la conscience? « S'il n'y avait pas de passage d'un phénomène à l'autre, a écrit M. Liard, la conscience naîtrait et mourrait avec chaque phénomène, pour renaître et mourir encore avec le phénomène suivant, et ainsi de suite, car il n'y a pas conscience sans état de conscience. Ne serait-ce pas l'anarchie, et plus encore, le néant[1]? » Sans doute, et cette conséquence est inadmissible. Aussi nous gardons-nous bien de supprimer tout passage d'un phénomène à l'autre. La conscience meurt et renaît avec chaque fait, c'est vrai, mais sur un fondement impérissable. Elle meurt et renaît, parce qu'elle n'est pas réelle sans l'union du différent et du ressemblant, et que le différent doit disparaître et reparaître; mais elle se retrouve de l'autre côté de l'abîme avec le même élément qui contribuait à la former du premier côté, l'élément de ressemblance. En d'autres termes, l'interruption, le non-être, ne se produit que sous la face du différent; ce n'est qu'une interruption partielle, pourrait-on dire s'il était permis de parler ici de parties. Et cela suffit pour la séparation des existences, mais non pour l'anarchie et le néant.

Cette distinction importante, qui découle tout naturellement de nos conclusions sur le différent et le ressemblant, nous aide encore à comprendre comment le rapport s'établit malgré l'interruption de la réalité. « La conscience, dit M. Liard, ne se

---

[1] *La science positive et la métaphysique*, p. 263.

pose-t-elle pas en s'opposant, et le pourrait-elle dans cette série d'existences fragmentaires, se succédant comme autant de tronçons isolés qui ne pourraient se souder l'un à l'autre?» Non, sans doute, elle ne le pourrait pas. Mais la difficulté disparaît, du moment qu'il ne s'agit pas d'existences absolument isolées. En vertu de l'élément persistant qui se retrouve de part et d'autre, il y a entre les termes du rapport un point de contact plus intime même que celui qu'offrirait une substance ultra-phénoménale. Dans notre hypothèse, la soudure est donnée avec le ressemblant. Dira-t-on que l'abîme du non-être ne disparaît pas, et qu'il faut le franchir du côté du différent? Mais cet abîme n'est pas en lui-même un obstacle, il est, au contraire, la négation de tout obstacle; et quant à l'obstacle bien réel du différent, il est indispensable pour le rapport.

Si donc l'être et le non-être supposent les dernières diversités que nous avons établies, et sont supposés par elles; si, de plus, leur distinction se concilie avec l'existence d'un élément permanent dans la conscience, ne sommes-nous pas autorisé à les ériger, eux aussi, en dernière diversité? Sans doute. Il sera bon cependant, avant de conclure, d'examiner encore quelques questions.

Et d'abord, n'est-il pas possible de placer entre l'être et le non-être, ou au-dessus d'eux, un terme inférieur encore à la conscience, tel que le devenir? On sait le rôle qu'ont fait jouer au devenir Héraclite dans l'antiquité, Hegel et Schopenhauer dans la philosophie moderne. M. Renouvier, à son tour, l'a proposé à titre de catégorie de la représentation. Pour nous, nous ne saurions l'accepter à aucun titre. Non seulement il n'est pas explicable, mais encore il n'explique rien.

Prétendrait-on en faire un objet d'observation ? M. Renouvier reconnaît que c'est impossible. En lui-même, le devenir serait inobservable. L'expérience ne constaterait que des devenus. Les devenus eux-mêmes n'apparaîtraient tels qu'à la suite du rapprochement d'un phénomène toujours changé avec d'autres toujours sensiblement constants. — La pensée du devenir serait-elle donc le résultat d'une conclusion ? A nos yeux, cela même n'est pas admissible. Le rapprochement invoqué, peut-on dire, ne donne pas autre chose qu'un contraste dans la nature des existences déjà formées qui se succèdent dans un même groupe. De faits constants, il ne s'en rencontre point ; mais il arrive que, dans un même groupe, quelques parties se renouvellent avec une prédominance marquée du ressemblant, tandis que d'autres se renouvellent avec une prédominance marquée du différent. Ce n'est pas là le devenir. Or trouve-t-on autre chose dans la réalité ? — Nous avons fait déjà le même raisonnement au sujet de l'idée de transformation, et ce souvenir nous conduit à une raison positive contre l'idée de devenir.

Les deux idées sont, en effet, de même nature. Pour qu'il y ait devenir, il faut que le changement se produise, non pas d'un fait à l'autre, mais au sein d'un même fait. Encore une fois, ce n'est pas une succession d'existences distinctes et déjà formées qu'exprime le devenir. D'autre part, il faut que le changement entraîne de l'être nouveau, et par conséquent des qualités nouvelles. Ce qui n'est pas encore, va être, et on ne conçoit pas l'être sans qualités. Qu'est-ce à dire, sinon qu'il y a dans la réalité un fond apte à revêtir plusieurs formes, et que le devenir marque le passage d'une forme à l'autre pour le même fond ? Si donc l'idée de transformation, ainsi que l'a fort bien déclaré M. Renouvier, est « la moins scientifique des idées », on peut en dire autant de l'idée de devenir.

D'ailleurs, quel serait son rôle à l'égard de l'être et du non-être ? — Ménager entre eux une transition ? Mais à quoi bon, s'il est possible de remonter à un terme supérieur ? Et comment établir un terme moyen entre des contraires ? On ne peut douter, en effet, que l'être et le non-être ne soient des contraires. Entre eux, il ne saurait y avoir la moindre communauté de nature. D'un côté, il y a quelque chose ; de l'autre, rien. La négation réciproque des deux termes est manifeste. Pour trouver un sens à la doctrine platonicienne faisant de l'être et du non-être de simples opposés, il faudrait auparavant identifier comme elle le non-être et le différent. — Mais peut-être le devenir serait-il le terme supérieur dont nous avons parlé ? Même difficulté. Il est bien possible de s'élever à l'unité des contraires, à condition cependant qu'il ne s'agisse pas d'une unité de nature. Or, de quelle autre unité pourrait-il être question à propos du devenir ? — Le devenir synthétiserait-il donc l'être et le non-être dans un abstrait moins large, comme le propose Hegel avec d'autres mots ? Mais cette synthèse, comme toute synthèse des contraires, est impossible. Elle ne saurait réunir des termes qui s'excluent. Et d'ailleurs, œuvre de la définition, elle supposerait que l'être et le non-être ont été déjà érigés en abstraits, et par conséquent qu'ils n'ont pas besoin pour eux-mêmes du devenir. — Ainsi nous ne savons pas voir l'utilité du devenir dans l'explication de l'être et du non-être, et nous en rejetons définitivement l'idée. D'autre part, l'être et le non-être ne pouvant se réduire l'un à l'autre, toujours en tant que contraires, nous avons bien en eux la dualité cherchée.

Mais comment se réduisent-ils à l'abstrait suprême ? Il faut encore examiner cette question. En effet, entre ces deux termes, on ne saurait trouver ni le point commun sur lequel s'unissent le différent et le ressemblant, ni celui sur lequel s'unissent le psychique et le physique. Ces derniers, bien que contraires, laissent intacte la nature de la conscience, ils ne s'excluent que sur les circonstances de la conscience. L'être et le non-être ne laissent rien hors de leur contradiction. Avec eux, c'est l'existence même de la conscience qui est en jeu. La difficulté de la réduction semble donc considérablement augmentée. Mais elle diminue par un autre côté. N'oublions pas notre déclaration du début, à savoir que les termes de cette diversité ne sont pas, comme ceux des précédentes diversités, fondés tous les deux sur la réalité. Le différent et le ressemblant représentent au même titre, sinon avec le même relief, l'essence de la réalité ; le psychique et le physique représentent au même titre, sinon avec le même relief, la manière d'être en quelque sorte extérieure de la réalité ; dans ces deux diversités, chaque terme représente quelque chose de positif en face de l'autre. Au contraire, le non-être n'est pas positivement en face de l'être, n'est pas réel comme lui. Le non-être est la simple négation de l'être. Suspendu à lui, il ne saurait le contredire de la même manière que le néant déclaré impensable par Platon, ou comme le ferait un non-conscience doué d'une réalité positive. Bref, la contradiction est aussi étendue que possible, mais elle n'aboutit pas à la neutralisation, à la destruction des deux termes, puisque l'un des deux doit subsister dans son intégrité pour que l'autre soit. Une réduction à l'abstrait suprême est donc encore possible, et Platon aurait raison sur ce point contre Parménide, même sans recourir à l'identification du non-être et du différent. Il est inutile d'ajouter que cette réduction doit être immédiate : la nature des deux termes l'indique, l'impossibilité de les ramener au devenir le confirme, leur rapport avec les dernières diversités connues l'exige.

Nous sommes maintenant en droit d'affirmer l'existence d'une troisième et dernière diversité : il y a, dans la conscience, de l'être et du non-être, comme il y a du psychique et du physique, du différent et du ressemblant.

Et c'est pour cela que nous pouvons parler de faits de conscience. L'idée de fait est toute indiquée pour la définition de l'être et du non-être. Celles de face et de moment, les seules que nous essayerions de lui substituer, ont été déjà employées pour des diversités d'une tout autre nature : il est donc inadmissible qu'elles puissent servir pour celle-ci. D'ailleurs, il n'est pas difficile de voir qu'elles ne sauraient se concilier avec cette diversité.

L'idée de face marque la dépendance réciproque des deux termes : or l'être, nous l'avons dit, ne dépend pas du non-être comme le non-être dépend de lui. L'idée de face marque l'égale nécessité des deux termes pour la constitution du réel : or l'être donné à lui seul, est à lui seul, le réel; le non-être est nécessaire, sans doute, mais seulement comme condition, non comme élément constituant. Enfin l'idée de face peut convenir pour des opposés, non pour des contraires qui s'excluent.

L'idée de moment peut bien convenir pour des contraires, mais seulement quand ils portent sur les manières d'être extérieures de la réalité, et qu'il n'y a à marquer dans celle-ci qu'un changement de circonstances. Or il en est autrement avec l'être et le non-être. Ils ne portent pas, il est vrai, sur la nature de la réalité, mais ils portent sur son existence, et à l'égard de l'idée de moment, le résultat serait le même. Dans l'un et l'autre cas, les deux termes devraient être en rapport de causalité. Il ne serait plus question, comme dans le cas du physique et du psychique, d'une circonstance étrangère en elle-même à la détermination aussi bien qu'à l'indétermination. L'être devrait tour à tour déterminer le non-être, et en recevoir la détermination. Et ce serait évidemment impossible. — Ajoutons que l'idée de moment suppose une réalité persistante, quelque chose qui ne disparaît ni ne change : or le non-être, venant après l'être, marque justement la non-persistance de la réalité.

L'idée de moment n'a guère été proposée ici que par Hegel. Mais Hegel entendait tout autrement que nous les rapports de l'être et du non-être. Il ne tenait ces deux termes pour contraires qu'en apparence, puisqu'il les identifiait dans leur origine. Et d'ailleurs, est-ce bien dans le même sens que nous, qu'il parlait des moments de l'idée, suprême réalité? Ces moments étaient pour lui purement dialectiques, distingués dans un procès purement abstractionnel ; or nous avons proposé jusqu'ici des moments approximativement chronologiques, distingués dans un procès qui n'est pas pleinement celui du temps, mais qui ne se rapproche de nul autre autant que de celui-ci. Nous ne sommes donc pas en véritable opposition sur ce point avec Hegel. Peut-être nous opposons-nous davantage à Platon, en repoussant l'idée de face. Et encore devons-nous rappeler que le non-être de Platon, qu'une certaine interprétation tient pour une face de l'idée, concerne l'essence et non l'existence.

Cependant il est bon de savoir si l'idée de fait n'est pas exposée, elle aussi, à des objections. Assurément elle le serait, et gravement, si nous la faisions intervenir de la même manière que les idées de moment et de face, à savoir en l'appliquant à chaque terme de la dernière diversité, de telle sorte qu'il y aurait deux espèces de faits de conscience. Cette définition succomberait, comme celle des deux moments, par l'impossibilité d'établir entre l'être et le non-être une détermination causale, qui pourtant s'imposerait d'autre part. Il arriverait certainement que des faits d'espèces contraires se succéderaient directement, et devraient en conséquence être dans des rapports de cause et effet : or, comment l'admettre? Cette définition serait, en outre, inconciliable avec l'idée de non-être. Un fait de non-être, nous ne savons ce que cela peut signifier, puisque le non-être n'a rien de positif. N'insistons pas, et disons qu'il n'y a qu'une seule espèce de faits.

Cela suffit pour que l'intervention de l'idée de fait ne soit pas vaine. Il y a des réalités séparées, il y a des touts fermés, il y a des faits : voilà comment on doit interpréter la diversité de l'être et du non-être. Dira-t-on que nous le savions déjà, au moment même où nous avons accepté le non-être? Ce ne serait pas juste. Pour donner lieu à des faits, l'union de l'être et du non-être est nécessaire. L'être fournit l'élément positif, le non-être l'élément négatif. L'être, c'est à la fois le ressemblant et le différent, c'est-à-dire ce qui est fermé et ce qui ferme ; le non-être, c'est la séparation, la limite, l'intervalle, c'est-à-dire ce qui accuse l'état de fermeture. La définition porte donc sur la dualité, et non sur un seul des deux termes.

Ainsi disparaissent une série de difficultés entrevues. On comprend comment le non-être, tout en étant contraire à l'être, en dépend entièrement et ne peut s'en séparer. On comprend aussi comment la question des rapports de causalité cesse de se poser, comment l'être succède toujours directement à l'être et n'a que lui à déterminer. Et ainsi du reste. La définition par l'idée de fait est donc satisfaisante. Ce résultat était supposé par l'ensemble de nos études, il se trouve maintenant pleinement confirmé.

Avant d'en chercher quelques applications, établissons que ce sera le dernier de la philosophie générale. A cette hauteur, la réduction n'offre pas d'autre diversité ; il n'y a pas non plus d'autre abstrait assez élevé pour limiter l'abstrait suprême au premier degré de la définition. Du moins, nous n'en voyons pas. Il est vrai qu'on a proposé d'autres catégories de la pensée. Or, à chaque dernière diversité correspond une double catégorie, nous l'avons vu pour les deux premières, et nous le verrons bientôt pour la troisième. Si donc il y avait une nouvelle catégorie, c'est que vraisemblablement il y aurait une nouvelle dernière diversité. Mais il n'y a pas de nouvelle catégorie. Quand nous aurons ajouté la qualité et la quantité à l'absoluité et à la causalité, au temps et à l'espace, nous aurons toutes les catégories de la pensée.

Il a été question, à cet égard, de la relation : mais elle n'indique aucune direction spéciale, elle ne marque point d'objet particulier ; bref, elle est au-dessus des catégories de la pensée, car elle caractérise la pensée elle-même. Il a été question de la personnalité ou du moi : mais le psychique uni au stable en rend suffisamment compte, ainsi que nous l'avons établi. Il a été question du devenir : mais nous y avons déjà vu une fausse interprétation de certaines particularités dans la succession des faits.

Et la finalité ? On a montré avec raison qu'elle ne s'impose pas universellement à la pensée. « Il est nécessaire que tout ce qui se produit ait une cause, il n'est pas nécessaire que tout ce qui se produit ait une fin[1]. » — Du fait de trouver un arrangement avantageux pour certains êtres, à l'affirmation du meilleur arrangement possible pour tous, il y a loin. On ne saurait passer d'une idée à l'autre que par « une induction, une hypothèse, dont la probabilité dépend du nombre et des caractères des phénomènes observés. » De la croyance au meilleur arrangement pour tous les êtres, à l'affirmation d'un plan conçu à l'avance, il y a loin encore. De cette affirmation à une nécessité intellectuelle, il y a toujours loin. — D'ailleurs, qu'est-ce que la finalité, sinon une application particulière de la causalité ? Entre la finalité et la causalité, il n'y a pas même la différence de l'ultérieur et de l'antérieur. Impossible de donner un sens à cette expression quelquefois employée : « une cause ultérieure ». Toujours la cause est antérieure : seulement elle peut être une volition, par cela même viser le futur,

[1] P. Janet, *Les causes finales*, p. IV.

et alors il est question de finalité. Donc, à supposer que tous les phénomènes fussent dans des rapports de finalité, la finalité ne constituerait pas encore une catégorie nouvelle. — Enfin, pour penser l'univers sous la loi de finalité, force serait de supposer un hors-conscience voulant tout ce qui n'est pas voulu dans la conscience. Or, cela nous fait franchir les limites assignées à la science, et qui ont été respectées pour l'admission des autres catégories.

Et la substance? Nous avons eu plusieurs fois l'occasion de nous expliquer à son sujet; revenons-y cependant, puisque la question touche de si près à nos conclusions et s'obscurcit si souvent à la suite d'habitudes d'esprit aussi regrettables qu'invétérées. — De quelle substance s'agit-il? « La définition exacte de la substance, a dit M. Bain, prouve qu'elle dépasse l'expérience... Elle signifie que derrière les phénomènes ou les apparences de la matière ou de l'esprit, il y a un substratum inconnu et inconnaissable[1]. » S'il s'agit d'une substance ainsi comprise, de la substance ultra-phénoménale, nous nous trouvons certainement en présence de quelque chose de nouveau, et même de quelque chose qui bouleverserait singulièrement notre construction scientifique. Mais cette substance, nous ne l'acceptons pas. Réunissons ici nos principales remarques.

La substance ultra-phénoménale n'est pas nécessaire. Les raisons qu'on invoque en sa faveur sont fondées sur une mau-

---

[1] *Logique*, trad. fr. I, p. 16.

vaise conception du phénomène. On demande une réalité, en même temps que des apparences : mais le phénomène est réalité aussi bien qu'apparence, chose apparue aussi bien qu'apparition. On demande quelque chose qui prenne conscience, en même temps que quelque chose dont il soit pris conscience : mais le phénomène est indissolublement, indistinctement même, ce dont il est pris et ce qui prend conscience. On demande des termes de rapport, en même temps que le rapport lui-même: mais le phénomène, étant conçu tour à tour en non-rapport et en rapport, offre et le rapport et ses termes. On demande un fond permanent, en même temps que des modifications passagères : mais le phénomène est à la fois stable et instable. On demande un sujet logique, en même temps que des attributs : mais le phénomène est sujet aussi bien qu'attribut, sujet avant la simple analyse, et mieux avant l'abstraction, attribut après l'abstraction ou l'analyse. Et ainsi de suite.

La substance ultra-phénoménale fait surgir d'insurmontables difficultés. Difficulté de comprendre la multiplicité et la variété phénoménales, alors que la substance manifestée par le phénomène serait forcément une d'essence, une de nombre. Difficulté de comprendre un rapport intellectuel dont le résultat serait phénoménal, et dont la prise de possession, en tant que réservée à la substance, resterait ultra-phénoménale. Difficulté d'appliquer la loi de causalité au monde des phénomènes, ceux-ci étant réduits à de simples manifestations, n'étant rien en eux-mêmes, et ne pouvant en conséquence se déterminer entre eux.

Difficulté d'accorder la réalité à ce qui est un néant pour le sentiment et la pensée, et de la refuser à ce qui est senti et pensé. Etc...

Nous concluons que l'idée de substance ultra-phénoménale doit être énergiquement repoussée. D'autre part, qu'est-ce qui pourrait donner lieu à l'idée d'une substance phénoménale? Les éléments dont il a été question à propos de l'inutilité de la substance ultra-phénoménale. Ce serait surtout l'élément constant du phénomène. Or, ces divers éléments ont été déjà mis en lumière. Ainsi, en tant qu'elle nous offre du nouveau, l'idée de substance n'est pas acceptable; en tant qu'elle est acceptable, elle ne nous offre pas du nouveau. Donc, point d'autre catégorie, et point d'autre dernière diversité. Le champ de la philosophie générale est entièrement parcouru.

CHAPITRE II

Applications

I

La conséquence la plus visible de cette troisième étude, c'est la condamnation des diverses doctrines fondées sur l'idée exclusive du continu.

C'est donc, dans le monde psychique, l'acceptation du monadisme. Considérez les monades de Leibniz comme des faits, et non comme des substances ultra-phénoménales ; cherchez le psychique, non pas dans l'une d'elles, mais dans un moment de toutes celles qu'on peut observer ou concevoir ; rapprochez-les dans une dépendance partielle, résultat de leur élément ressemblant, ainsi que dans une lutte directe, résultat de leur élément différent, — et vous pourrez sans hésiter donner raison à Leibniz contre ceux qui admettent un « esprit universel unique », c'est-à-dire un esprit continu.

C'est aussi, dans le monde physique, l'acceptation de l'atomisme. Considérez les atomes de Démocrite comme des faits, et des faits de conscience, non comme de prétendues substances inconscientes ; cherchez le psychique, tout comme le physique, dans un moment de ces faits, et non dans le résultat de leur combinaison ; rapprochez-les, ainsi que les monades, dans une lutte directe et une dépendance partielle, — et vous pourrez sans hésiter donner raison à Démocrite contre Descartes, lorsque ce dernier tient le vide pour « une chimère », et admet une matière continue.

On remarquera que le vide dont nous parlons n'a rien de positif, et que par cela même il ne donne lieu à aucune des objections élevées contre lui. Comme le non-être auquel il correspond, il n'est pas saisi directement, et les sciences particulières ne sauraient témoigner, ni pour lui, ni contre lui. En outre, il n'oppose aucune résistance, et peut se concilier, par exemple, avec les prétendus phénomènes de transmission. Il n'est que par le plein, comme le non-être n'est que par l'être.

On remarquera, d'autre part, que le plein, disons plus généralement le continu, n'est autre chose que le simple. Qu'on n'y voie pas, comme on l'essaye quelquefois, la réalisation d'une infinité de parties conçues entre deux termes. Ce serait le rendre aussitôt illusoire. Ou bien l'abîme serait absolument comblé entre les deux termes, et nous aurions plus que le continu, nous aurions l'identique, nous aurions un seul terme ; ou bien il resterait une différence, une lacune, et nous n'aurions pas encore le continu. M. Renouvier ajouterait avec raison que la réalisation d'une infinité de parties est contradictoire. Le continu que nous affirmons, au nom même du discontinu, non seulement n'a aucun rapport avec l'infini, mais encore ne comprend point de parties. Justement parce que le discontinu représente la division, le continu y échappe absolument. Et puisque le continu ainsi compris correspond à l'être, douter de ce continu, c'est douter de l'être lui-même.

Et la doctrine de l'évolution? On s'étonnerait si nous n'en disions pas un mot. En effet, elle est ordinairement fondée sur l'idée exclusive du continu dans le domaine historique. « La doctrine de l'évolution et de la descendance, dit M. Renouvier, telle que la comprennent et l'interprètent les naturalistes, suppose un développement unique, ininterrompu, dans lequel les changements sensibles, qui deviennent à la fin spécifiques, se composent toujours d'une suite de changements moindres, accumulés, qui ont leurs causes déterminantes ; elle exclut par conséquent les phénomènes discontinus et les productions *per saltus* du domaine entier de la nature[1]. » Aussi M. Renouvier, partisan du discontinu, s'empresse-t-il de rejeter la doctrine philosophique de l'évolution. Nous ferons comme lui, quitte à accepter la doctrine à un autre point de vue. Non seulement nous devons maintenir les deux termes contre tout exclusivisme, mais aussi le continu de la doctrine de l'évolution est justement celui que nous venons de repousser. L'évolutionnisme affirme que, d'un terme

---

[1] *Critique philosophique*, 1886, I, p. 245.

à un autre, c'est-à-dire entre deux existences séparées, il n'y a pas d'abîme, pas de hiatus, que tout intervalle est comblé par une série illimitée d'autres termes : n'est-ce pas affirmer un continu fait de multiplicité, donc un continu illusoire? Plus encore, l'évolutionnisme transporte ce continu, du domaine de la quantité où il a été conçu, dans celui de la qualité où il devient, à d'autres égards encore, inintelligible. Pour combler un intervalle par des intermédiaires, ne faut-il pas mesurer ces intermédiaires, ainsi que les termes entre lesquels ils doivent se placer? Et comment mesurer les qualités des êtres que l'évolutionnisme prétend placer sur une ligne continue? Dans un tel domaine peut-on obtenir rigoureusement une mesure? Peut-il même être question de mesure autrement qu'en un sens métaphorique? Non, sans doute. Nous le savons déjà pour ce qui concerne le différentiel, mais nous l'établirons bientôt pour la qualité en général. La doctrine de l'évolution est donc inacceptable, en tant que liée à celle du continu exclusif.

Heureusement on peut l'en dégager, tout en conservant d'elle d'importants éléments. N'est-ce pas une idée chère à ses partisans, que celle de l'origine commune des êtres? Eh bien, cette idée n'est point condamnée par notre philosophie générale. On peut fort bien la défendre, sans relier auparavant les différentes espèces d'êtres par une série illimitée d'intermédiaires. On n'a pas besoin non plus de supprimer toute différence essentielle entre elles, et d'affirmer l'absolument homogène. Ce qui se produit dans le monde des abstraits peut donner une image de ce qui se passe dans le monde concret du développement historique. Du moment qu'il y a du ressemblant dans les choses, rien n'empêche de supposer une espèce unique à l'origine de tous les vivants, et même des vivants et des non-vivants à la fois; on peut aller plus loin, et supposer un être unique différencié seulement dans ses groupes constituants ; enfin, on peut supposer un groupe unique différencié seulement dans ses phénomènes. Il suffit que le différent ne soit pas supprimé, et il est loin d'être supprimé, si on le conserve dans les phénomènes eux-mêmes. Que ce groupe unique, ou cet être unique, ou cette espèce unique, ait existé, nous ne pouvons l'affirmer au nom de la philosophie. Le différent, qui ouvre et ferme les groupes, n'étant soumis à aucune condition, on le constate, une fois donné, mais on ne le déduit pas. C'est aux sciences particulières à rechercher quelle a été son étendue dans le passé. La philosophie n'en sait rien à l'avance qui puisse favoriser la doctrine de l'évolution, mais elle n'en sait rien non plus qui puisse lui être contraire.

II

Le vrai continu, avons-nous dit, se trouve dans le simple. Il s'ensuivrait que le discontinu se trouve dans le composé, et que simple et composé correspondent, ainsi que continu et discontinu, à être et non-être, et doivent être expliqués de la même manière. C'est bien ainsi, en effet, que nous l'entendons.

Jusqu'ici, le composé n'a pas fait son apparition. Il n'a pas été donné avec le ressemblant et le différent, puisque ces deux faces sont indissolubles. Quant aux moments de la conscience, ils nous ont donné le rapport, et celui-ci a de grandes ressemblances avec le composé : il n'y a pourtant pas identité entre les deux termes. D'après M. Renouvier, « on dit qu'il y a composition quand la représentation d'une chose entraîne celle de certaines autres qui s'offrent comme ses parties, ses membres, ses éléments, ou réciproquement quand on ne comprend quelque chose que par la conception d'un tout où elle entre ; et on dit qu'une chose est relative, quand on la comprend, soit comme composée, soit comme composante, à l'égard d'une certaine autre chose [1] ». Mais ces définitions ne nous satisfont point. Disons que le rapport suppose le composé, attendu qu'il suppose l'existence distincte de ses propres termes, et que le composé suppose le rapport, attendu qu'il suppose une certaine unité entre ses propres éléments ; mais retenons que le rapport et le composé donnent lieu à deux notions distinctes. L'un exprime en quelque sorte l'union interne de ses termes, leur pénétration, la prise de possession de l'objet par le sujet ; l'autre exprime en quelque sorte l'union externe de ses parties, et implique la persistance de leur existence distincte. Donc, ni les moments, ni les faces du phénomène, ne rendent compte du composé.

C'est seulement avec les faits qu'il prend naissance, en même

---

[1] *Logique générale*, I, p. 101.

temps que son corrélatif, le simple, qui n'a pas été posé jusqu'ici directement et pour lui-même. Chaque fait donne le simple, parce que chaque fait, en tant que tout fermé, marque l'être dans sa plénitude, l'être avec ses deux faces inséparables, l'être indécomposable. En même temps chaque fait donne la possibilité du composé, parce que chaque fait, en tant que tout fermé, marque le non-être, et par le non-être l'indépendance des termes qui s'unissent. Le rapport, il est vrai, atténue bientôt cette indépendance : elle n'en a pas moins été donnée, et avec elle le fondement de tout composé.

Il s'élève cependant une difficulté. Jamais plus de deux faits ne coexistent véritablement, avons-nous établi : le composé se réduirait-il donc au groupement de deux faits? Non, sans doute; ce ne serait pas le composé que nous connaissons, celui des groupes organiques et inorganiques dont l'ensemble constitue l'univers. Il faut évidemment dégager le composé de la coexistence véritable et lui donner libre carrière dans la coexistence illusoire dont il a été question. Mais alors comment expliquer son unité? Car, encore une fois, le composé aboutit toujours à une certaine unité, soit de simple addition, soit de corrélation organique. Or cette unité n'existe qu'en tant qu'il en est pris conscience; et comment en prendre conscience, si les parties composantes disparaissent avant d'être toutes réunies? De plus, l'unité ne se forme pas sans raison, elle dépend de la nature ou de la position de ses parties, et par cela même elle implique une comparaison de ces dernières : comment en faire la comparaison, si, pour la plupart, elles ont cessé d'être? La question est très délicate, pour ne pas dire embarrassante.

Aurons-nous recours à la théorie de la conscience collective que l'on nous donne comme « celle de Spinoza interprétée en langage moderne »? « Dans le cerveau, dit M. Fouillée, appareil multiplicateur et condensateur, toutes les cellules cérébrales doivent en même temps : 1° sentir, 2° sentir qu'elles sentent, 3° de plus elles doivent se transmettre l'une à l'autre cette conscience plus ou moins vague, puisqu'elles se transmettent l'une à l'autre le plaisir ou la douleur avec le mouvement. Le résultat de cette action simultanée des milliards de cellules cérébrales se fond en une conscience totale infiniment plus intense que toutes les consciences composantes, mais au fond de même nature et de même forme. Le cerveau est un stéréoscope où viennent coïncider non seulement deux images, mais des millions d'images similaires qui forment, par leur superposition, un seul et même personnage, moi. De même que le stéréoscope produit l'apparence de trois dimensions où il n'y en a que deux, de même le mécanisme cérébral produit l'apparence de la multiplicité dans les objets et de l'unité dans le sujet [1]. » Et M. Espinas ne craint pas de fonder une thèse sociologique sur cette conception; pourquoi nierait-on que « cette même illusion de l'unité des images puisse apparaître de même progressivement dans une réunion d'hommes qui peu à peu s'accoutument à penser à

[1] *Revue philosophique*, 1882, II.

l'unisson, à vouloir de concert, à se considérer comme un tout, en même temps que leur organisation sociale se perfectionne au degré requis[1] ? »

Certes, cette théorie, dans son ensemble, est inacceptable. Une conscience collective, voilà quelque chose que nous ne réussissons pas à nous rendre intelligible. Cette transmission des faits de conscience, en particulier, ne nous représente rien. Ils seraient transmissibles, à quoi? A un autre fait de conscience, sans doute; il ne s'agit pas, en effet, de revenir à un substantialisme ultra-phénoménal, matérialiste ou spiritualiste, bien que le rôle qu'on fait jouer au cerveau semble indiquer une théorie ultra-phénoméniste. Mais un fait recevant un autre fait, une conscience recevant une autre conscience, n'est-ce pas une conscience et un fait détruits? Un fait, même en état de rapport, peut-il sentir autre chose que lui-même? Un fait est-il autre chose que ce qu'il se sent? Il faut distinguer, nous dit M. Espinas, entre la conscience de soi, dans son opposition avec les consciences d'autrui, et la connaissance et la pensée : l'une, subjective, est incommunicable; l'autre « a un caractère objectif qui permet de concevoir la possibilité de sa transmission ». Mais l'objet est-il quelque chose sans le sujet? Les deux termes ne sont-ils pas également nécessaires à la pensée? Et si vous déclarez la pensée transmissible, le sujet ne doit-il pas se transmettre aussi bien que l'objet? En outre, la

[1] *Ibid.*

transmission de l'objet ne nous paraît pas plus intelligible que celle du sujet. L'objet reste un fait de conscience, bien que de conscience affaiblie, et comment, et à quoi ce fait de conscience pourrait-il se transmettre? Quand on dit qu'« une pensée née dans le cerveau d'un homme s'en échappe sous forme de mouvement vibratoire de l'air ou de mouvement imprimé soit à des appareils télégraphiques ou téléphoniques, soit à des presses, et va évoquer les mêmes images partout où des appareils convenables sont disposés pour la recevoir », évidemment on oublie de nombreux intermédiaires et on prend au pied de la lettre des expressions vulgaires inexactes.

Cependant nous pouvons garder quelque chose de cette théorie. Conformément au principe de causalité, une succession de faits aboutit à un fait qui porte la marque de tous les autres. Chaque fait, par une face, est déterminé par les précédents et les résume. De la sorte, le dernier est l'unité des autres. Certainement cette unité se trouve dans le composé.

Malheureusement elle n'y est pas la seule. Elle en suppose elle-même une autre, à savoir l'unité en vertu de laquelle un certain nombre de faits se sont mis à part pour former un groupe. Comment se fait la prise de possession de cette dernière unité? Comme celle des écarts différentiels considérables, répondrons-nous. Il est vraisemblable qu'un de ces écarts se produit toujours d'un groupe à un autre; en réalité, c'est ainsi que se marquent le commencement et la fin d'un groupe. Si nous distinguons un arbre du champ sur lequel il s'élève, comme un groupe d'un autre groupe, c'est que, entre les phénomènes qui constituent l'un et ceux qui constituent l'autre, il existe des défauts d'harmonie sensibles, bref un écart différentiel qui permet de les composer à part, seraient-ils entremêlés dans leur succession. Il ne s'agit donc plus que de sentir cet écart. Et l'opération est possible. Une sorte de heurt, de brisure, tout au moins un embarras dans la marche de la pensée, avertit de la fin et du commencement du groupe. Quelquefois le groupe est constitué par deux espèces de faits, les uns se renouvelant plus ressemblants, les autres se renouvelant plus différents, et c'est ce qui donne lieu à l'illusion du devenir; mais il y a toujours assez de ressemblance entre les deux espèces pour qu'on ne sente pas de heurt de l'une à l'autre et qu'on ne doute pas de l'unité de l'ensemble. Dans d'autres cas, le triage devient une affaire assez compliquée, et il n'est guère facile de le suivre en détail : il suffit qu'il n'offre, en lui-même, rien d'inintelligible.

Ce qu'il est impossible, non seulement de bien comprendre, mais encore de concevoir, c'est la raison de tels groupes donnés. La question, en effet, se résout finalement dans celle du différent, laquelle nous laisse devant un insondable mystère. Du moment que la composition du groupe est due à un double écart différentiel, on peut dire que tel groupe existe parce que tel écart est donné; mais pourquoi tel écart est-il donné? On ne saurait l'expliquer définitivement. Malheureusement cette question comprend une foule de questions qui ont jusqu'ici vivement intéressé la pensée. Ignorer le dernier mot des groupes, c'est ignorer le dernier mot de l'univers historique. Pourquoi des groupes de vie, d'organisation, et des groupes inorganisés? Pourquoi tels individus, pourquoi telles espèces éteintes ou actuelles? On invoquera des causes d'ordres divers, on parlera de certaines combinaisons constantes ou accidentelles, on fera intervenir l'habitude, l'habitude héréditaire comme l'habitude individuelle, et ce sera certainement avec raison; mais il y aura toujours un reste inexplicable, celui du différent véritable, inconvertible, sans lequel ces groupes ne seraient pas. Le positivisme d'A. Comte n'a eu aucune raison sérieuse de renvoyer à la métaphysique la question des origines, qui est celle du pourquoi des groupes, mais il n'a pas eu tort de la tenir pour scientifiquement insoluble.

III

Arrivons à la diversité qui donne naissance à la double catégorie de qualité et de quantité. Ainsi que le simple et le composé, le qualitatif et le quantitatif correspondent à l'être et au non-être.

On a essayé de les rapprocher des autres dernières diversités. — Ainsi, d'après la théorie de M. Taine, la quantité correspondrait à la ressemblance. « Voici, dit-il, un jeton blanc sur un coin de la table, et un jeton rouge sur un autre coin. Je puis négliger toutes leurs qualités respectives, être frappé seulement de ce qu'une partie de mon impression s'est répétée, sentir que l'expérience que je viens de faire sur le jeton rouge est semblable, par un certain point, à celle que j'achève sur le jeton blanc, éprouver, après ces deux expériences successives, une tendance consécutive distincte et correspondante à leur nombre, c'est-à-dire à la propriété qu'elles ont d'être deux[1]. » — A notre avis, le nombre deux peut se former sans ce dégagement de la ressemblance. La ressemblance n'intervient que lorsqu'il s'agit de nommer les objets qui sont deux. Alors elle est nécessaire, ne serait-ce que pour ajouter au mot deux celui d'objet, que pour parler de deux objets, de deux faits de conscience, mais alors seulement. Les deux opérations sont, il est vrai, bien rapprochées en réalité, car la pensée ne peut former un nombre sans marquer aussitôt ce qui est nombré; or comment le marquer sinon par un abstrait général fondé sur le ressemblant? Et cependant les deux opérations sont distinctes. — D'ailleurs, même pour la seconde, la ressemblance peut n'être dégagée que sur une petite étendue. A plus forte raison ne demanderons-nous pas, avec quelques philosophes, l'absolue équivalence. Il suffit qu'il y ait ressemblance sur le point exprimé par le nom : la désignation qui suit l'application de la quantité est aussitôt possible. — Enfin, si la quantité correspondait au ressemblant,

[1] *De l'intelligence*, I, p. 53.

elle n'aurait d'application que dans l'abstrait. Le ressemblant n'existant à part du différent qu'en vertu d'une abstraction, le nombre devrait se définir, comme le propose M. Fouillée, « une discontinuité artificielle introduite dans le continu »; ce serait « un dessin sur la surface des choses, semblable aux figures de craie que le géomètre trace sur le tableau et qui ne coupent pas le tableau lui-même en cercles ou en triangles. » Et alors, les perceptions échapperaient au nombre. Conséquence qu'il est possible d'éviter par un autre rapprochement.

Avec le psychique et le physique? Hegel a écrit : « Les déterminations de la grandeur n'ont pas la même importance dans le monde de la nature et dans le monde de l'esprit... Nous considérons, il est vrai, le contenu de l'esprit sous le point de vue de la quantité, mais il est clair que, lorsque nous considérons Dieu comme trinité, le nombre 3 est loin d'avoir ici la même importance que dans les trois dimensions de l'espace, par exemple... Dans les limites de la nature elle-même, les déterminations de la quantité n'ont pas la même importance; elles en ont une plus grande dans la nature inorganique que dans la nature organique, et dans les limites de la nature inorganique, elles en ont une moindre dans la chimie et la physique proprement dite que dans la mécanique où l'on ne peut avancer d'un pas sans le secours des mathématiques. » De son côté, M. Wundt a fait les déclarations suivantes : « Pour les faits purement internes (il entend par là les faits à accentuation psychique)... nous ne sommes pas toujours en état de découvrir

APPLICATIONS. 393

sûrement les conditions d'un événement, encore moins de songer à déterminer quelques rapports quantitatifs. Il y aurait tout au moins une possibilité de traiter ces questions par les mathématiques. Ce serait de faire des conjectures hypothétiques, d'en développer les conclusions et de comparer celles-ci autant que possible avec l'expérimentation... Dans tous les cas, si jamais une théorie mathématique du fait interne devenait possible, on ne pourrait l'obtenir qu'en lui donnant pour base fondamentale la psychologie physiologique [1] ».

Nous n'y contredisons point, nous désirons seulement donner une explication qui changera la portée de cette conclusion. Si le monde physique est plus étroitement lié à la quantité que le monde psychique, ce n'est pas, à strictement parler, parce qu'il est physique, c'est parce qu'on l'étudie d'une autre manière que son corrélatif. En effet, on considère ordinairement ses conditions plus que lui-même, tandis que c'est surtout en lui-même que le monde psychique est considéré. Or justement nous serons autorisé à dire que la réalité se prête ou ne se prête pas à l'application de la quantité, selon qu'on la considère de l'une ou de l'autre manière. La question ne serait-elle que reculée? Non, car cette dernière différence ne doit pas être rapportée aux caractères fondamentaux du physique et du psychique. Elle se rattache à une différence d'intensité. Quand un phénomène est faible, amoindri dans son différent, quand il

[1] *Psychologie physiologique*. trad. fr., I, p. 7.

n'a pas une physionomie bien marquée, il est permis de concentrer son attention sur ses conditions, d'autant plus que celles-ci l'expliquent, sinon complètement, du moins sur une large étendue. Quant à l'amoindrissement lui-même, il ne caractérise pas le physique à titre de propriété fondamentale; il se présente avec lui, mais il commence avant lui; il l'accompagne, il le rend possible, mais il ne le constitue pas. Finalement, en persistant dans cette voie, nous arriverions à rattacher la quantité au ressemblant, et non au physique. En outre, il ne suffirait pas de montrer une association étroite entre le quantitatif et le physique, il faudrait encore en rendre compte. Et comment y parvenir? Quelle parenté y aurait-il entre le rapport et le nombre? Le rapport suppose sans doute des existences séparées, mais non pas le nombre auquel ces existences donnent lieu. Et le nombre ne suppose pas même, nous l'avons dit, la distinction de la différence et de la ressemblance, condition du rapport. Encore une fois, tout cela se tient dans l'exercice ordinaire de la pensée, mais on doit le distinguer pour l'étude des notions.

D'autre part, la qualité ne correspond pas mieux au psychique ou au différent, que la quantité au physique ou au ressemblant. La ressemblance est qualitative aussi bien que la différence; de même, le physique a une qualité tout comme le psychique. Nous sommes donc renvoyés à la diversité de l'être et du non-être.

De ce côté, la correspondance est exacte. D'abord, la corrélation se pose de la même manière dans chaque dualité. — De même que le non-être ne se conçoit que par la négation de l'être, la quantité ne se conçoit que par la négation de la qualité. On a essayé de réduire la qualité à la quantité, mais sans succès. La science peut et doit substituer jusqu'à un certain point l'une à l'autre; finalement elle doit les garder l'une et l'autre. « Cette habitude, a dit avec raison Hegel, de ramener toute différence et toute détermination à des rapports quantitatifs, et de poser en principe que c'est là le fondement de toute connaissance exacte, est l'un des préjugés qui s'opposent le plus à la vraie connaissance des choses. » Ce serait bien plutôt la quantité que nous serions tenté de réduire à la qualité. En somme, ce ne serait pas plus juste, mais il y aurait ceci de vrai, que la première n'est rien que par la seconde, qu'à titre de négation de la seconde. La quantité, est-il permis de dire dans ce sens avec Hegel, c'est la qualité détruite. — D'une part, si le nombre peut se former sans un dégagement de la ressemblance, il ne le peut pourtant pas sans la qualité. Ne nommez pas les objets qui sont deux, ne parlez même pas d'objets, vous avez malgré cela le nombre deux : mais encore faut-il qu'il y ait des objets donnant lieu à deux, et que ces objets aient une nature, une qualité. Pour n'être pas dégagée des objets, à titre d'abstrait général et d'élément du langage, cette qualité n'en existe pas moins. Encore une fois, n'oublions pas que la réalité s'étend au delà des opérations logiques. Voilà donc la quantité liée à la qualité, dépendante d'elle. — Et d'autre part, qu'importe au nombre la nature des objets? Bien loin de marquer ce qu'ils sont, il ne peut être rapproché d'eux qu'après la suppression d'un de leurs éléments. Quand nous disons : deux maisons, nous devons renoncer à considérer ce que chaque maison est en particulier. Leur élément commun demeure, il est vrai, mais non pas en tant qu'il est celui de deux objets. Il peut se concilier avec ce nombre, parce qu'il reste étranger à tout nombre. Qu'il y ait deux, ou trois, ou un nombre quelconque de maisons, rien n'est changé en lui, ni par lui. Qu'est-ce à dire, sinon que la quantité nie la qualité, comme l'être nie le non-être, tout en en dépendant? — Et la réciproque n'est pas vraie. Il faut bien reconnaître que la qualité ne prend toute sa signification que par son opposition à la quantité, et que M. P. Janet a eu raison de dire : « la qualité, c'est toute disposition ou manière d'être d'une chose, à l'exception de la quantité. » Cependant la qualité est indépendante de la quantité, comme l'être est indépendant du non-être. On peut parler d'essence, de nature, de manière d'être, de qualité, sans qu'aucune négation quantitative soit enveloppée dans ces notions.

La correspondance entre les deux diversités peut, en outre, s'établir de terme à terme. — Affirmer l'être, c'est poser une qualification quelconque. L'être n'est rien sans nature, sans manière d'être, par conséquent sans qualité. Hegel a raison : c'est par sa qualité qu'une chose est ce qu'elle est, et c'est en la perdant qu'elle perd l'existence. On acceptera cette thèse avec d'autant plus de conviction que l'on aura plus résolument renoncé à la distinction entre le fond et la forme des ultra-phénoménistes. Au point de vue de la science, l'être absolument inqualifié n'est pas seulement inconcevable, il est contradictoire. Même les abstraits, même l'abstrait suprême, sont qualifiés, et s'ils ne représentent pas une réalité achevée, c'est qu'il leur manque un des deux éléments qualitatifs, le ressemblant ou le différent. La qualité marque donc les faits au point de vue de l'être.

De son côté, la quantité les marque au point de vue du non-être. Affirmer le non-être, c'est affirmer une séparation d'existence qui donne lieu à l'unité numérique. Sans doute, c'est l'être qui constitue cette unité, mais grâce à la rupture du non-être. « Si nous pensons l'unité, prétend M. Noël, c'est que nous la faisons, c'est que notre attention a le pouvoir de découper dans la totalité indéterminée de nos états psychiques simultanés certaines parties auxquelles elle confère arbitrairement une sorte de cohérence. » Pourquoi nous en tenir à une semblable explication? Du moment que nous avons établi le non-être, l'unité numérique nous est donnée. Et ainsi la quantité repose sur un fondement qui n'est ni arbitraire, ni factice; elle peut être donnée comme une véritable loi de la pensée. L'unité numérique est l'être vu du dehors, l'être fermé, l'être entouré de non-être.

L'être en lui-même, dans son essence, n'aurait donc rien de quantitatif? Mais non. L'être ne supporte pas la décomposition : comment donc nombrer ce qu'il contient? Comment trouver l'unité à laquelle on pourrait rapporter ses éléments? — Mais ne parle-t-on pas de plus ou moins grandes intensités de l'être, de faits de conscience plus ou moins forts ? C'est par métaphore. « J'incline très fortement à penser, a écrit M. Pillon, que ces termes de degrés, de quantités, même celui de grandeur, appliqués à des sensations telles que la sensation de chaleur, à des sentiments tels que le plaisir et la douleur, à des passions telles que l'amour et la haine, à des états moraux tels que la bonté, la vertu, la méchanceté, le vice, sont purement métaphoriques. Il est certain qu'ils ne peuvent être entendus au sens propre, qui serait le sens mathématique. Qu'est donc ce sens vague qu'on leur donne et qu'on ne peut essayer de déterminer et de préciser sans sourire, si ce n'est un sens figuré ? Si l'on ne doit pas prendre ces termes à la lettre, que sont-ils, sinon des métaphores fournies par les mathématiques à la langue de la psychologie ? J'incline très fortement à penser que les prétendus degrés, les prétendues quantités de telle ou telle sensation, de tel ou tel sentiment, ne sont pas autre chose que des états spécifiques de conscience qui se ressemblent et diffèrent entre eux[1]. » Nous étendrons cette conclusion à tous les faits de conscience considérés du côté de l'être et de ses qualités. Leur intensité se sent, mais ne se mesure pas. Obligés, pour en parler, de lui appliquer les notions courantes du langage, nous devons bien la soumettre à la quantité, mais sans prétendre à une opération rigoureuse.

[1] *Critique philosophique*, 1882. II, p. 388.

On peut donc affirmer que le qualitatif et le quantitatif dérivent de l'être et du non-être. Ce n'est pas à dire que le non-être donne toujours lieu à la formation d'un nombre: rappelons-nous que les faits passent quelquefois avec une rapidité qui déconcerte la pensée. Même à la vitesse ordinaire, ce n'est pas le fait proprement dit qui fournit l'unité, c'est le groupe. Mais l'unité indécomposable du fait est à la fois le modèle et le fondement de l'unité du groupe. Et, d'ailleurs, sans le non-être, et sans les faits, y aurait-il des groupes ? Si donc le non-être ne donne pas toujours lieu à la formation d'un nombre, c'est toujours grâce à lui que le nombre se forme.

Ce n'est pas à dire non plus qu'aucun autre élément n'intervienne. L'addition se produit bien vite, et, pour additionner, il faut le temps. « Toute addition, a fort bien dit M. Noël, comprend au moins deux moments distincts, l'un où les unités sont données, l'autre où elles sont réunies[1]. » Toutefois, le temps n'intervient pas nécessairement, car l'idée de nombre n'est pas absolument inséparable de celle d'addition. Avant l'addition, nous dit-on, il y a les unités à additionner : mais pourquoi chacune des unités ne serait-elle pas un nombre, aussi bien que le résultat de leur addition ? N'en ont-elles pas les caractères, tout comme lui ? Ne sont-elles pas discrètes, fermées, indépendantes ? M. Renouvier pourrait objecter que l'unité n'est pas un nombre avant l'addition, attendu qu'elle n'est rien sans le plusieurs, et

[1] *Revue philosophique*, 1886, II, p. 180.

que le plusieurs et l'un ne sont représentables que dans le tout. Mais entendons-nous. Le plusieurs et l'un supposent le tout, s'il est vrai qu'il n'existe que des unités de composition; ils ne le supposent pas, s'il y a des unités simples, ainsi que nous l'avons établi. L'unité simple ne se pense pas sans la pluralité, mais elle se pense sans la totalité. En d'autres termes, deux unités sont nécessaires pour que l'unité se pose, mais le nombre deux, addition de l'une et de l'autre, n'est pas nécessaire. Si donc le temps (et nous pourrions tirer une conclusion analogue à propos de l'espace) est une condition fondamentale de l'extension du nombre, il n'en est pas une du nombre même.

IV

Dans la philosophie grecque, l'infini a été souvent rapproché du non-être, et en général on l'a fait correspondre à un terme que nous venons de ramener au non-être, à la quantité. « La considération du fini et de l'infini, a dit Leibniz, a lieu partout où il y a de la grandeur et de la multitude. »

Il est incontestable que des nombres peuvent être formés à l'infini; si un nombre infini est une contradiction, l'application à l'infini de la quantité n'en est certainement pas une. Il est incontestable aussi que le non-être ne s'oppose en aucune façon à l'extension illimitée d'une série : que pourrait-il arrêter, lui qui n'est capable d'aucune résistance, lui qui est dépourvu de toute existence positive ? Entre deux faits donnés, aussi bien qu'à partir d'un seul fait, il est permis de concevoir à l'infini des termes nouveaux, à titre d'unités numériques. Mais est-ce à dire que ce soit nécessaire, et qu'il y ait de l'infini dans le non-être ou dans la quantité ? Nous ne le croyons pas. Le non-être ne pousse pas plus à aller de l'avant qu'il n'arrête. Il n'est ni fini, ni infini; il n'est rien. Il laisse la place à des conceptions nouvelles, mais il n'oblige point à les former. Et il n'en est guère autrement de la quantité. Du moment que des termes sont conçus à l'infini et que ces termes doivent être considérés quantitativement, il faut bien que la série des nombres soit illimitée. Et, en réalité, elle peut l'être. Mais il n'y a rien dans les propriétés du nombre qui l'oblige à l'être. « Il implique contradiction, dit M. Liard, que la série soit jamais terminée. » Sans doute. Mais pourquoi ? Parce que « le nombre par lequel on exprimerait la somme de tous les termes de la série peut toujours être augmenté ? » Ce n'est pas suffisant. Encore une fois, pouvoir n'est pas devoir. Il vaut mieux dire que, « les mêmes raisons subsistant toujours pour aller plus loin, jamais nous ne rencontrerons un nombre auquel nous ne pourrons pas ajouter l'unité. » Mais nous ne voyons pas comment le nombre lui-même fournirait ces raisons. En définitive, c'est dans le ressemblant qu'il faut aller les chercher, et dans la loi de causalité qui en dérive.

Depuis longtemps, c'est plutôt à l'être qu'au non-être qu'on fait correspondre l'infini, alors même qu'on maintient le rapprochement de l'infini et de la quantité. — Il est vrai qu'on part d'une autre conception de l'infini. On le fait consister dans quelque chose d'achevé, de complet, et d'illimité à la fois, complet en soi-même, mais illimité pour la pensée qui essaye de le saisir, offrant à notre intelligence toujours du nouveau, mais excluant pour soi-même tout nouveau. Mais cette conception double ne sert qu'à embrouiller des notions bien distinctes. Par quoi l'être doit-il être infini ? Par sa nature, ou par la faiblesse de notre pensée ? Évidemment par sa nature. Notre impuissance à trouver une limite, ne prouve point qu'il n'en existe pas. Le véritable infini est illimité en lui-même, aussi bien que pour la pensée qui essaye de le saisir. Or, si l'on nous dit que l'être est fixe, complet, achevé, il ne saurait être infini par sa nature. Ce qui exclut tout nouveau pour soi-même, est fini, ou les mots n'ont pas de sens. Qu'appellerons-nous fini, si cela ne l'est pas ? — Mais laissons cette conception, et disons que l'infini ne peut pas plus correspondre à l'être qu'au non-être. Celui-ci n'est ni fini, ni infini, n'étant rien : celui-là n'est ni fini, ni infini, étant tout. L'être renferme l'infini, mais il renferme aussi son opposé ; il s'étend sans limite d'un fait à l'autre, et pourtant il s'arrête avec chaque fait. De même la qualité, qui correspond à l'être, est d'une nature finie ou infinie, selon l'élément qualitatif que l'on considère.

Notre conclusion est donc analogue à celle que nous avons tirée à propos du psychique et du physique, et la diversité du fini et de l'infini se ramène exclusivement au différent et au ressemblant.

V

Voici maintenant une application qui dépasse les limites de cette troisième étude, et qui est comme une application générale de nos différents résultats. C'est que la pensée est déterminée d'une certaine manière aussitôt qu'elle s'exerce, et indépendamment de ses résultats particuliers; c'est que quelque chose préexiste en elle à la connaissance des choses individuelles; c'est que certains caractères fondamentaux lui sont imposés en toute circonstance et pour tous les cas; c'est qu'il y a en elle de l'*à priori* en même temps que de l'*à posteriori*. On doit voir en cela la conséquence, non de telle ou telle diversité, mais de toutes les dernières diversités, ou plutôt de ce qu'elles ont de commun entre elles. Qu'on nous permette de le montrer rapidement à la fin de ce chapitre.

Il est certain que, pour nous, il ne saurait être question d'à priori qu'au sein de l'expérience, de l'expérience entendue comme elle l'a toujours été dans ces études, de l'expérience comme phénomène. A notre point de vue, toutes les théories de l'innéité sont inadmissibles, car elles supposent toutes un sujet antérieur au cours de l'expérience, une substance ultra-phénoménale d'où l'à priori tirerait son origine. Avons-nous besoin, en effet, de répéter qu'en aucune façon l'ultra-phénoménal ne doit être invoqué par la science? Il est vrai qu'un à priori ultra-phénoménal, en entrant dans le cours de l'expérience, deviendrait phénoménal en un sens. Toutefois, il resterait inexpliqué et inexplicable par la science. Comment a-t-il pris naissance? Comment intervient-il? Il serait impossible de le savoir. D'ailleurs, la métaphysique elle-même semble avoir renoncé à le chercher. En outre, comme la science dépendrait de cet à priori, il en résulterait un bouleversement des conditions fondamentales de la science. Elle ne se suffirait plus, le monde phénoménal ne lui suffirait plus, et toutes nos déclarations du point de départ devraient être retirées.

Il est également certain que, à notre point de vue, il ne saurait être question d'à priori au sein de l'expérience que pour de simples éléments de connaissance. Disons avec plus de précision : pour une connaissance dont l'objet n'est pas encore pensé distinctement, séparément. L'à priori, nous l'avons dit et tout le monde s'accorde sur ce point, doit se trouver partout et toujours : si donc il était une connaissance toute formée, une pensée distincte, il aurait une portée universelle, il serait donné comme général. Or, avons-nous besoin de répéter que le général ne saurait être immédiatement donné à la pensée; que, pour saisir un objet dans son universalité, une abstraction est nécessaire; que, par conséquent, on ne saurait connaître le général qu'à la suite d'une élaboration intellectuelle s'exerçant sur les objets individuels, qu'à titre de résultat et à posteriori ? L'abstraction ne crée pas le général, sans doute, mais elle le dégage. Avant d'être distinct dans la pensée, il s'y trouve uni à l'élément qui donnera lieu à l'abstrait opposé. D'abord le concret, l'individuel ; puis, à la suite de l'abstraction, le général, ou le particulier, selon le côté que l'esprit considère. L'à priori ne peut donc se trouver qu'au sein de l'individuel, dans de simples éléments de connaissance ; il cesse d'être, dès que ces éléments sont érigés en connaissance distincte et conçus dans la généralité de leur nature.

Et il serait dangereux pour la science qu'il en fût autrement. Deux espèces de connaissances distinctes la constitueraient, les unes fournissant en quelque sorte la règle, les cadres, les principes de coordination, les autres apportant les matériaux, les unes antérieures, les autres postérieures aux perceptions individuelles et à l'élaboration dont celles-ci sont l'objet. Dès lors, qui empêche de supposer que l'accord fait défaut entre les parties fondamentales de la science ? On peut, il est vrai, montrer cet accord dans tel ou tel cas, disons dans tous les cas connus, mais qui le garantira pour toujours, qui le garantira absolument pour chaque cas ? Car enfin il ne suffit pas de rapporter les deux espèces de connaissances à une origine commune. Encore faut-il que cette origine commune soit elle-même garantie, et c'est ce que nous n'avons aucun moyen d'obtenir, à moins de recourir à l'ultra-phénoménal et de mettre encore de cette manière la science en danger.

C'est dire qu'il faut renoncer à toutes les théories de l'à priori qui partent de prémisses intellectualistes. Du moment que la conscience est réduite à la pensée et que l'existence phénoménale se confond avec la connaissance, on ne saurait admettre quelque chose partout et toujours qui ne soit pensé comme général. Toutes ces théories supposent donc la possibilité pour le général d'apparaître avant toute élaboration intellectuelle, comme un objet distinct de pensée, comme une connaissance toute constituée. La théorie de Leibniz ne fait pas exception. Il est vrai qu'il restreint l'à priori à des idées en virtualité; l'idée innée, pour lui, n'est pas dès l'abord « représentée distinctement et séparément »; elle n'existe qu'à l'état d'« aptitude », de « disposition », de « préformation », avant d'entrer dans le cours de la pensée. Mais qu'importe, si la distinction qui lui manque n'est pas relative à l'élément particuculier, si elle en est déjà dégagée comme elle le sera plus tard, si, malgré tout, elle existe dès l'abord dans son universalité? Kant, de son côté, nous dit bien que les catégories à priori sont des moyens de connaître et non des objets de connaissance : il n'en est pas moins vrai qu'elles représentent le général en face de l'individuel, qu'elles lui préexistent et s'appliquent à lui à ce titre. On peut faire la même remarque au sujet des lois à priori de M. Renouvier. « Comme données dans une représentation actuelle, nous dit-il, elles sont particulières[1] », car « elles

---

[1] *Logique générale*, I, p. 181, 123, III, p. 273.

passent nécessairement sous les conditions de l'expérience pour se manifester »; en outre, « les phénomènes et leurs lois viennent à la connaissance en masses confuses. » Et cependant les lois restent une connaissance générale, un phénomène « représenté comme un rapport commun des rapports de divers autres phénomènes. »

Il est certain enfin que, à notre point de vue, il ne saurait être question d'à priori que pour des éléments de connaissance donnés avec les choses. L'à priori est assurément dans la pensée, mais il doit être aussi dans les choses, objets de la pensée. Il n'est que lorsqu'elles sont. Loin de les devancer, il est contenu en elles. Ainsi, toutes les théories purement subjectivistes doivent être abandonnées. Avons-nous besoin de répéter que ni les choses ne peuvent se séparer de la pensée, ni la pensée ne peut se séparer des choses, et qu'un à priori venant exclusivement du sujet pensant, un à priori sans objet, serait un néant pour la science? Ne s'agirait-il que d'une disposition à penser, elle ne se concevrait en aucune façon indépendamment de son objet, elle ne serait que par lui. Il est vrai qu'un à priori subjectif deviendrait en un sens objectif en s'appliquant aux choses. Mais avant de s'appliquer, comment pourrait-il être? Encore une fois, comprend-on la pensée, même indistincte, sans un objet? Et si l'on réplique que l'à priori pourrait avoir un objet avant de s'appliquer aux choses, nous demandons d'abord en quoi cet objet consisterait, et ensuite comment l'application d'un à priori qui n'est pas un abstrait général pourrait avoir lieu, comment un second objet succéderait en lui au premier.

Remarquons, ici encore, que l'intérêt de la science est en jeu. Si l'à priori n'était pas donné avec les choses, s'il était une anticipation sur elles, on serait toujours autorisé à mettre en doute la légitimité de son application. C'est en vain que la théorie associationniste invoquerait la fréquence des expériences qui auraient, conformément à la loi d'habitude, produit l'à priori dans le sujet : cette fréquence ne saurait prouver que l'à priori est l'expression fidèle de toutes les choses passées, à plus forte raison qu'il est en harmonie avec toutes celles de l'avenir. C'est encore en vain que l'école kantienne, hardie jusqu'à prétendre que sans un à priori purement subjectif on ne saurait fonder une science vraiment objective, dirait avec M. Liard : « les sensations ne peuvent devenir objets de pensée qu'à la condition, nous ne dirons pas de se plier, ce qui supposerait de leur part une tendance contraire à celle de la nature, mais d'être conformes aux conditions de la pensée[1]. » Sans doute, répondrions-nous, une science pourrait ainsi se fonder, et il nous serait permis de « spéculer en toute sécurité », sans « craindre que l'avenir démentît nos prévisions, que le fait donnât tort à la raison. » Mais il ne s'ensuit pas qu'une science ainsi fondée fût vraie. Il faut encore prouver qu'elle ne repousserait ni ne déformerait aucune sensation, qu'il y aurait concordance con-

[1] *La science positive et la métaphysique*, p. 202.

stante entre ce que fournit l'expérience et les conditions de la pensée. Pour être vraie, la science doit organiser la connaissance de la réalité telle qu'elle est, et non telle qu'elle lui convient. Et pour cela, l'à priori doit être donné avec les choses en même temps qu'avec la pensée.

Mais l'est-il en réalité? Sommes-nous autorisé à affirmer au sein du phénomène l'existence de ces éléments à la fois objectifs et subjectifs, antérieurs à toute connaissance distincte et pourtant faisant partie de toute connaissance distincte, s'imposant universellement, mais non comme universels? Sans doute; les dernières diversités, objets de la philosophie générale, en témoignent suffisamment. Les caractères de la réalité, sur lesquels se fondent ces diversités, constituent justement l'à priori que nous cherchons.

D'une part, ils répondent fort bien aux restrictions que nous avons indiquées. Comme l'à priori cherché, ils appartiennent au monde phénoménal, le seul que reconnaisse la philosophie générale. Encore comme lui, ils ne forment pas dès l'abord une connaissance distincte. Il en est d'eux à cet égard comme de tous les caractères de la réalité phénoménale : avant d'être distingués dans la pensée, ils sont pensés ; avant d'entrer dans un rapport à part, ils sont enveloppés avec d'autres dans un même rapport. Ce n'est que plus tard qu'ils sont dégagés, érigés en abstraits, définis. Enfin, comme l'à priori cherché, ils sont donnés avec les choses : un caractère de la réalité phénoménale pourrait-il être donné sans cette réalité?

D'autre part, ces caractères répondent fort bien au rôle que tout le monde accorde à l'à priori. D'abord, il va sans dire qu'ils se trouvent à l'origine de la pensée, et que leurs matériaux lui préexistent, ainsi que nous l'avons remarqué plus haut. A notre point de vue, il en est ainsi de tous les caractères. La pensée les découvre, mais ne les produit pas. Ils sont avant elle, parce que, avant la pensée, il doit y avoir les termes de la pensée, et qu'il n'est point de termes sans qualité, donc sans un caractère déterminé. Mais il y a plus. A la différence des autres caractères, ceux-ci se trouvent partout et toujours à l'origine de la pensée, elle ne peut s'exercer en aucune manière sans eux, ils sont ses conditions essentielles, ils constituent ses rapports fondamentaux. C'est qu'ils se trouvent partout et toujours dans la réalité, c'est qu'il n'est point de terme de la pensée qu'on puisse concevoir sans eux. Ils ne donnent lieu aux dernières diversités que parce qu'ils sont les premiers caractères de la réalité, et à ce titre, il n'est point de rapport qui ne doive les envelopper. Aussi, tandis que les autres caractères, érigés en abstraits, ne sont universels que dans certaines séries, ils donnent, eux, l'universalité dans toutes les séries. Ils ne sont pas seulement à priori à telle pensée ou à tel ordre de pensée, ils le sont à toute pensée. N'est-ce pas suffisant ? En vérité, on ne peut proposer moins aux partisans de l'à priori, mais on n'a pas besoin de leur proposer davantage.

Ainsi, ce sont bien des catégories à priori de la pensée que la causalité et l'absoluité, le temps et l'espace, la qualité et la quantité. La pensée ne peut s'exercer sans elles, car elles représentent, dans la pensée, le différent et le ressemblant, le non-rapport et le rapport, l'être et le non-être, c'est-à-dire les premiers caractères, ou les derniers abstraits, de l'expérience. Elles se retrouvent dans toute connaissance, car ces caractères se retrouvent dans toute réalité ; elles peuvent être érigées en lois universelles, car ces abstraits sont les plus larges de la réalité. Avec elles, la science est possible, avec elles la science est vraie.

Cette troisième étude a été plus courte que les précédentes, qui en avaient déjà indiqué les résultats. Elle n'est pas moins importante qu'elles. Nous avons dû établir l'être et le non-être dans la dualité d'une contradiction radicale, d'une contradiction aussi étendue que possible, sans toutefois les tenir pour irréductibles à un terme supérieur, grâce au caractère purement négatif et à l'absolue dépendance du non-être. Nous avons dû élever cette dualité aussi haut que celle du différent et du ressemblant, du psychique et du physique, qui la supposent comme elle les suppose. Nous avons dû enfin en définir les termes, — non pas comme deux faces de la conscience, car ils sont contradictoires et de valeur inégale, — non pas comme deux moments de la conscience, car le non-être ne peut ni succéder à l'être, ni le déterminer ou en être déterminé causalement, —

non pas même comme deux espèces de faits de conscience, car des raisons analogues aux précédentes s'opposent à cette définition, — mais comme deux éléments des faits, l'un en donnant en quelque sorte l'étoffe, l'autre marquant les coupures de l'étoffe. Tel est le troisième résultat de la philosophie générale. Il nous oblige à renoncer à l'exclusivisme de plusieurs doctrines, et nous permet d'accepter à la fois du continu et du discontinu, du simple et du composé. Il nous permet aussi de rendre compte d'une nouvelle double catégorie de la pensée, celle de la qualité et de la quantité. Il nous permet enfin de comprendre dans le champ de l'expérience ce qu'on a placé le plus souvent au delà, l'être en lui-même, dans sa continuité et sa simplicité rigoureuses. Il n'y a pas à signaler une nouvelle barrière élevée contre les prétentions de la science. Il y en aurait une cependant, si la science sacrifiait, comme elle a souvent la tendance à le faire, la quantité à la qualité : alors l'être en lui-même lui serait inaccessible, et il faudrait distinguer encore entre l'agrandissement de l'expérience et celui de la science.

CONSIDÉRATIONS FINALES

§ 1.

Autant que nous l'avons pu, nous nous sommes maintenu jusqu'ici dans les limites fixées dès le début à la science. Mais nous entendons bénéficier, avant de terminer, de l'autorisation que nous nous sommes accordée de dépasser un moment ces limites. Encore une fois, la science n'épuise pas la croyance du savant lui-même. Il n'affirme rationnellement que ce qui se passe dans le domaine de la conscience, il ne connaît que le phénomène, même quand il prétend qu'il y a autre chose, mais il affirme sans hésiter qu'il y a autre chose. Un abîme sépare le hors-conscience de la conscience : n'importe, nous ne craignons pas de le franchir. Ce passage lui-même est illusoire, mais nous nous obstinons à penser comme s'il ne l'était pas. La situation la plus difficile à maintenir n'est pas celle du métaphysicien, c'est celle de l'homme de science qui veut rester strictement homme de science. Tout le monde est métaphysicien, constamment métaphysicien, on ne doit faire d'exception pour personne, pas même pour ceux qui, dans leur système, se sont le plus rigoureusement interdit de l'être. Il ne serait certainement pas sans intérêt d'étudier de près cette nécessité psychologique. Qu'il nous suffise, puisque nous ne prétendons pas entreprendre ici une œuvre nouvelle, d'esquisser à l'aide de nos résultats précédents quelques traits métaphysiques. Qu'est-ce qui découlerait le plus visiblement de nos conclusions? Quelles perspectives ultra-scientifiques se découvriraient au premier abord à celui qui se placerait au point de vue de notre philosophie générale? Nous allons l'indiquer rapidement. Ce sera, d'ailleurs, une manière de résumer nos résultats sous une forme nouvelle et d'en faire saisir plus facilement la portée.

Nous ne serions pourtant pas autorisé à les projeter tels quels au delà des limites de la science. La métaphysique doit être autre chose qu'une doublure de la philosophie générale. Par le fait même qu'elle dépasse la science, elle comprend des éléments nouveaux, et par cela même encore elle doit avoir ses résultats propres. Dans la science, nous n'avons affaire qu'à une série de choses, qu'à un centre de faits de conscience, disons : qu'à la conscience. Le non-moi y est contenu aussi bien que le moi, l'objet comme le sujet, la cause comme l'effet, la substance comme l'attribut. Les séries particulières dont il a été question sont formées dans la série unique ; pas plus que les groupes, elles ne sortent de la ligne commune. Dans la métaphysique, au contraire, nous aurions affaire forcément à plus d'une série. Il y aurait celle de la science, que nous connaissons, et il y aurait celle que nous poserions au dehors, que nous ne connaissons pas. Il est même certain que nous n'en poserions pas seulement une au dehors, mais plusieurs, mais un grand nombre. Ainsi le voudrait la croyance universelle, sur laquelle se fonde la métaphysique. Or, il faudrait mettre toutes ces séries en rapport, les expliquer les unes avec les autres, les unes par les autres, et une différence considérable s'ensuivrait entre les conclusions de la métaphysique et celles de la philosophie générale. La différence serait d'autant plus marquée que les principes de coordination ne seraient plus les mêmes.

Les catégories de la pensée n'ont de valeur que pour les choses avec lesquelles elles sont données. Que les conditions de ces choses changent, elles changent aussi. La métaphysique devrait donc apporter une modification à leur égard, comme à l'égard des séries. Et il va sans dire que cette modification devrait se faire sentir par contre-coup dans les résultats de la métaphysique elle-même. C'est, sous une autre forme, la reprise de la thèse de Kant. Assurément il ne s'agit pas pour nous, comme pour Kant, d'opposer le noumène aux lois du phénomène, attendu que le seul noumène acceptable se trouve dans le phénomène lui-même; il ne s'agit pas de réserver à l'absolu, ou à la liberté, une place au-dessus du monde de l'expérience, attendu que la liberté et l'absolu ne sont point mis hors de ce monde : mais nous croyons devoir distinguer entre les catégories de la pensée scientifique et celles de la métaphysique. Il ne s'agit pas non plus de rendre cette distinction radicale, de ne transporter aucune catégorie scientifique dans le monde métaphysique. S'il devait en être ainsi, la métaphysique n'aurait pas même le droit de parler d'un hors-conscience, car cela suppose la catégorie d'espace, ni d'une pluralité de séries, car cela suppose la catégorie de quantité. S'il y a des catégories qui s'accommodent de plusieurs séries, nous serions autorisé à leur faire franchir les limites de la science. Mais à celles-ci seulement.

Ainsi, nous pourrions transporter sur le domaine métaphysique la catégorie de quantité. Elle s'expliquerait, à la rigueur, par un non-être qui séparerait les faits de deux séries : il suffirait qu'il y eût une rupture, une discontinuité, dans ce sens comme dans celui d'une série unique. Il suffirait aussi, pour que les unités numériques fussent nommées, et par conséquent revêtues d'une qualité, que les séries ne fussent composées que de phénomènes : aussitôt, en effet, un point de comparaison serait donné. De même, la catégorie d'espace s'expliquerait, à la rigueur, par la coexistence des faits de deux séries. Assurément, pour ces explications, il serait nécessaire de fermer les yeux sur certaines difficultés. Par exemple, la coexistence et la quantité enveloppent un rapport dont il doit être pris possession, et nous ne pouvons comprendre cette prise de possession que dans une série unique. Mais ces difficultés sont inhérentes à la métaphysique même. Elles ne sauraient donc, du moment que nous nous aventurerions dans cette étude, nous empêcher d'y appliquer des catégories, comme l'espace et la quantité, qu'elles ne concernent pas spécialement.

En revanche, nous ne pourrions accorder à la métaphysique une catégorie qui y est très souvent transportée, qui passe même pour y avoir son véritable domaine, celle de causalité. Elle ne s'explique, en effet, que dans une série unique. Il lui faut plus que la ressemblance, il lui faut la stabilité qui joint à la ressemblance un caractère spécial. Un fait est cause d'un autre fait, en tant qu'un élément du premier persiste dans le second. Or, réussirait-on à établir la ressemblance d'une série à l'autre, il n'en serait pas de même pour la stabilité.

Non seulement la métaphysique supposerait des séries nouvelles de matériaux et des principes différents de coordination, mais encore peut-être ne s'accommoderait-elle pas des mêmes matériaux que la science. Sans doute, elle ne pourrait sans s'avancer gratuitement dans l'illusion, avoir affaire à autre chose que des faits de conscience. Nous ne projetons hors de la conscience que de la conscience, parce que nous ne connaissons et ne concevons pas autre chose. « Jamais, dirons-nous avec M. Renouvier, en quelque doctrine que ce soit, l'homme n'est parvenu ni ne pourra parvenir à se représenter une existence réelle autrement que d'après les modèles qu'il trouve en lui-même et les expériences qu'il fait sur lui-même. Toute la différence entre un philosophe et un autre consiste en ce que l'un avouera le véritable et inévitable fondement de son jugement ou de sa croyance, tandis que l'autre ne pourra ou ne voudra pas le reconnaître. » Mais rien ne nous garantit, par exemple, que les mêmes intensités se trouvent dans les diverses séries de faits de conscience. Peut-être y a-t-il dans les séries ajoutées des faiblesses et des forces hors de comparaison avec celles de la série scientifique. Rien n'empêche à priori le croyant de l'admettre, et de poser ainsi des esprits supérieurs, Dieu même, en face d'une matière où la conscience descendrait à un minimum inconcevable. Encore une source de différence entre la philosophie générale et la métaphysique.

Mais, une fois ces réserves faites, le rapprochement entre ces deux études est légitime, et il est aisé de voir les conséquences qui en résulteraient pour les plus importantes doctrines.

Ce serait, il va sans dire, la condamnation du substantialisme ultra-phénoménal. Il est vrai que nous serions nécessairement transportés au delà du phénomène, mais, nous l'avons dit, là encore nous devrions ne trouver que le phénomène. Phénomène projeté hors de la conscience, phénomène extériorisé, mais enfin phénomène. S'il était question de substance, ce ne serait toujours que dans les limites du phénomène, de ce phénomène extériorisé. Et malheureusement il en est autrement dans la plupart des systèmes métaphysiques. L'être unique des panthéistes n'est pas ordinairement conçu comme un phénomène durant toujours et s'étendant partout ; c'est plutôt ce qui se manifeste par l'ensemble des phénomènes. La réalité primitive, pour les matérialistes et les spiritualistes, n'est pas le phénomène physique ou le phénomène psychique ; c'est plutôt ce qui se manifeste en premier lieu par le phénomène physique ou psychique. L'atome de Démocrite a des qualités d'étendue, de figure, de mouvement, mais il n'est pas ces qualités ; la monade de Leibniz est active et perceptive, mais elle n'est pas l'action et la perception. Monade et atome sont une substance ultra-phénoménale, relativement au phénomène projeté lui-même. En vérité, les difficultés que soulève la projection des phénomènes seraient assez considérables pour qu'on tînt à ne pas y ajouter celles d'une existence dont on ne peut rien dire du tout, inexplicable en elle-même, et ne servant à rien expliquer.

Ce serait aussi la condamnation du panthéisme. Le panthéisme peut se considérer sous plusieurs aspects : ici, c'est son caractère moniste que nous visons. Il n'admet qu'une seule existence avec une seule essence, et cela suffit pour le rendre inacceptable en métaphysique. Déjà nous avons eu l'occasion de le remarquer au point de vue de l'essence. Mais ce n'est pas moins vrai au point de vue de l'existence. N'avons-nous pas trouvé des faits dans le phénomène, et chaque fait ne constitue-t-il pas une existence distincte ? Autant de faits, autant de touts fermés, autant de réalités actuellement indépendantes. Il n'y a pas, à strictement parler, une conscience, mais une série de consciences. Que l'on arrive, de réduction en réduction, à un terme unique, que l'on rattache à ce terme par la définition tout ce que l'on constate ou conçoit, rien de mieux, c'est le mouvement naturel de la science ; mais de là à concentrer toute l'existence dans ce terme, il y a loin. Ce terme est un abstrait, et, de même qu'au point de vue de l'essence il n'exprime qu'une face de la réalité, il ne possède, au point de vue de l'existence, qu'une réalité du second degré ; il dépend du

sujet qui le pense, il suppose les existences individuelles pour
exister lui-même, loin de les absorber en lui. Or, si la multiplicité des existences s'impose à la science, à plus forte raison
s'impose-t-elle à la métaphysique. Il faudrait donc substituer
au panthéisme une doctrine franchement pluraliste, où les indi-
vidualités conserveraient, au sein même de l'harmonie universelle, leur distinction et leur indépendance.

Ce serait encore la condamnation du matérialisme et du spiritualisme exclusifs. N'avons-nous pas accordé au physique et
au psychique une place dans la conscience, et cette place n'a-t-
elle pas été marquée pour l'un et l'autre à la même hauteur?
Supprimer l'un des deux termes, ou le dériver de l'autre, c'est
tout compromettre. Or, le matérialisme et le spiritualisme ont
justement pour but, sinon de supprimer un terme, au moins de
le dériver de l'autre. Pour le matérialisme, l'esprit n'est qu'un
produit, soit par combinaison, soit par évolution, de la matière :
donc, le physique au degré supérieur, le psychique au degré
inférieur. Pour le spiritualisme, la matière est, ou bien de l'esprit minime, éteint ou à peine allumé, ou bien de l'esprit défor-
mé dans les illusions de la pensée, ou bien une création proprement dite de l'esprit divin : donc, le psychique au degré supérieur, le physique au degré inférieur. Ces doctrines sont plus ou
moins accusées dans l'histoire; la matière et l'esprit sont tantôt
à peine distingués, tantôt posés en contradiction, mais le plus
souvent ces deux termes sont placés à une inégale hauteur.
Si donc nous nous aventurions dans la métaphysique, nous

devrions ne nous tourner exclusivement ni du côté du matérialisme, ni de celui du spiritualisme.

Remarquez, d'ailleurs, que les raisonnements ordinairement opposés au premier peuvent être aisément retournés contre le second. Par exemple, si l'on objecte au matérialisme que le supérieur ne saurait provenir de l'inférieur, nous avons le même droit d'objecter au spiritualisme que l'inférieur ne saurait provenir du supérieur. Si la première thèse est juste (et elle l'est dans la mesure où peuvent s'appliquer et se concilier le principe de causalité et la distinction du supérieur et de l'inférieur), la seconde est également juste. Dans la première, on affirme que rien ne vient de rien; dans la seconde, que rien ne se réduit à rien. Et les deux affirmations sont acceptables au même titre, car, d'après le principe de causalité, il n'y a pas plus de fin que de commencement, et la cause doit se retrouver dans l'effet comme l'effet dans la cause. Répliquera-t-on en faveur du spiritualisme qu'il permet de retrouver la cause dans l'effet, mais dans un effet multiple, dont la matière n'est qu'une minime partie? On pourra aussi bien dire en faveur du matérialisme qu'il permet de retrouver l'effet dans la cause, mais dans une cause multiple, et qu'il faut attribuer la production de l'esprit, non pas à un élément ou à un groupe d'éléments matériels, mais à de nombreux groupes capables de faire en se combinant ce qu'ils n'auraient jamais pu faire en restant séparés.

Nous en tiendrions-nous donc au dualisme? Entendons-nous. S'il s'agissait d'un dualisme qui ne permettrait pas à la science de s'élever à une unité abstraite, d'un dualisme qui arrêterait le mouvement de réduction de la pensée : non, nous passerions outre. De même, s'il s'agissait d'un dualisme défavorable à l'union indissoluble, à la dépendance réciproque, de la matière et de l'esprit : non, nous ne nous y arrêterions pas. Allons plus loin ; s'il s'agissait d'un dualisme qui couperait la réalité concrète en deux mondes distincts, celui de la matière et celui de l'esprit, nous le rejetterions impitoyablement. N'avons-nous pas refusé, dans les limites de la science, de concevoir le physique et le psychique comme deux espèces de faits ou d'existences séparées? D'ailleurs, les difficultés que la philosophie générale a trouvées dans ce dualisme ont depuis longtemps arrêté les métaphysiciens eux-mêmes. L'histoire du cartésianisme est là pour le rappeler. Notre dualisme en métaphysique serait analogue à celui que nous avons accepté dans la science : un dualisme de moments également nécessaires, se produisant dans une existence une, et sans amener de modification essentielle dans la réalité.

L'esprit ne conserverait-il donc aucun avantage sur la matière? Nous ne le prétendons point. Notre dualisme de moments également nécessaires devrait être aussi un dualisme de moments inégalement intéressants. Il ne sacrifierait point la matière à l'esprit, mais il donnerait plus de relief à l'esprit qu'à la matière, de même que le dualisme d'essence donnerait plus de relief à l'activité qu'à l'inertie. Bref, disons que notre dualisme serait de nuance spiritualiste, c'est la conséquence de notre théorie sur le moment fort et le moment faible de la conscience; mais il faudrait que cette formule ne renfermât aucune exclusion de la matière à l'origine des choses.

Avec le matérialisme et le spiritualisme exclusifs, seraient repoussées les théories qui leur sont subordonnées. Ainsi, nous ne voudrions pas du spiritualisme intellectualiste, si souvent accepté dans l'histoire, lequel conçoit la réalité exclusivement sur le modèle de la pensée : la pensée n'est en effet qu'un moment secondaire dans le moment plus compréhensif de la vie psychique. Le spiritualisme d'ordre affectif, grossièrement esquissé par Empédocle et si rarement repris après lui, exprimerait la réalité à un moment de plus grande intensité, mais pourtant encore à un moment secondaire. Quant à un spiritualisme qui prendrait la volonté pour type de la réalité, comme celui de Fichte, ou celui de M. Secrétan, il serait encore moins justifié que les précédents, attendu que la volonté ne donne lieu qu'à un abstrait du troisième degré, même dans le domaine psychique. Notre dualisme de nuance spiritualiste serait donc encore de nuance affectiviste, mais sans aucune exclusion des autres éléments.

Autant de doctrines et de points de doctrines, autant de questions délicates qui demanderaient des explications étendues. Mais, encore une fois, nous ne prétendons pas construire une métaphysique, et par conséquent nous nous en tiendrons à ces rapprochements rapides. Ils ne nous dispenseront point, d'ailleurs, de jeter un coup d'œil d'ensemble sur notre œuvre, bien que leur principal mérite ait été de nous en rappeler les principaux résultats.

§ 2.

Parmi ses caractères les plus saillants, nous pouvons indiquer en premier lieu la fidélité au point de vue strictement phénoméniste. — Dès l'abord nous avons dit : point de science en dehors du phénomène, c'est-à-dire de ce qui est directement à la portée de l'esprit, de ce qui se saisit immédiatement, de ce qu'on appelle expérience; et point de phénomène hors du domaine de la conscience, qui seul peut fournir à la fois le sujet et l'objet, c'est-à-dire deux termes nécessairement de même essence, et par conséquent qui peut seul donner lieu à une connaissance immédiate. Et nous nous sommes maintenu ferme dans ces limites. Ayant à étudier les dernières diversités des choses connues, cette fidélité était de rigueur. Le moindre écart dans la métaphysique pouvait tout compromettre, car il aurait déplacé l'abstrait suprême, et par conséquent les dernières diversités qu'il s'agissait d'étudier. — Ajoutons que nous en avons été récompensé par quelques avantages appréciables sur les doctrines courantes. Qu'on se souvienne, en particulier, de notre théorie de l'intelligence. Nous avons pu rendre compte de la pensée, ce que ne réussissent à faire ni le substantialisme ultra-phénoménal, ni la théorie de l'association dans l'inconscient. Comment faire comprendre, avec ces théories, la prise de possession du rapport intellectuel, par conséquent le rapport intellectuel lui-même? C'est au contraire, bien simple, du moment que nous n'avons affaire qu'à des faits de conscience. Comme ils entrent en rapport eux-mêmes, et que leur essence est de sentir, de se sentir, ils doivent sentir en eux-mêmes la négation qu'enveloppe le rapport. C'est ainsi qu'il est pris possession de ce dernier. Accordez-leur ensuite le pouvoir de négliger dans le rapport la ressemblance ou la différence, ils aboutissent tout naturellement à des abstractions, à des affirmations, et enfin, toute la vie intellectuelle s'explique dans ses traits généraux. Et ce n'est pas le seul avantage que nous ait valu notre fidélité au point de vue strictement phénoméniste.

Nous pouvons indiquer encore, comme un second caractère de notre œuvre, l'enrichissement du monde phénoménal. La richesse va avec la variété et le nombre des éléments, et nous avons trouvé dans le phénomène plus d'éléments distincts qu'on ne lui en accorde d'ordinaire. Au point de vue de l'existence, nous y avons trouvé de l'être et du non-être, et par conséquent la distinction des faits; au point de vue des circonstances, nous y avons trouvé du psychique et du physique, de l'affectif et de l'intellectuel, du matériel et du formel, et par conséquent la distinction des moments; au point de vue de l'essence, nous y avons trouvé du différent et du ressemblant, et par conséquent la distinction des faces. Triple dualisme, qui n'empêche pas la science de s'élever jusqu'à l'unité, et qui, d'autre part, permet à la pensée de prendre en considération d'importants objets ordinairement abandonnés à la métaphysique. Par exemple, ce n'est pas hors du phénomène qu'on doit chercher l'absolu, le non-moi, l'inconnaissable, l'infini, l'actif : le phénomène les contient, et la pensée les pose, alors même qu'elle ne saurait faire entrer tous ces éléments dans les cadres de la science.

Ce caractère peut être considéré comme la conséquence du premier ; il en entraîne à son tour un troisième, que nous tenons encore à indiquer, à savoir l'abandon de l'intellectualisme. — On peut l'entendre de deux manières. D'abord, en ce sens que la pensée, loin d'absorber tout le phénomène, ne donne même pas lieu à un des derniers abstraits. De là le renouvellement de plusieurs débats et de leurs solutions. Rappelons, en particulier, ce qui en est résulté au sujet de l'à priori. S'il y a, dans l'expérience, quelque chose au delà de la pensée, et si ce quelque chose fait en même temps partie intégrante de la pensée, ne sommes-nous pas autorisé à dire qu'il y a de l'à priori au sein même de l'expérience ? Rappelons aussi ce qui en est résulté au sujet de la substance ultra-phénoménale. S'il y a, dans le phénomène, quelque chose au delà de la pensée, avons-nous encore besoin de chercher au delà du phénomène des termes à la pensée ? — L'abandon de l'intellectualisme est encore indiqué en ce sens que la science ne peut embrasser toute l'expérience. La limite du phénomène devient celle de la science, mais la limite de la science ne devient pas celle du phénomène. D'abord, nombre de faits échappent à la science, par leur faiblesse même :

ce sont les faits à peine pensés, qu'on nomme improprement inconscients. Ensuite, dans chaque fait, il est un moment, le moment psychique, il est une face, la face différente, qui ne sont accessibles à la science que par substitution. De là encore le renouvellement de plusieurs problèmes et de leurs solutions. Par exemple, nous avons renoncé à comprendre scientifiquement la liberté, et par cela même nous avons été dans de meilleures conditions pour l'affirmer.

Nous aurions à indiquer d'autres caractères : pour ne pas nous répéter trop, nous nous en tiendrons aux précédents.

§ 3.

Notre tâche serait donc achevée, si nous ne désirions ajouter quelques mots d'éclaircissement, et même de rectification, qui nous semblent nécessaires. La théorie sur la nécessité des cercles dans la philosophie générale entraîne cette conséquence, qu'il est impossible de tenir jamais une étude pour achevée. Le commencement dépendant de la fin, comme la fin du commencement, on est toujours appelé à mettre en harmonie ce qui vient d'être dit avec ce qu'on va dire, par conséquent à revenir sur ses pas pour contrôler et rectifier. A mesure qu'on avance, on laisse derrière soi des solutions que l'on devra modifier plus tard. C'est ce dont nous nous apercevons bien clairement maintenant. Un rapide coup d'œil sur nos premières études nous a fait découvrir maintes pages où devrait être portée à nouveau la lumière des études postérieures. Nous proposerons donc, dans un appendice, quelques remarques dont nos lecteurs voudront bien prendre connaissance, et qui permettront de prolonger le travail de coordination dont il vient d'être question. Nous reconnaissons, d'ailleurs, dans cet ouvrage, de nombreuses imperfections de fond et de forme que nous nous sentons impuissant à faire disparaître. Nous croyons, en outre, que, si l'on veut bien nous honorer d'une critique attentive, nous en découvrirons plus tard beaucoup d'autres. Mais, encore une fois, c'est une simple esquisse que nous présentons au public philosophique. Si les traits de détail laissent à désirer, nous croyons que les grandes lignes gardent leur valeur. Au moins nous paraissent-elles indiquer une direction où la pensée pourra parvenir à d'importants résultats. Que cela nous suffise pour le moment.

APPENDICE

RECTIFICATIONS ET ÉCLAIRCISSEMENTS

I. Question de la métaphysique.

Nous avons dit, à la page 41, que la connaissance immédiate dont il a été question entre métaphysiciens au sujet de l'absolu, c'est-à-dire de l'objet principal de leurs études, est illusoire. — C'est avec raison. Cet absolu qui est, non pas un élément de réalité, mais la pleine réalité, quelquefois la réalité absorbant toutes les autres, cet absolu qui reste distinct de la conscience dont il est l'objet, cet absolu qui est le plus souvent présenté comme une substance ultra-phénoménale, n'est évidemment pas un phénomène lui-même, et par conséquent ne saurait être saisi directement. Dans la connaissance immédiate, l'objet est phénomène comme le sujet; si donc l'absolu reste distinct de la conscience, c'est-à-dire du phénomène, il n'est pas immédiatement connu. Il n'est pas même du tout pensé; on n'a jamais affaire qu'à son substitut, et on ne l'affirme lui-même que par une nécessité extra-intellectuelle. — D'autre part, nous avons eu tort d'arguer du fait que l'absolu des métaphysiciens ne s'impose pas à tout le monde. Du moment que nous ne nous en tenons pas à l'hypothèse intellectualiste, nous devons admettre que cet absolu pourrait s'offrir à une connaissance immédiate, et pourtant n'être pas immédiatement connu comme absolu. Pour être directement saisi, il n'aurait pas besoin d'être aussitôt défini dans sa nature essentielle. — Ajoutons qu'il aurait fallu un mot de réserve, à la page 42, sur la certitude enveloppée par les affirmations ultra-phénoménales. Cette certitude, en effet, ne se produit pas dans tous les cas. Il en est d'elles, à cet égard, comme des affirmations sur le monde phénoménal. Nous ne pouvons douter pratiquement de l'existence de l'objet ultra-phénoménal, mais nous pouvons douter de la vérité des rapports dans lesquels nous le faisons entrer.

II. Question du rapport.

§ 1. La prise de possession du rapport se fait dans le sujet, qui se sent nié, c'est-à-dire autrement qu'il n'était. Mais en quoi consiste ce changement? C'est à tort que, à la page 61, nous avons déclaré le sujet lui-même *changé*, et que, à la page 113, nous avons parlé d'une *modification au sein du sujet*. Comme nous l'avons établi dans le chapitre I de la IIme étude, la modification ne peut porter que sur les circonstances.

§ 2. Il a été souvent question (par exemple, pp. 99, 154, 157, 160, 195, 233, 234, 235) de *rapports ouverts* et de *rapports fermés*. A parler rigoureusement, le rapport est toujours fermé, attendu qu'il est toujours borné à un seul sujet et à un seul objet, et il est toujours ouvert, attendu qu'il est toujours à l'origine d'autres rapports. Et cependant notre distinction est fondée jusqu'à un certain point sur la réalité. Quelquefois, en effet, le rapport est à l'origine d'une série de rapports où il se retrouve sans fin lui-même. C'est ainsi que se présente l'abstrait général. Il ne disparaît que pour reparaître dans les rapports suivants. Comme il n'exprime que le ressemblant, il peut persister à l'infini avec toute l'intégrité que le ressemblant comporte, dans les perceptions et les abstractions de la même série. En ce sens, on peut le dire plus ouvert que les autres rapports. Borné comme eux à un seul sujet et à un seul objet, au moment où il est, d'autre part il s'étend à une série illimitée de sujets et d'objets, par le fait même qu'il persiste dans les autres rapports. Dans le même sens, on peut tenir l'abstrait particulier pour le rapport fermé par excellence.

§ 3. Le mot *application*, employé au sujet d'un rapport, laisse également à désirer. Il semble indiquer que le rapport reçoit après coup un objet, ce qui est inintelligible et contraire à tout ce que nous avons établi. L'application d'un rapport n'est pour nous que la persistance de ce rapport dans les rapports suivants, et nous sommes ainsi ramenés au § 2. Les rapports appliqués sont des rapports ouverts. Dans ce cas, en effet, ce qui est vrai avec les premiers termes reste vrai avec ceux qui suivent ; il se produit comme l'application d'une même pensée à des circonstances différentes. Par conséquent, nous devrions ne parler d'application de rapport qu'à propos des abstraits généraux. Eux seuls, en effet, peuvent en quelque sorte recevoir successivement plusieurs objets, en persistant dans les rapports suivants. S'il a été question de l'application des catégories, c'est en tant que celles-ci étaient érigées en abstraits généraux et cessaient d'être des rapports à priori.

III. Question de l'infini.

§ 1. A propos des *raisonnements de Zénon*, p. 110, nous avons dit que la division à l'infini aboutit forcément à l'incompréhensible. C'est inexact. Que la pensée, à partir d'un certain moment, se produise difficilement, c'est vrai ; qu'elle ne puisse pas du tout se former, la loi de l'infini empêche de l'admettre. Si nous pouvons et devons aller toujours de l'avant, c'est bien que nous concevons toujours quelque chose, et concevoir, c'est en quelque mesure comprendre. — En outre, nous nous sommes mal exprimé en disant que l'idée d'infini ne saurait s'appliquer à une réalité concrète. Comme tous les abstraits généraux, cette idée peut être à l'origine d'une série de rapports tour à tour concrets et abstraits où elle ne cesse de se retrouver. Mais ce n'est pas de cela qu'il s'agissait. — Enfin, nous aurions dû remarquer que, si la division a une limite dans le fait lui-même, la conception n'en a pas à partir de ce fait. En d'autres mots, la divisibilité à l'infini peut se définir et se légitimer comme une production sans limite de termes nouveaux à partir d'un terme donné.

Le grand tort de Zénon, c'est de prétendre aller à l'infini tout en restant dans le réel. Le réel, en effet, ne nous est pas donné à l'infini dans une série, alors même qu'on doit toujours se tenir dans le provisoire à son égard. Dans le cas de l'*Achille*, la division fait rapidement passer du réel au possible. Les grandeurs ne sont bientôt plus données, perçues, elles sont seulement conçues. Dès lors, expliquer un phénomène réel par une série illimitée de termes, c'est opérer la substitution illégitime d'un monde à l'autre. Dans celui du possible, on ne comprend pas qu'Achille atteigne la tortue, parce qu'on ne comprend pas que la conception de termes nouveaux s'arrête; dans celui du réel, on le comprend parce que cela est, et qu'on n'a à comprendre que ce qui est. — D'ailleurs, nous avons eu raison de remarquer que la division à l'infini n'aboutit, ni à l'infiniment petit, ni à l'infiniment grand, mais à une série illimitée de termes ; et que, même dans le cas de ces deux infinis, il n'y aurait pas contradiction dans le résultat, l'un portant sur l'intervalle, l'autre sur les parties situées dans l'intervalle.

§ 2. Y a-t-il *des concrets dans le possible* auquel conduit l'infini? Nous ne l'avons pas mis en doute, et nous en avons même tiré un argument, pages 89 et 90, contre les synthèses totales.

Assurément il ne saurait y avoir de véritables concrets, de même qu'il n'y a de véritable différent, que dans le réel proprement dit. Les concrets du possible ne sont que des substituts des véritables concrets. Mais, ainsi que les particularisations obtenues par la définition, ils suffisent à la pensée. Et puisque, dans les synthèses totales, nous ne pourrions nous borner aux véritables concrets, il faudrait bien tenir compte des autres, qui font partie comme eux de l'expérience.

§ 3. Il n'y a pas d'*arrêt* dans la perception ou la conception des concrets, mais n'y en a-t-il pas *dans la conception des abstraits généraux?* A la page 98, nous en avons affirmé la possibilité. « Les éléments communs, avons-nous dit, forment un nombre théoriquement assignable. » Au contraire, à la page 234, nous en avons admis autant que d'éléments différentiels, donc à l'infini. C'est à cette dernière opinion qu'il faut s'en tenir. Si le ressemblant était absolument étranger au différent, il n'y aurait qu'un seul élément de ressemblance, le même dans tous les concrets, et à tous les degrés de la réduction. Mais, ayant en lui un peu de différent, n'étant qu'un moindre différent, il doit varier dans chaque fait, faiblement sans doute, assez cependant pour que nous ne puissions le saisir définitivement. Notre raisonnement de la page 98 en est certainement modifié. Néanmoins la conclusion en faveur de l'abstrait suprême subsiste. Si la réduction doit se poursuivre à l'infini, c'est, d'autre part, dans les limites de la conscience. Il doit y avoir toujours de nouvelles séries, mais toutes se ramènent à la même unité. C'est en quelque sorte au bas de l'échelle abstractionnelle, et non au sommet, que la pensée ne peut s'arrêter. En effet, l'abstrait suprême étant absolument ressemblant à ce qu'il domine, de même qu'absolument différent de ce qui est en dehors de lui, ne varie point avec chaque terme comme le ressemblant des degrés inférieurs, et par conséquent tout rapport s'arrête avec lui.

§ 4. Le fini et l'infini ont été donnés, à la page 233, comme *une double catégorie* de la pensée, et ne l'ont pas été ailleurs. Peut-être vaudrait-il mieux, dans la direction qu'ils représentent, réserver ce titre à l'absoluité et à la causalité. La question n'a point d'importance.

§ 5. A la page 90, il a été parlé de l'infini au point de vue de la *quantité* et de la causalité. Nous savons qu'il ne doit en être question qu'au point de vue de la causalité.

IV. Question du moi et du non-moi.

Nous avons rectifié, à la page 346, une assertion de la page 71 sur la prétendue *résistance* opposée au moi par le non-moi. En contradiction logique, le moi et le non-moi y sont certainement, mais il n'y a pas entre eux de résistance réelle. Il n'y a de résistance qu'entre les faits, et le moi et le non-moi ne constituent pas deux faits ou deux espèces de faits. — Cette rectification doit s'étendre à l'assertion correspondante de la même page sur la prétendue *communauté de frontière* entre le moi et le non-moi. Il n'y a de frontière commune qu'entre les faits, et moi et le non-moi ne constituent pas deux faits ou deux espèces de faits. C'est plutôt le fait-sujet et le fait-objet qui sont en contact et s'opposent une résistance réciproque. — Enfin, toujours à la même page, nous aurions dû contredire Kant, lorsqu'il déclare impossible de trouver dans le moi l'élément de *permanence*. C'est bien un élément essentiel au moi, ainsi que la page 344 l'établit.

Ces rectifications laissent intacte la conclusion de la page 72. Elle est vraie, du moment que la permanence, la résistance, et le contact réclamés se rencontrent au sein du phénomène ou de la conscience.

V. Question du devenir.

Il y a une petite différence entre l'explication de la page 151 et celle de la page 367. La première suppose *plusieurs* groupes de phénomènes pour l'illusion du devenir; la seconde la fait produire au sein d'un seul groupe. On doit accepter les deux explications.

IV. Questions diverses.

P. 10. La théorie hégélienne à laquelle nous faisons allusion, est celle qui fait avancer la pensée par les oppositions.

P. 11. Ligne 7. Au lieu de : « il (l'abstrait général) ne perd pas sa nature, » lire : « il ne change pas de caractère. »

P. 17. Nous nous sommes trop avancé en disant que les objets ramenés à la loi constituent nécessairement un groupe ; il suffit de la dualité de composition dont nous avons aussi parlé.

P. 24. Ligne 19. Les mots « degré inférieur » pouvant donner lieu à une équivoque, leur substituer ceux-ci : « autre degré. »

P. 51. Ligne 6. Au lieu de : « trouvent, » lire : « peuvent trouver. »

P. 90. Il s'agit, dans notre raisonnement, de nombre et d'arrêt définitifs. Interpréter cette page conformément aux pages 240, 241, etc.

P. 95. De la ligne 11 à la ligne 18, la question pourrait être, à plusieurs égards, mieux posée. Il suffisait de dire : d'une part, qu'il y a autant d'éléments communs que d'éléments différentiels, et autant d'objets de réduction que d'éléments communs ; d'autre part, que nous ne saurions connaître d'avance tous les différentiels, et par conséquent tous les termes qui peuvent se placer sur l'échelle de la réduction.

P. 97. Ce ne sont pas seulement les premiers caractères, ce sont tous les caractères de la réalité, qui préexistent à la pensée dont ils sont l'objet. Mais les premiers seuls se trouvent à l'origine de toute pensée. (V. p. 410.)

P. 114. Ligne 3. Au lieu de : « opposition », lire : « négation ».

P. 116. Dernière ligne. Au lieu de : « ne sont pas identiques », lire : « sont différentes ».

P. 118. Il y est dit que l'intellectualisme oblige de prendre en grande considération la pluralité et la distinction, tandis que, à la page 83, il est question de l'attrait de l'intellectualisme vers le panthéisme, c'est-à-dire vers une doctrine qui justement néglige la pluralité et la distinction. Les deux thèses sont vraies, et cela tourne à la condamnation de l'intellectualisme. Sans différent, point de pensée, mais si tout était pensée, il n'y aurait pas de différent.

P. 119. Ligne 18. Cette « réalité logiquement primitive », c'est-à-dire reconnue telle à la suite d'une opération logique, peut aussi bien être appelée « ultime ». Cela dépend du point de vue auquel on la considère. Dans l'un et l'autre cas, il ne saurait y avoir de malentendu sur notre pensée.

P. 135 et 136. Les mots de « subjectif » et d' « objectif » ont été employés ici au sens couramment accepté plutôt qu'avec la portée fixée à la page 296.

P. 147. Ligne 9. Au lieu de : « disposer des », lire « disposer les ».

P. 149. Il est juste d'étendre l'application de l'idée de fait au concret du possible, et même au simple abstrait. — A la ligne 5, au lieu de ces mots : « comme si elle s'offrait d'elle-même à un rapport nouveau », lire ceux-ci : « comme s'il lui manquait quelque chose ». — Interpréter cette page à la lumière de la IIIme étude.

P. 181. Lignes 4 et 5. « Est lié à » serait préférable à : « a pour antécédent ». (V. p. 328.)

P. 195. On n'oubliera pas : 1° qu'il s'agit d'extension, c'est-à-dire de l'application des abstraits à des termes concrets, individuels. L'abstrait général dépasse tout nombre de ces termes, parce que rien ne limite sa persistance dans les rapports auxquels ces termes donnent lieu. L'abstrait particulier, au contraire, non seulement fait du premier terme individuel le dernier de la série, mais encore en suppose la destruction, et par conséquent ne s'étend pas même à un terme. — 2° que ces concrets devant entrer dans la même série, doivent être revêtus de certaines qualités. La différence et la ressemblance sont par cela même nécessaires. Voilà pourquoi nous les avons mentionnées dans ce raisonnement. Nous n'avons point prétendu les donner comme fondement du nombre, du moins en un autre sens que celui de la page 395.

P. 209. Ligne 15. Au lieu de : « complètement expliqué », lire : « expliqué autant qu'il peut l'être ».

P. 210. Ligne 15. L'audition primitive est bien expliquée, mais parce qu'elle l'était déjà, avant ce nouveau résultat.

P. 235. Ligne 11. Au lieu de : « ne reviendra plus », lire : « ne reviendra pas ».

P. 260. On ne se méprendra pas sur le sens du mot « forme » employé ici sans rigueur.

P. 299. Ligne 19. Au lieu de : « ni son extinction à un degré quelconque », lire : « ni dire avec précision jusqu'où peut aller son extinction ».

P. 301. Ligne 16. Les qualités existent avant le rapport, mais non découvertes ; or elles existent découvertes dans le formel.

P. 322. Ligne 1. Au lieu de : « la croyance, » lire : « un élément de croyance ».

P. 328. Ligne 17. L'expression « conditionnement logique » ne nous satisfait point. Heureusement notre pensée est suffisamment expliquée par la suite.

P. 339. Ligne 5. Au lieu de : « de nouveau », lire : « un instant. »

P. 427. Sur le pouvoir accordé aux faits de conscience, de négliger la ressemblance ou la différence, et d'aboutir ainsi à des abstraits. La question relève de la psychologie : aussi ne l'avons-nous pas sérieusement étudiée. Peut-être est-ce à tort, car son importance pour la philosophie générale elle-même est grande. Qu'il nous suffise ici d'affirmer que le pouvoir de l'abstraction rentre bien dans ce que nous avons vu. Il est inhérent aux faits de conscience de la même manière que celui de l'intelligence. Les circonstances qui font comprendre le rapport intellectuel font aussi comprendre le rapport abstractionnel. Aussi, n'hésitons-nous pas à dire que l'abstraction est un moment de l'intelligence, comme l'intelligence est un moment de la vie psychique, et comme celle-ci est un moment de la conscience. Il doit se passer pour les moments subordonnés ce qui se passe pour les moments fondamentaux.

P. 428, 102, etc... Les *applications* de la philosophie générale ont de l'importance pour la philosophie générale elle-même. Par exemple, ce que nous avons dit du stable et de l'instable sert à expliquer non seulement le causal et l'absolu, l'infini et le fini, mais encore le physique et le psychique. Cette remarque est destinée à justifier le développement donné au dernier chapitre de chaque étude.

FIN.

TABLE DES MATIÈRES

INTRODUCTION. — La philosophie générale est une étude de réduction et de définition des dernières diversités du phénomène ou de la conscience.
 § 1. Réduction et définition............ 7
 § 2. Le phénomène et la conscience..... 33
 § 3. Les dernières diversités........... 82
 Résumé et plan..................... 100

PREMIÈRE ÉTUDE

LES FACES DU PHÉNOMÈNE. — Dans le phénomène coexistent, comme les deux faces d'une même réalité, deux éléments indissolublement unis, à savoir : l'élément de différence, auquel se ramènent l'actif, l'instable, l'agréable, le non scientifique, l'absolu, le libre, le fini ; et l'élément de ressemblance, auquel se ramènent l'inactif, le stable, le non agréable, le scientifique, le causal, le déterminé, l'infini.

CHAP. I. PROPOSITIONS.— Le différent et le ressemblant, abstraits fondés sur la réalité : p. 105. — Abstraits d'égale hauteur (d'une part, point de matière homogène, de mouvements uniformes, de sensations identiques ; d'autre part, point d'existences strictement particulières) : p. 115. — Abstraits formant une diversité immédiatement réductible à l'abstrait suprême : p. 141.

CHAP. II. DISPOSITIONS. — Le différent et le ressemblant marquent dans le phénomène, — non pas deux espèces de faits : p. 151 ; — non pas deux moments : p. 155 ; — mais deux faces : p. 158.

Chap. III. Applications. — I. L'actif et l'inactif : p. 170. — II. L'instable et le stable : p. 174. — III. L'agréable et le non-agréable : p. 179. — IV. Le non scientifique et le scientifique : p. 190. — V. L'absolu et le causal : p. 199. — VI. Le libre et le déterminé : p. 216. — VII. Le fini et l'infini : p. 233. — Résumé : p. 244.

DEUXIÈME ÉTUDE

LES MOMENTS DU PHÉNOMÈNE. — Dans le phénomène se succèdent, comme les deux moments d'une même réalité, deux éléments indissolublement unis, à savoir : l'élément psychique, auquel se ramènent le non scientifique, le temps, le moi ; et l'élément physique, auquel se ramènent le scientifique, l'espace, le non-moi.

Chap. I. Propositions. — Le psychique et le physique, abstraits formant une dualité (exclusion de ce qu'on appelle improprement l'inconscient) : p. 249. — Abstraits irréductibles l'un à l'autre : p. 294. (Réduction préalable des phénomènes psychiques à l'affectif et à l'intellectuel : p. 256 ; et des phénomènes physiques au matériel et au formel : p. 286). — Abstraits immédiatement réductibles à l'abstrait suprême : p. 303.

Chap. II. Dispositions. — Le psychique et le physique marquent dans le phénomène, — non pas deux faces : p. 306, — non pas deux espèces de faits : p. 309, — mais deux moments : p. 313.

Chap. III. Applications. — I. Le non scientifique et le scientifique : p. 338. — II. Le moi et le non-moi : p. 342. — III. Le temps et l'espace : p. 347. — IV. Le fini et l'infini : p. 354. — Résumé : p. 356.

TROISIÈME ÉTUDE

LES FAITS DU PHÉNOMÈNE. — Dans le phénomène se rencontrent,

comme pour fragmenter la réalité en existences distinctes, deux éléments indissolublement unis, à savoir : l'être auquel se ramènent le continu, le simple, la qualité; et le non-être, auquel correspondent le discontinu, le composé, la quantité.

Chap. I. Propositions et Dispositions. — L'être et le non-être, abstraits fondés sur la réalité : p. 361. — Abstraits formant une dualité qui exclut le devenir : p. 366. — Abstraits se réduisant à l'abstrait suprême : p. 369. — Abstraits marquant une succession de faits dans le phénomène : p. 370. — Abstraits fermant le cercle des dernières diversités (retour sur les catégories; question de la substance) : p. 374.

Chap. II. Applications. — I. Le continu et le discontinu : p. 379. — II. Le simple et le composé : p. 383. — III. La qualité et la quantité : p. 390. — IV. Le fini et l'infini : p. 400. — V. Application générale, l'*à priori* et l'*à posteriori* : p. 403. — Résumé : p. 411.

CONSIDÉRATIONS FINALES

§ 1. Perspectives métaphysiques.............. 415
§ 2. Caractères généraux des résultats précédents 426
§ 3. Conclusion........................... 429

APPENDICE. — Rectifications et Éclaircissements........... 431

www.ingramcontent.com/pod-product-compliance
Lightning Source LLC
Chambersburg PA
CBHW060933230426
43665CB00015B/1927